《邵阳院士》编委会

主　　编：龚红果

副 主 编：曾志红　李恒荣　姚鹏飞

编　　委：肖　峰　陈代林　谭小武　贺旭艳

　　　　　谢卫民　唐　钊　尹梦婷

组织编写单位：中共邵阳市委人才工作领导小组办公室

邵阳院士

《邵阳院士》编写组◎编著

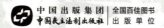

中国出版集团 | 全国百佳图书
中国民主法制出版社 | 出版单位

图书在版编目（CIP）数据

邵阳院士/《邵阳院士》编写组编著. —— 北京：中国
民主法制出版社, 2023.12

ISBN 978-7-5162-3139-5

Ⅰ.①邵… Ⅱ.①邵… Ⅲ.①中国科学院—院士—事迹
—现代②中国工程院—院士—事迹—现代 Ⅳ.①K826.1

中国国家版本馆CIP数据核字（2023）第220466号

图书出品人： 刘海涛

出 版 统 筹： 石　松

责 任 编 辑： 张佳彬　刘险涛　李婷婷

书　　　名/ 邵阳院士

作　　　者/ 《邵阳院士》编写组　编著

出版·发行/ 中国民主法制出版社

地址/ 北京市丰台区右安门外玉林里7号（100069）

电话/（010）63055259（总编室）　　63058068　63057714（营销中心）

传真/（010）63055259

http：//www.npcpub.com

E-mail： mzfz@npcpub.com

经销/ 新华书店

开本/ 16开　710mm×1000mm

印张/ 20.5　**字数/** 252千字

版本/ 2023年12月第1版　2023年12月第1次印刷

印刷/ 北京中科印刷有限公司

书号/ ISBN 978-7-5162-3139-5

定价/ 58.00元

序 言

　　培养造就大批德才兼备的高素质人才，是国家与民族长远发展的百年大计。党的二十大报告明确提出，"深入实施人才强国战略""加快建设国家战略人才力量，努力培养造就更多大师、战略科学家、一流科技领军人才和创新团队、青年科技人才、卓越工程师、大国工匠、高技能人才"。

　　习近平总书记多次强调，办好中国的事情，关键在党，关键在人，关键在人才。我国要在 2035 年实现高水平科技自立自强、进入创新型国家前列、建成科技强国，归根结底要靠高水平创新人才。为全面建成社会主义现代化强国，以中国式现代化全面推进中华民族伟大复兴，我们必须加快建设国家战略人才力量，全面提高人才自主培养质量，着力造就拔尖创新人才，为强国建设、民族复兴夯实人才根基。

　　两院（中国科学院、中国工程院）院士作为国家科技界的顶尖人才，是推动国家高精尖科技发展的核心力量，是国家的智囊团、社会的宝贵财富。他们不仅为提升国家科技实力和国际竞争力提供了有力支撑，为国家培养了大批科技人才，他们的爱国情怀、人格魅力和责任担当也深刻影响着我们每一个人。我们应当以两院院士为榜样，大力弘扬科学家精神，在全社会形成尊重知识、崇尚创新、尊重人才、热爱科学、献身科学的浓厚氛围。

　　邵阳自古以来人杰地灵，有着惟实创新、敢想敢闯，"吃得苦、霸得蛮、耐得烦"的优良传统。中华人民共和国成立以来，这片热土上共诞生了 23 位两院院士。他们的成长经历不同，所从事的科研项目有异，但他们都怀着一颗热爱学习、刻苦钻研、奋发进取、报效祖国的赤子之心，在不同领域做出了闻名中外的突出贡献，无一不是伟大祖国的中流砥柱、钢铁脊梁，无一不是邵阳人民引以为豪的学习楷模、精神丰碑。他们所表现出来的心有家国情怀、胸有星辰大海，志存高远、勤学笃行，求实创新、追求卓越，攻坚克难、百折不挠的精神风貌和人格魅力，令我们肃然起敬、备受激励。

当前，全市上下正以习近平新时代中国特色社会主义思想为指导，凝心聚力，奋勇拼搏，全面推进现代化新邵阳建设。新时代新征程新使命，需要更加坚强有力的人才支撑。编撰《邵阳院士》一书，旨在深入贯彻落实习近平总书记关于做好新时代人才工作的重要思想，进一步推动人才强市战略的实施，加快我市人才队伍建设。通过宣传院士的成长故事、科研成就、家国情怀，激励全市人民学习优秀榜样，提升科学素养，增强文化自信，形成尊重人才、爱护人才、立志成才、支持人才建设的良好社会氛围。同时为广大青少年的健康成长赋能鼓劲，指引和帮助他们树立社会主义核心价值观，热爱学习，崇尚科学，启智励志，发奋图强，成长为祖国的栋梁之材。

这本书分为三篇，上篇《以国之怀为本，笃行报国之志》，讲述吕振羽、刘敦桢、李薰、魏荣爵、李钧、刘筠、钟训正7位已故院士的生平故事；中篇《以科学家之名，引领自立自强》，书写了李国杰、唐守正、李述汤、周向宇、赵政国、陈政清、郑健龙7位1995年至2015年当选的院士的人生；下篇《以科技之光筑梦，映照复兴之路》，展现了毛军发、王赤、刘少军、谢道昕、戴永久、于登云、蒋建新、卿凤翎、彭慧胜9位2019年至2023年当选的院士的风采。每一篇文章，除了"邵阳'科星'小传"，我们还特意摘选了院士们的讲演稿、诗作、文章等作品以及"院士寄语"，以丰富院士的人物画像。

历史星河灿烂，人间岁月如歌。23位两院院士是祖国和人民的骄傲，也是邵阳宝贵的人文财富。我们殷殷期待有更多像他们一样的人才涌现，成为引领国家走向科技强国的先锋。让我们以本书为契机，深入学习和传承院士们的爱国精神和科学家风范，为推进中国式现代化、实现中华民族伟大复兴的中国梦，贡献自己生生不息的力量。

中共邵阳市委人才工作领导小组办公室

2023 年 11 月

目 录

上篇　以国之怀为本，笃行报国之志

中篇 以科学家之名，引领自立自强

下篇　以科技之光筑梦，映照复兴之路

上篇

以国之怀为本，笃行报国之志

　　爱国从来不是抽象的，它蕴含丰富的内涵，在每个时代都有不同的要求。习近平总书记指出："科学无国界，科学家有祖国。我国科技事业取得的历史性成就，是一代又一代矢志报国的科学家前赴后继、接续奋斗的结果。"爱国，不能停留在口号上，而是要把自己的理想同祖国的前途、把自己的人生同民族的命运紧密联系在一起，服务人民，奉献国家，把爱国之情化为报国之行，以一生的真情投入、一辈子的顽强奋斗来体现爱国主义情怀。

吕振羽

拓荒中国社会史

邵阳"科星"小传

吕振羽（1900—1980），字行仁，学名振羽，湖南省邵阳县人。著名史学家、教育家。1926 年毕业于湖南大学。1933 年执教于中国大学并参加中国社会史论战，曾任塘田战时讲学院副院长、中共中央华中局高级党校教员、延安中央研究院特别研究员。中华人民共和国成立后，历任中央人民政府民族事务委员会委员、东北人民大学校长兼党委书记、中国科学院哲学社会科学学部委员（院士）、中央党校兼任教授及历史教研室顾问。

中国早期马克思主义历史科学拓荒者之一，坚持以马克思主义为指导从事历史研究 50 年，对中国原始社会、奴隶社会、封建社会和近代半殖民地半封建社会的历史，进行了广泛而深刻的探讨，从经济史、社会通史、思想史、民族史等方面构成了一个体系，为中国马克思主义史学的建立和发展以及民族史研究作出了贡献。主要史学著作有《史前期中国社会研究》《殷周时代的中国社会》《中国政治思想史》《简明中国通史》《中国社会史诸问题》《中国民族简史》《史学研究论文集》《史论集》《吕振羽史论选集》《中国历史讲稿》等。

　　2016 年，习近平总书记在哲学社会科学工作座谈会上的重要讲话中谈到了中国进步学者吕振羽。习近平总书记指出："在长期实践探索中，产生了郭沫若、李达、艾思奇、翦伯赞、范文澜、吕振羽、马寅初、费孝通、钱钟书等一大批名家大师，为我国当代哲学社会科学发展进行了开拓性努力。"

　　吕振羽，中国早期马克思主义历史科学的重要开拓者之一，熔革命与学术于一炉，发表了大量史学论文、论著，在全民族抗日战争时期，批判日本法西斯的侵略史观，与国内外的反动学术思想进行针锋相对的斗争，和郭沫若、翦伯赞等马克思主义史学家同声相求，桴鼓相应，在大后方的文化战线上高举爱国主义旗帜，鼓舞中国人民的民族士气，为中华民族的抗战文化事业作出了宝贵的贡献。吕振羽作为史学家，大家耳熟能详，其光辉战斗的革命人生也值得大力颂扬。

立志"工业救国"

　　出邵阳县城往西南行车约 35 千米，便到了我国著名的马克思主义史学家吕振羽的故乡——金称市镇溪田村。吕振羽故居是一栋坐西朝东、青砖青瓦、砖木结构的三层楼房，且带有典型的湘西南民居特色：走廊栏杆为圆形车葫芦形，造型别致有味；门楣及窗额上有彩绘历史故事装饰，引人入胜。每层楼分为三弄，每弄进深二间，最上层两端砖墙外吊立木围栏。1900 年 1 月 28 日，我国一代史学巨匠吕振羽，就在这栋农家小楼里呱呱坠地。父亲为刚刚来到这个世界的儿子取名为典福，字振羽。

　　吕振羽是在父亲办的蒙馆启蒙的，那年他刚好 7 岁。不久后，吕振羽被父亲送到本乡田心村吕公翅先生创办的玉公山坊经馆读书。有一次，先生以《咏榴花》为题，要所有学生写一首诗，吕振羽是这样写的："门内榴花树，花开血样红。何时成硕果，此日莫摇风。"他借石榴花的繁盛艳丽喻示未来的果实丰腴，以表达自己今日苦读，他日成才，干一番事业的不凡抱负。

很快，私塾和蒙馆再也不能满足吕振羽对知识的追求和渴望。

1915年，15岁的吕振羽在其族兄吕新民的帮助下，考入刚刚在塘田寺创办的武冈县武东初级中学。从旧式经馆走进新式学堂，吕振羽从四书五经的闭塞天地走出来，尽情地呼吸着新学的新鲜空气。一年后，吕振羽从武东初级中学考入武冈县立中学。在这所学校里，由于维新派老师的影响，吕振羽接触到大量的新学知识，不仅知道了法国革命时的"烧炭党"，而且第一次听到了罗曼·罗兰等人的名字。他在毕业作文《盍各言尔志》中写道："如国家民族危亡，当拜谢祖宗，舍身以赴，告黄帝轩辕于地下；如国家民族昌盛，只求茅屋二三间，卧读唐诗，以望南窗。"国文老师特地在这篇作文的批文中称道："目光如炬，大语炎炎，宗庙明堂之器，黄钟大吕之音。圣贤行止，豪侠义烈，兼而有之。"

1920年，吕振羽从武冈县立中学毕业。一年后，吕振羽克服重重困难，怀着"工业救国"的理想，告别故乡和亲人，走出位于湘西南山沟沟里的溪田村，踏上了远行求学之路。在长沙报考学校时，他毅然决然地放弃了自己酷爱的文史，报考了湖南工业专科学校，专攻电机，期望学有所成，用自己的知识来报效国家，以改变中国的落后现状。1926年初，湖南公立工业专门学校与其他几所学校合并成立了湖南大学，吕振羽成为湖南大学电机系学生。

"中国社会史问题论战"的主将

"工业救国"之梦，在吕振羽大学毕业之前就已经破灭。为探求救国救民之路，吕振羽重新考量自己的人生理想，开始放弃原来的抉择，转而信仰马克思主义。在这一转变中，对他影响最大的是中国共产党的创始人之一、中国马克思主义启蒙大师李达。

吕振羽在大学三年级时，经时任湖南学生联合会秘书长夏明翰的推荐，常去湖南大学法学院听李达讲授新社会学，从此与李达结下师生之谊。在李达的影响下，吕振羽对中国历史产生了浓厚的兴趣，并开始尝试运用马克思主义来研究中国历史问题。其中对他触动最大、影响最深的是20世纪30年代初开展的那场"中国社会史问题论战"。

1927年大革命失败后，中国革命暂时处于低潮。以李季、叶青、陶希圣为首的一帮文人政客为抵制马克思主义的传播，玩弄资产阶级社会学的新鲜名词，混淆事实，颠倒历史，公开鼓吹马克思主义不适合中国国情，并通过制造中国从周代以后就进入资本主义社会的神话，以达到否认中国进行反帝反封建革命的必要性的目的。一时间，围绕马克思主义是否适用于中国、中国的国情怎么样、中国将走向哪里等一系列至关重大的问题，各派展开了激烈的辩论。

吕振羽是这场论战中的主将。对此，他的夫人江明后来回忆说："为了回击形形色色的反动派配合帝国主义和国民党反动派的'军事围剿'和对马克思主义的攻击、对中国社会和历史的歪曲，振羽毅然将自己研究的重点转向中国社会史，利用大学讲坛和发表论著，参加了中国社会性质和社会史问题的论战。"

这场论战一开始就涉及思想史和哲学史方面的内容。李季、叶青、陶希圣等都打着唯物史观的旗号写"哲学史""学术思想史""政治思想史"。要取得这场论战的胜利，必须从理论上、思想上和方法论等方面，揭穿这些政客的阴谋，剥去他们的伪装。

有一次，李达和吕振羽谈起哲学界的情况。李达说："现在各派别的人都在反对马克思主义，你要看清楚哪些人是最凶恶的，对准目标，保护马列主义。"吕振羽说:"我想抓住陶希圣。"李达说:"对,陶希圣是国民党的御用学者,一个最危险的人物,我们要和他斗争。老弟,你有条件,可以跟他唱对台戏。"根据李达的建议,吕振羽针对陶希圣的《中国政治思想史》,很快写出一部以马克思主义为指导的《中国政治思想史》。这部理论巨著从理论观点到编撰体例、分析方法,为运用马克思主义系统地研究中国思想史创造了首例,在中国马克思主义新史学的发展中,是划时代的贡献。

通过这场大论战,吕振羽等提出和阐述的关于中国社会发展形态的观点、关于中国封建社会的历史划分的观点、关于中国资本主义萌芽的观点、关于允许资本主义在中国一定程度发展的观点,等等,为我党提出和创立新民主主义理论,起到了重要的作用。

奉命著书

1939 年秋,吕振羽接到周恩来电令,从武冈来到重庆。当时,重庆的理论战线战斗十分紧张,周恩来要求他利用自己在学术界的影响,一面搞统战,一面写文章。为驳斥日本人秋泽修二在《东洋哲学史》和《中国社会》中发出的谬论,吕振羽连续写出《关于中国社会史的诸问题》《中国社会史上的奴隶制度问题》《"亚细亚生产方式"和所谓中国社会的"停滞性"问题》《创造民族新文化与文化遗产的继承问题》《本国史研究提纲》等文章。特别是《关于中国社会史的诸问题》的发表,受到了周恩来、董必武的称赞和鼓励。在吕振羽的带动下,当时重庆的一些史学工作者也投入了对秋泽修二的批判。

在复旦大学任教后,吕振羽接受了党组织交给他的另一项更加艰巨的工程,编著《简明中国通史》。在夫人江明的协助下,吕振羽于 1941 年 2 月写出供大学一、二年级学生和一般读者阅读的《简明中国通史》前八章,作为第一分册交生活书店于是年 5 月在香港出版。这是我国以马克思主义为指导的最早的一部中国通史。

编著《简明中国通史》的物质生活条件极其艰苦。那时，吕振羽在复旦大学授课，是按钟点给报酬的，收入相当菲薄，有时连起码的生活都难以维持。为了减轻生活压力，一家人经常吃红薯，江明经常在晚上到隔壁的一家工厂去拾煤渣。吕振羽有抽烟的习惯，因买不起烟卷，经常含个烟斗，过过烟瘾。有一次写作非常疲倦，烟叶抽光了，他就用商量的口吻问江明："怎么样？买包烟抽抽吧。"江明毫不犹豫地用家里仅有的准备买柴火的三毛钱买了一包"老刀"牌香烟。冬天，他们的衣服和被子非常单薄，有一次被董必武的一个亲戚发现了，反映给董必武，董必武"批评"了吕振羽。但他一如既往，有困难仍然自己熬着挺着，不向组织开口告难和伸手求助。

跟随刘少奇干革命

1941 年 4 月，吕振羽和江明自重庆经桂林、香港辗转到了盐城新四军军部。他们本来打算去延安，刘少奇和陈毅认为去延安的路上十分危险，便留下吕振羽在刘少奇兼任校长的中共中央华中局党校任教。此后，吕振羽化名吕刚，在华中局党校主讲中国革命史、中国社会史和中国哲学史等课程。在教授过程中，他编写了《中国革命史讲授提纲》《中国社会史问题十讲》《中国哲学史问题十讲》。

吕振羽对马克思主义有精湛的研究，学识渊博，并有丰富的斗争经验，讲课深入浅出，生动活泼，有许多独到的见解。备课时，他还经常和党校的有关同志，如彭康、冯定、陈一诚、宋亮等商讨。有时遇到较大的疑难问题，还到华中局请教刘少奇、陈毅，并经常深入学员当中进行集体的和个别的辅导。他多次接受新四军第三师师长黄克诚的邀请，到第三师师部向该师和盐阜地区党政军干部作学术报告，讲授《中国历史》《中国哲学史》。党校的许多学员不仅在上课时专心致志地听讲，还乐于向吕振羽请教实际工作中应注意的问题。例如，第一期学员、新四军第七师师长傅秋涛在毕业时，曾专门向吕振羽请教回到第七师活动的"含和（含山、和县）地区"应如何开展工作。吕振羽便将第七师活动地区的历史、地理、群众等条件，当时的敌、顽、我三方斗争的特点以及开展工作应注意的事项，写成谈话要点，先送刘少奇审阅，刘少奇阅后批示说："很好。"傅秋涛听了他的谈话后很满意，认为对他的工作有很大的帮助和指导作用。

1942 年 3 月，吕振羽担任刘少奇的政治秘书，跟随刘少奇赴延安。这是一次极其艰险的万里夜行军，他们一共穿越日伪和国民党顽固军的 103 道严密险恶的封锁线，跋涉万水千山。在炎热的夏天，他们爬过高入云霄的太行山；在酷寒的隆冬，走过晋西北的冰山雪地。一路上，多次遇到日伪军的"扫荡"和顽固军的伏击。在这样极端困难的条件下，他在繁忙而又艰险的工作之余，仍没有放松学习，把每一点能够利用的时间都利用起来。晚上如果不行军，他就借助微弱的豆油灯光读书写笔记，并对沿途的政治、经济、风俗民情、文化传统进行调查研究。行至中共山东分局驻地停留时，他在刘少奇的指导下，和其他同志通过山东分局弄来大量的党政军民的材料及一份完整的山东分局的机关刊物《斗争》，从山东党的历史着手，对全部材料进行系统的研究。

1942 年底，他们胜利到达延安。在延安整风运动前，吕振羽继续任刘少奇的政治秘书；延安整风运动后，改为学习秘书。在延安的几年，吕振羽在《解放日报》上连续发表有关中国历史常识讲话多篇。在蒋介石发动的第三次反共高潮中，他愤然写了《国共两党和中国之命运——驳蒋著〈中国之命运〉》一文，全面系统地清算国民党顽固派的反动历史，深刻地揭露它的地主买办阶级的实质。文章指出，中国共产党"从它成立的那天起，就肩负起民族解放和社会解放的历史任务"，"总是和人民在一起，总是领导人民和帝国主义封建势力作坚决的斗争，不论在任何时候，都是中国民族民主革命的'中流砥柱'"。"中国之命运的光明面，是寄托在中国共产党身上的，凡与中国共产党合作的人，就与它共同负起了争取中国光明前途的任务；而在一切反共分子身上，如果也寄托什么'中国之命运'的话，就只是寄托了黑暗的腐败的灭亡的命运。"

1945 年"八一五"以后，我大军进入东北。吕振羽自延安到达冀热辽，参加冀热辽救济分会领导小组。1946 年，中共冀热辽分局派吕振羽去北平，协助军调处三人小组的"救总"（中国解放区救济总会）代表伍云甫与"联总"（联合国善后救济总署）、"行总"（国民政府行政院善后救济总署）进行谈判。1947 年，党委派吕振羽去湖南，但因吕振羽身体有病，与江明不得不留在东北。他们利用这个机会，完成了《简明中国通史》后半部的初稿，弥补了当年离开重庆不得不中辍著述工作的遗憾。

创建"南方抗大"

被称为"南方抗大"的塘田战时讲学院坐落于邵阳县塘田市镇对河村夫夷河旁，占地 15 亩，院舍为清末湘军将领、太子少保、永州东安人席宝田的别墅。1938 年 9 月 15 日，塘田战时讲学院正式开学，由吕振羽担任副院长，学院秉承"树文化据点于农村，树救亡工作据点于农村"的办学宗旨，将"忠诚勤敏"4 个字作为校训，又将"精诚团结、英勇活泼、紧张严肃"定为校风。

为了宣传群众、组织群众、密切与群众的关系，以便在战火蔓延到附近地区时领导群众开展游击战争，塘田战时讲学院师生与当地群众同甘共苦，建立了亲密无间的关系。学院老师带领学员走出校门到廉桥、范家山一带，发展当地的进步青年组成了抗战服务团，先后发展团员 700 多名，其中有 30 多名加入了中国共产党。

塘田战时讲学院办学期间，办学条件非常艰难，来这里上学的省内外 100 多名学生，大多也是穷苦出身。吕振羽不仅要主持学院日常工作，带领老师们根据学生文化程度的差异编写、印刷不同的教材，课余时间也关心着学生的生活。学院不仅学习环境艰苦，经费也极其紧张，上课的桌凳都是东拼西凑的。天气好的时候，师生们经常在室外的河滩上、竹林里教学、座谈和讨论。当时在讲学院任职的教师，大多数都是国内的知名学者，比如文学家张天翼、文学史家谭丕模、语言学家曹伯韩、哲学家李仲融、作家王西彦、国学家吴剑丰、科学家陈润泉等，他们原来在大城市，每月都能拿到一二百元钱的工资，到了讲学院，每月却只领一元钱的津贴。但他们仍毫无怨言、精神饱满，积极投身到抗日救亡运动中。他们的这种精神被后人称为"一元钱精神"。

吕振羽鼓励青年学习祖国的历史，通过对历史的了解来认识当时民族抗战的地位和意义。他说，"我期望可爱的青年同学，科学地来认识本国历史，来担负民族历史这新的一页的创造任务"。

吕振羽将个人的价值目标与追求国家独立、民族平等、人民解放的新民主主义革命事业相结合，从而在中国马克思主义史学发展史上提出和探讨了一系列重大的创新课题。他具有坚定的马克思主义信念、崇高的道德品质，他将社会进步的价值追求与科学研究相统一的治史取向和途径是值得后人学习的。

相关链接

咏史诗八首

左丘明与《左传》

分事系年创史编，字严袭贬有嫣婵。

直书"横暴"竹千杆，曲护纲常心一元。

"今""古"师门刑后学，春秋年谱纪前言。

丘明史法断朝史，批判扬剔素料全。

司马迁修《史记》

子长文史古无多，互见短长比韦哥。

敢把"日""游"入正史，欲从"今""古"究长河。

"书""传"通代开新例，心物一炉放浩歌。

分寸史家严毁誉，年来过打"开山"锣。

王国维《观堂集林》

甲学观堂积苦劳，乾嘉末学越前茅。

谀词妄夸拟马列，流派怎能溢段姚？

北海自沉"忠悫"谥，故宫朝拜发辫翘。

宽原岂掩阶级性，论评肯允休虚褒。

稗史杂记家

累朝稗杂盈书栋，立足各家每不同。

言事论人多切实，笔诛口伐少纤缝。

每翻"正史"杳形迹，却从稗杂见色容。

抚摭流言全谬误，稽钩考辨要勤工。

司马光主编《资治通鉴》

通代纪年创体裁，皇朝"资治"鉴残篇。

陈辞立意独裁夺，处事取材自摆排。

廿载勤苦足借益，千年评价休过抬。

皇家年谱瑕多瑜，"修史楷型"保守台。

郑樵《通志》

史通莆郑著新编，门类略析脉络全。

"食货""艺文"颠主次，古今通变叙禅缘。

敢提疑伪同知己，忍撼传闻近史迁。

未若船山阐"理势"，广搜博引仰莆田。

王船山史论

史学船山掀巨波，欲明"理""势"究长河。

导论进化别达氏，认有规律似韦哥。

未破旧瓶"通鉴论"，初扬异帜"龙舟歌"。

休言古无"物观"点，莫把南针作绑索。

章学诚《文史通义》

实斋"通义"浙江学，力究"史才"出匠心。

编纂工夫"意""识"密，"六经皆史"道统深。

论家比岁遗文颂，笔乘连篇面壁吟。

史学吾华遗产富，继承批判莫相侵。

院士寄语

我期望可爱的青年同学，科学地来认识本国历史，来担负民族历史这新的一页的创造任务。

刘敦桢

中国建筑学教育的开拓者

邵阳"科星"小传

刘敦桢（1897年9月19日—1968年5月10日），出生于湖南省新宁县。现代建筑学家、建筑史学家、中国科学院院士。中国建筑教育的先行者。

毕生致力于建筑教学及发扬中国传统建筑文化，注重民居和各地古建筑调查，创办中国建筑研究所，为中国建筑教育及中国古建筑研究的开拓者之一。发表《佛教对于中国建筑之影响》《北平智化寺如来殿调查记》《大壮室笔记》《明长陵》《大同古建筑调查报告》《易县清西陵》《河北省西部古建筑调查纪略》《河南省北部古建筑调查记》《西南古建筑调查概况》等论文。著有《中国建筑史》，主持编写有《中国建筑简史》和《中国古代建筑史》。编撰出版的《苏州古典园林》获1981年国家科技进步奖一等奖。存世有《刘敦桢文集》4卷。

科学家精神是一代又一代杰出科学家崇高精神的凝结。中华人民共和国成立以来，广大科学家及科技工作者把个人追求与祖国需要紧紧联系在一起，以身许国，为祖国和人民作出了彪炳史册的重大贡献。他们怀着深厚的爱国主义情怀，凭借精湛的学术造诣、宽广的科学视野，推动我国各项事业取得历史性成就。

刘敦桢，中国建筑教育的先行者，作为中国第一代建筑师、中国近现代公认的"中国建筑四杰"之一，才华横溢，学贯中西，将毕生精力奉献给我国古建史研究。为了实现人生理想，他无视一切艰辛与危难、清贫和困苦，放弃了能够提高社会地位和改善生活条件的多次机遇，不追求名望、财富、权力或地位，心无旁骛，勇攀学术艺术高峰，身上展现出的炽热的爱国奋斗精神感人至深，催人奋进。

乡村少年，踏入建筑世界的大门

1897 年 9 月 19 日，也就是清光绪二十三年农历八月二十三日，刘敦桢出生于湖南新宁东门外曹家码头后街的老家中。在这个靠近广西边界、青山环抱、绿水潆洄的偏僻小县里，刘氏宗族是当地知名的大姓之一。清末以来，时局动荡，帝国主义恣意侵略与奴役中国的野心已经暴露无遗，要求进步的民主革命运动高涨，刘敦桢的大哥是位思想进步的青年，很早就加入了同盟会，并积极参与了革命前的秘密工作。1909 年，为了使两个弟弟也能摆脱旧环境的束缚和接受新思潮的影响，他带领弟弟来到长沙进学堂读书，这对刘敦桢来说，也是他生活中一个重要的转折。

刘敦桢在长沙先后进入了当时颇有名气的楚怡小学和楚怡工业学校，学到了许多来自西方的先进科学知识与社会思想，他选择了一条自认为是最适合于自己的科学救国道路。1913 年 9 月，他以优良的成绩取得了官费留学的资格，东渡日本。1916 年春，刘敦桢考取了东京高等工业学校（现改名为东京工业大学）机械科。由于发现建筑对自己更有吸引力，便于第二年转到了建筑科。从此，踏入了建筑世界的大门。

日本的传统文化渊源于古代中国，其建筑也不例外。日本政府和民间都很注意保护古迹，至今还有不少早期建筑保存完好。刘敦桢对它们的宏丽外观与巧妙结构赞叹不已。但更为丰富的中国古代建筑艺术，当时只有日本和德、法诸国的少数学者做过一些考察和研究。作为一个中国人，刘敦桢深感惭愧与痛苦，这促使他树立了日后致力于中国建筑史研究的志向与决心。

1921 年，在谢绝了池田老师提出的长期居留日本并继续工作的建议之后，刘敦桢返回祖国，先在上海、苏州等地工作。1923 年，他首创苏州工业专门学校建筑科，为国内培养了第一批西式建筑工程方面的人才。

1925 年 6 月，刘敦桢回到长沙，在湖南大学土木系任教授。除担任教学工作外，还设计了校内的教学大楼，以及城内的古建筑天心阁和一些机关的办公建筑，并与在湖南大学就读的陈敬结婚。

他修复的天心阁在文夕大火中被焚毁，只有今湖南大学的二院（物理实验楼）是他留给湖南的唯一礼物。婚后不久，刘敦桢携妻来到南京，就职于中央大学。

筚路蓝缕的开拓者

1922 年，刘敦桢归国后，就开始了对中国古代建筑的研究。先是广泛查阅中外有关的文史资料，并利用假日陆续考察沪、宁、杭一带的古建筑和遗址。1928 年在《科学》杂志上发表了首篇著作《佛教对于中国建筑之影响》。1931 年补注两篇日本译文《法隆寺与汉、六朝建筑式样之关系》与

《"玉虫厨子"之建筑价值》。此外，在南京中山陵前设计了一座全由石构的光化亭，作为对传统的中国建筑形式研究的一次实践。这些工作，引起了远在北平的朱启钤先生的注意。1929 年，朱启钤在北平成立中国营造学社。1932 年秋，刘敦桢迁居北平，在营造学社矢志于中国古建筑的研究。

在学社中，刘敦桢与梁思成密切合作，改变了过去国内史界研究中国古建筑单纯依靠在案头考证文献的片面方法，而是亲自带领助手，或分散，或集中，前往各地进行实地调查。通过测量、绘图、摄影等科学技术手段，详细记录被调查对象的实际情况及其重要数据。返回后再进行全面整理，绘出正式图纸，并通过已知实例与文献、历史资料，进行比较、分析和论证，最后写出调研报告。

"在北京，我们租住了一个五重院落的大宅院，维持了一个小家庭的中上层生活水平。但父亲的书房是孩子们的禁区，孩子们吃饭时有自己的小桌椅，睡觉也与大人分开。父亲不是外出考察就是在营造学社，除了在某些假日和家人一起去北海公园外，很少见到他。"儿子刘叙杰对这段营造学社的时光作了简单的叙述。但正是在这段时光中，刘敦桢为中国古建筑留下了浓墨重彩的一笔。

当时，国内社会经济条件与交通运输状况极其落后。为了探访古建筑，刘敦桢和学社成员一起乘骡马、坐牛车或步行，跋山涉水、风餐露宿，从一个遗址转到另一个遗址，几乎踏遍了祖国山河大地。他们一路风尘仆仆，却吹开了中国古建筑上沉默已久的尘灰。一步一个脚印，都带着鲜亮的爱国色彩。

5 年之内，刘敦桢先后调查了河北、山东、河南、山西、陕西等省的许多古建筑，在收集了大量原始资料的基础上，写出了总量达 50 万字的三十多篇著作（其中包括与朱启钤、梁思成、林徽因、鲍鼎、蔡方荫诸先生合作的 9 篇）。

动荡岁月中的艰苦探索

日本帝国主义于 1931 年非法占领我国东三省以后，随着日寇武力威胁而来的，还有他们的柔化政策。日本拉拢了一批中国人劝说刘敦桢去承德为伪满洲国修缮避暑山庄，允预支付的酬劳费可达当时货币的五位数字。这的确是一笔诱人的款项，但却打动不了一个中国人的爱国心。

1937 年 7 月 7 日，卢沟桥畔的枪炮声揭开了中国全民族抗战的序幕。刘敦桢举家南迁，返回阔别已久的故乡。

对于新宁这个风景秀美而民俗古朴的小城，刘敦桢有着深厚感情。他利用日常余暇，对本县的一些住宅、祠堂和桥梁等传统建筑进行了调查，发现它们都很有地方特色。例如，县内水上最大的廊桥——江口桥的资料，就被载入他日后所写的《中国之廊桥》中。

在新宁小住数月后，刘敦桢又带领全家迁往昆明。继续与学社成员一同探访云南古建筑，甚至扩大到了四川以及西康的东部。那里原是一大片未经系统考察的处女地，通过调查，获得了包括汉石阙、崖墓和唐宋佛窟、摩崖等许多极有价值的古建资料，从而大大丰富了这一地区在建筑文化遗产和造型艺术方面的内容。

"1943 年秋天，父亲来到重庆沙坪坝的中央大学，回到阔别 10 年的建筑系任教，并且在第二年出任建筑系系主任。"刘叙杰说。刘敦桢从此再也没有离开这所名校。1945 年秋天，他接受吴有训校长邀请，出任中央大学工学院院长。

虽然早已是全国著名教授，并且在学校担任重要教职，但刘敦桢先生的生活却十分清贫。刘叙杰对那些往事记得很清楚："在沙坪坝的时候，我们一家人挤在一间约二十平方米的住所里，前后不通风，光线阴暗，脚下是凹凸不平的泥土地面，下雨天还严重漏雨。但就是在这种艰苦的环境里，父亲完成了教学上使用的《中国建筑史》《中国营造法》的讲稿以及《中国之廊桥》等著述。"

德厚流光，把毕生精力献给了建筑事业

刘敦桢对于自己的人生目标有着一贯的坚守。他认为人活在世上不仅是为了穿衣吃饭，最重要的是为社会和人类做一些有益的工作。他毕生未为自己建造私宅，这在他同辈中极为罕见。为了实现人生理想，他无视一切艰辛与危难、清贫和困苦，书房是他停留最久的地方，他每天都是翻阅书籍或写作，直到很晚才休息，把毕生精力都献给了建筑事业。

他还把严谨的工作态度带到了生活中。比如，凡是有人来信，他必亲自回复，从不假手他人，而且，大多先写出草稿，经斟酌修改后，再誊清寄出。信中的每个字都写得端端正正，连标点符号也分得清清楚楚。其他如文稿、笔记……莫不如此，从那些工整而隽秀的字里行间，可以看到他毕生一丝不苟和严谨认真的生活态度。

刘敦桢研究建筑史始终坚持实事求是、谨慎细致，力求中学与西学相结合。1949 年后，刘敦桢因为身体原因辞去本科教学职务，而只带助手与研究生。编《苏州古典园林》时，他和助手要完成大量的钢笔手绘图，任务艰巨，而其中又要大量返工。为了深入了解园林景物在不同季节和气候下的变化，刘敦桢等人常年驻守在园中，观察粉墙、树影、湖面在阳光和月色下的不同，以及晴阴雨雪带来的景色差异。他主持编写的《中国古代建筑史》几易其稿，出版后被评为国家建筑工程总局 1980 年度优秀科研成果奖一等奖，代表了当时最高的建筑史学研究水平。

《南雍骊珠：中央大学名师传略》中这样缅怀刘敦桢："先生生前曾主持《苏州古典园林》和《中国古代建筑史》的编写工作，前者的参与者是建筑系师生和中国建筑历史与理论研究室的全体同志。后者则组织了全国有关院校和协作单位的上百名专业人员。这两部著作的共同特点是：文字图片量

大、编写时间久长，参加人员众多，书稿几经反复。因此在写作过程中对计划制订、人员组织、写作安排、问题研讨等都需做许多复杂与细致的工作。先生既是项目负责人，又是文稿撰写者，其忙碌可想而知。然而，大部分工作还得由其他人共同完成，这就需要发动群众，充分发挥他们的积极性和创造力，并虚心听取和采纳他们的合理建议。他严格要求大家，同时也尊重大家，并以平等态度对待每一个人。就这样，先生团结了来自祖国四面八方的隽秀英才，在十分困难的历史条件和物质条件下胜利完成了任务。"

🔍 相关链接

中国之塔

在中国建筑师学会上的讲演稿

提起塔，我想大家心目中，早已有了一个轮廓。各位以往在国内旅行，一定看见过许多形状不同的塔，或者在城市、在乡村，或者在山巅、在水涯，或者在茫茫大漠、黄沙衰柳之间，构成了不少美丽而雄伟的图画。塔的确是中国建筑中最有魅力的景物之一，也是中国景观的最好象征，值得人们流连赞赏。不过我们如果离开艺术鉴赏，站在历史的立场来说，它可是出乎意料的并非全由中国所创造。这是因为在汉代以前，我们的高层建筑，只有楼、阁、台、阙，而无所谓塔，文献里面也没有塔这个名称。到后来，印度的佛教经犍陀罗（Gandhara）和西域诸国辗转东传，于是在佛教建筑中占重要位置的塔，才出现在中国。

佛教在何时传入中国？中国的第一座佛塔又建于何时何地？根据《魏书·释老志》所载，东汉明帝因梦见金人，遂派遣博士弟子秦景、蔡愔等往印度求佛法。使者于途中遇沙门摄摩腾、竺法兰携经东来，就迎接他们返回中国，于永平十年（公元 67 年）到达洛阳。为此，明帝就在洛阳西门外建造了一座白马寺。这建寺也许确有其事，但佛教传到中国，当在明帝求法以前，否则梦见金人，何以知其为佛？又何以知此佛生于印度？近来许多学者对此有详细研究，我就不予重复叙述了。至于白马寺内，传说绘有千乘万骑绕塔三匝的图像，但当时寺内是否营造佛塔，因史无明文，不敢臆断。

至于我国早期佛塔的形状，《魏书·释老志》载："凡宫塔制度，犹依天竺旧状而重构之。"可知系完全模仿印度式样。但至少到汉末献帝中平、初平年间（公元 189—193 年），已有中国传统木架构之木塔出现。如笮融于徐州所建之浮屠祠，亦见于史籍。可惜的是北魏中叶以前的许多重要实例，都已荡为烟雨，只能依靠不完全的文献，知道其中部分情况而已。现在国内所存的佛塔，以北魏正光年间（公元 520—524 年）所建的嵩山嵩岳寺塔为最古。从那时起到最近为止，国内现存大大小小的塔——大的约高 80 米，小的不过 1 米——何止数千。但塔的形式，归纳起来却不过几种。至于如何分类，德国的鲍希曼（Boerschmann）和日本的伊东忠太，都各有不同的见解。现依我与梁思成先生的意见，则可暂分为五类，就是：楼阁式塔、单檐塔、密檐塔、喇嘛塔、金刚宝座式塔。在说明这五种塔以前，应当对印度的窣堵坡（Stupa）佛塔予以简单介绍。谈到它的起源，也不是由佛教所创。它的式样，无疑地是由印度古代吠陀（Veda）时期的坟墓演变而来。今天因为时间有限，只能从佛教成立以后说起。

……

综上所述，我国的塔绝大部分都属于佛教建筑（仅有小部分是出于风水等原因所建）。自汉代伊始，经六朝、隋、唐，至五代、宋、辽，其式样结构之嬗变演绎，若风起云涌，莫可端倪，实为佛塔艺术的全盛时期。自此以后，则如江河日下，渐就式微。至元、明两代，虽输入了喇嘛塔与金刚宝座塔二种新类型，究竟无补于全面衰落的颓势。任何一种艺术，由萌芽，而发展，在达到极盛后，即逐渐走向衰亡，乃是无法避免的必然规律。不过自己于此得到一点感想，也可以说是一个教训，就是汉、六朝到唐、宋，我国古代的建筑匠师们，一方面自外接受了印度的佛塔建筑艺术，另一方面又不以单纯的模仿为满足。他们将圆形的印度塔改为方形、六角形、八角形（其中也尝试了十二角形）等多种形式，同时还以我国在汉代就已出现的传统木梁柱结构系统的多层楼阁为基础，创造了具有我国建筑特色的楼阁式木塔，和仿此木构式样的砖石塔和金属塔，后者如山东济宁铁塔寺铁塔及山西五台显通寺铜塔，等等。其后又改变了墓塔和密檐塔的式样，将外来文化融合到中国传统之中。他们以杰出的创造，为我国的建筑文化留下了许多不可磨灭的丰碑，这样的精神，实在值得我们今天的建筑师瞻仰与崇敬。现在我们又像汉代接受印度佛塔一样，正在接受欧美和世界的新建筑。当然，在短期内不能脱离模仿阶段，是自不待言的事。但在不久的将来，定能产生一种适合我国国情的、新的建筑式样。我想在座的各位，一定不愿放弃这种千载一时的好机会，令使前人专美。古人说"鉴古而知今"。今天我虽是讲古代的佛塔，但不期然联想到我国将来的建筑发展，因此对于本会同人，实是抱有无穷的希望。

院士寄语

我不过具中人之资，捷思聪睿不及思成，细致慎重莫如仁辉，博通中外无逮伯潜。能够做出点成绩，主要靠多干了一点。

李薰

科研工作要为国家织出
整匹锦缎

邵阳"科星"小传

李薰（1913 年 11 月 20 日—1983 年 3 月 20 日），出生于湖南省邵东市，著名物理冶金学家，我国冶金科技事业的开拓者和奠基人之一。1936 年毕业于湖南大学矿冶工程系。1937 年赴英国谢菲尔德大学冶金学院深造，先后于 1940 年、1951 年获得哲学博士学位和冶金学博士学位，任该院研究部负责人。1951 年冲破重重阻挠回国，领导创建中国科学院金属研究所。历任中国科学院金属研究所所长、中国科学院沈阳分院院长等职，1955 年被选聘为中国科学院学部委员（院士）。1981 年，调至北京担任中国科学院副院长兼技术科学部主任。

早年从事钢中氢的研究，进一步奠定了研究钢中氢的科学基础。创建中国科学院金属研究所，在研究飞机引擎主轴断裂的原因中，发现钢中氢脆的奥秘和规律，证明了钢的内部发裂是由于氢的存在引起的，并以扩散、溶解度和钢的结构等，阐明了不同温度下钢材尺寸大小、时间与钢中氢含量的关系，对世界各国钢铁技术一直有着非常重大的影响。20 世纪 50 年代末，引导金属研究所在研究方向上做较大转变，从以服务于钢铁工业为主转变为主要发展新材料、新技术和相应的新的测试方法，为中国第一颗原子弹、第一颗重返地面人造卫星、第一架超音速喷气飞机、第一艘核潜艇等成功研制作出了重要贡献。

爱国主义是促进我国科技事业健康发展的精神动力。广大科技工作者怀揣科学救国报国、兴国强国的热忱，在党的领导下，坚持践行人民科学观，形塑了爱国、创新、求实、奉献、协同、育人等精神气质，转化成为凝聚科技强国伟力的重要引擎。

李薰，我国冶金科技事业的开拓者和奠基人之一，其在学术上的贡献，世所公认，他的爱国情怀，更值得我们学习。他关注国家建设，为祖国科技事业战斗到生命的最后一息。他代表着一种信仰、一种精神、一种作风，激励着一代又一代科研人员为国效力。如杨维琛在《深切缅怀我国著名的冶金物理学家李薰教授》一文中所写的："李薰教授是我尊敬的老师，如今他已去世近二十年，每当回忆他的音容笑貌，仿佛就在眼前。今天我们深切缅怀李薰教授生前的业绩，具有非常重要的意义。"

研究小原子，解决大麻烦

1971 年初秋，数百架战机停满了沈阳周边大大小小的机场。一般人看到这种壮观的场面，都会感到兴奋，可是，穿梭在机群间的研制人员和空军驻厂代表却个个眉头紧锁。

原来，军方代表在验收飞机时，发现一个严重的问题：飞机的一个部件存在大范围的裂缝。在检查了 50 架飞机后，居然发现其中 22 架都有这一问题！军方代表格外恼火，当即表示拒收。进一步调查显示，工厂在制造飞机部件时用了一种新钢材，要命的是，除了已检查的 50 架，还有几百架已经交付部队的飞机也使用了这种新钢材。没办法，只好让这些飞机停飞。几百架飞机不是小数目，几乎占当时中国空军战机的一半，而那个年代又恰逢中苏关系紧张，就这样让飞机闲置在沈阳，从军方到研制单位，所有人都心急如焚。

事件非同小可，周恩来和叶剑英高度重视，要求火速查明新钢材开裂的原因。然而，尽管研制人员连日加班加点地对新钢材做探测分析，却始终无法揭开谜团。当众人一筹莫展之时，有人提议："送到金属所，让李薰看看吧！"金属所是位于沈阳的中国科学院金属研究所，而李薰正是它的创建者。

1971年9月1日，人们带着开裂的飞机部件找到李薰，说："李所长，大家都弄不明白新钢材为什么会开裂，请您给我们指导指导。"

李薰接过开裂的部件，仔细端详了半晌，说："咱们还是先去生产车间看看吧！"

到车间后，李薰一边走一边观察生产流程，还不时停下来向工人询问情况。忽然，他看到几位老工人用锤子猛敲钢板，旁边的几个学徒工也照着做，便立刻停下来问道："是不是老工人出的废品要多些？"在得到肯定的回答后，李薰又观察了一会儿，然后说道："问题就在这儿了，是氢脆的原因！"

原来，氢原子非常"淘气"，凭着自己半径小的优势，在钢的晶格间横冲直撞，如入无人之境。金属总是存在缺陷的，内部往往含有细小的孔洞，这些孔洞可谓氢原子的安乐窝，它们一旦进入孔洞就会两两结合为氢气，很难再出来。于是，孔洞中的氢气越来越多，内压就越来越大，当压力超过金属自身的强度，自然就开裂了。李薰与金属打了几十年交道，对氢在钢中耍的"小花招"再熟悉不过。他看到老工人干活儿最卖力，便知道钢中的缺陷更多，氢脆也更严重。

李薰只是到车间走了一圈，就神速地找到了新钢材开裂的原因，随行人员个个都惊叹不已。工厂很快改进了生产方法，换下有问题的部件，数百架飞机终于得以起飞。叶剑英元帅听闻此事后，连连称赞李薰"为维护我国空军作战实力作出了贡献"。

其实，这并不是李薰第一次给飞机"把脉问诊"。早在第二次世界大战时，他就曾给飞机"看过病"，也是在那时，他第一次认识了氢脆。

第二次世界大战中的无名英雄

20世纪30年代，第二次世界大战前的欧洲阴云密布，为应对纳粹的步步紧逼，英国不得不扩军备战。不久，英国的飞机设计师就研制出一款名为"喷火"（Spitfire）的战斗机。由于其采用了大功率活塞式发动机和良好的气动外形，性能十分优异，刚试飞成功便被英军预订了三百余架。

正当"喷火"战斗机在英军中的地位如日中天时，意外却发生了。1937年，一架"喷火"战斗机在训练时发生了机毁人亡的惨剧！调查发现，飞机主轴含有大量的细小裂纹，正是这些裂纹导致了主轴开裂，酿成了事故。不少钢厂都试图找到主轴产生裂纹的原因，可两三年下来，谁也不能给出定论。于是，问题被送到了谢菲尔德大学，在该校冶金学院任职的李薰便接下了这个"烫手山芋"。

李薰先是走访了多家钢厂，然后回到实验室反复实验。一番分析后，他猜测氢气是造成飞机主轴开裂的罪魁祸首。不过，李薰的观点并不新鲜，此前就有不少研究者对氢在钢中的作用做过猜测，但只局限于对氢脆现象的描述，由于缺乏定量分析氢的技术，没人知道钢中含有多少氢，也就无从知晓现象背后的本质和规律。

科学研究中从不缺乏猜测，可唯有实证才能揭示真理。李薰深知这个道理，决定亲自研制一套定氢设备，做第一个"吃螃蟹"的人。

说起来容易做起来难，李薰带领几名研究生用了近一年时间才制造出一台实用精确的定氢仪。俗话说"工欲善其事，必先利其器"，有了别人没有的先进设备，李薰率先在世界上第一次测定了钢中的含氢量，准确摸清了钢和氢的复杂纠葛。他发现，一旦每100克钢中的含氢量超过2毫升，钢的强度就会下降。而在当时的生产条件下，100 克钢中的含氢量却往往高达 4 —6 毫升，飞机主轴开裂也就不足为奇了。

氢脆现象背后的规律找到了，李薰还没来得及兴奋就开始思考如何去氢的问题。经过几年的艰苦努力，他终于找到了一种去氢方法。可别小看这种方法，虽说它只是除掉了钢中含量微小的氢，但大幅提高了"喷火"战斗机的可靠性。要知道"喷火"战斗机可是英国在第二次世界大战中的主力战斗机，足有两万多架！李薰发明的去氢方法还被用在无数的火炮、坦克、舰艇等武器装备的制造中，为盟军的胜利作出了重大贡献。

李薰，无疑是第二次世界大战中的无名英雄！

冶金大师回中国

李薰的成就在国际上获得广泛称赞，他被公认为钢中氢研究的开创者。为表彰李薰的贡献，谢菲尔德大学特授予他冶金学博士学位，并将他的照片悬挂在实验室中。一些英国同行劝他加入英国国籍，还有人劝他前往富裕的美国。然而，李薰却自有想法，他要回到朝思暮想的祖国。

众所周知，20 世纪中叶，钱学森从美国返回中国时历尽了波折。李薰也有相似遭遇，英国政府为了不让这位杰出的冶金学家返回中国，迟迟不发签证。直到 1951 年秋，他才得以取道中国香港，回归阔别十多年的祖国。回国当年，李薰便着手创建中国科学院金属研究所。此后 30 年里，他既将目光放在国际金属研究的前沿，又始终坚持科学研究要符合国家建设，为我国的国防和科技事业作出了很大贡献。

金属所里建奇功

回国后，李薰主持成立了中国科学院金属所筹备处。考虑到沈阳地处鞍钢、本钢、抚钢和大连钢厂几大钢厂的中心，更有利于服务全国钢铁建设，李薰放弃了金属所原来的选址地——首都北京，而选定了东北工业中心城市——沈阳。1953 年 4 月 10 日，周恩来为李薰颁发中国科学院金属研究所所长的任命书。6 月 11 日，中国科学院正式通知李薰就任所长。金属所是中华人民共和国成立后中国科学院新建的首批研究所之一。当时，大家称李薰等十余名留洋学者和前辈为"高老大"，他们为金属所开创了优良的学风。

科学研究主要为国民经济和国防建设服务，同时注意基础研究，这是李薰一贯的办所理念和方针。建所初期，全所工作中心是为恢复和建设我国钢铁工业服务，金属所研制出了铝镁砖和高铝砖，提高了平炉的寿命；研究钢中夹杂物，改善了钢材质量；开创氧气电炉炼钢提高效率、开转炉吹氧炼钢工艺的先河。

1957 年李薰访问苏联后，将金属所的研究方向转向新材料的开发，以适应我国核工业和航空航天发展的需要，按材料和工艺建立了核材料、高温合金、难熔金属、合金钢、金属陶瓷、炭材料、化学分析、高温物性测试和设计等 10 个研究室。在随后的 20 年中，这些研究所均为国家作出了重大贡献。

核材料是李薰关注的一个重点领域，所内成立了两个研究室：铀化学冶金研究室和铀物理冶金研究室（十室）。张沛霖和李薰共同指导这两个研究室，解决了核弹真空冶金和弹体质量的关键问题，保证了我国第一颗原子弹 ^{235}U 弹芯的质量，也为由 ^{238}U 经反应堆变为 ^{239}Th 提供了关键工艺技术，保证核燃料厂提供合格的生产堆堆芯。此外，选派陈文绣、姚汉武到十室和焊接室陈晓风等承担研制气体扩散分离膜组件的工作。1964 年 10 月 16 日下午 3 时，我国第一颗原子弹爆炸。金属所为此作出了突出贡献。1963 年金属所又调集戴受惠课题组，到第十研究室开展铀化合物及成型工艺研究，以便为核燃料提供 UO_2 动力堆。在简陋的实验室里完成放射性粉末制备、压型和真空感应烧结等试验，还研制出我国第一台热等静压机，上海大隆机器厂月 16 吨高质量合金钢制成高压容器，用于锆包套和核堆芯复合。1966 年初，这些研制动力堆资料全部送达核燃料厂。

1967 年为了建设我国第一艘核潜艇，聂荣臻签署特别公函发送给金属所，将从事该项任务的科技人员成建制地调整至国防部成字 137 部队。李薰从大局出发，在 1970 年将第十室 36 名人员以及资料和设备全部调往成都核基地。1971 年又将第十五室从事生产堆研究的 10 位人员及设备调往四川，以他们为主在青衣江旁建立了中国核动力研究设计院的材料所，为我国核潜艇的研发作出了出色的贡献。

难熔金属及其氧化防护也是李薰关注的一个领域。以庄育智为主任的第九研究室围绕钨、钼、钽和铌合金开展了基础研究，成功地将钼材料用于制造钢管的顶头。1970 年我国决定发射第一颗返回式卫星，金属所承担了制作钼蒙皮和铌合金天线的任务，采用李薰提出的双向轧制方案，很快就提高了板材塑性，制备出大面积抗氧化的硅化物涂层，提供了钼蒙皮和铌合金天线正样，并经过地面模拟实验用于卫星。1975 年 11 月 29 日卫星返回成功，金属所派人到回收现场，这是难熔金属在返回式卫星中的成功之例。

1972 年 8 月，李薰在沈阳 814 厂与技术人员讨论钼合金的质量问题，这是我国第一颗返回式地面人造卫星的蒙皮材料，由金属所与 814 厂合作完成。

高温合金一直是金属所的一个重点领域。1957 年初金属所就成立了 205 组，李薰安排从美国回来的师昌绪，带领胡壮麒等开始研究铁基高温合金。研究工作从零开始，包括合金的配方、主要的制备工艺、材料各种性能的测试，以及微观组织表征和机理分析等，最后成功制成高温合金多孔叶片，并大量投产，为我国航空工业作出巨大贡献。正因为在中国材料科学与工程领域中功绩卓著，师昌绪获得 2010 年度国家最高科技奖。

严谨学风与崇高品德

如果要找出一样高于李薰科学成就的东西，那无疑就是他的个人品质了。他的学生这样缅怀李薰：

今天李薰教授离开我们已近二十年，但他的严谨学风和崇高品德仍然令我记忆犹新。现在仅举其荦荦大者，有如下四项。

学识渊博，虚怀若谷

李薰教授 1951 年回国，出任金属研究所所长。建所之初，为了培养一支能攻坚的科研队伍，首先要提高科研人员的理论基础。他经常邀请国内著名学者和专家，如苟清泉、赖祖涵等人来所讲授物理化学、统计热力学、量子力学等课程，身为一所之长的李薰教授，不仅和青年科研人员一起听课，而且一起参加考试，同时公布考试分数。他的这种以身作则、虚怀若谷的坦荡胸怀，激励青年科研人员更加自觉地奋发上进，积累深厚的科学基础，为金属所培养了一批高素质的科研队伍。他学而不倦、治学从严的精神带动了全所，至今仍受到人们的赞颂。

疾恶如仇，反对弄虚作假

李薰教授疾恶如仇，反对弄虚作假，提倡严肃、严谨的学风。他对那些处理科学数据不严肃、不科学的科研人员，经常提出警告。偶尔有个别科研人员弄虚作假、伪造数据，李薰教授获悉后，立即专门组织人员进行调查核实，为此还曾召开了全所助理研究员以上科研人员大会。由于此人态度恶劣，李薰教授会上当场宣布对他的严厉处分。此事在全所引起极大的震动。在李薰教授的言传身教下，金属所全体人员都自觉遵守科研纪律。

学风严谨，一丝不苟

李薰教授治学严谨，一丝不苟。回忆我来所不久，写了一篇关于平炉熔炼过程中钢液含氢变化的论文，请他批改。可能我写论文的水平与他的要求差距较大，他多次要求重写，反复修改，一直写到第七遍，才算最后通过。这件事使我受到极为深刻的教育，以后再写论文时，严肃认真，字斟句酌，直到自己认为完全满意时才拿出去。经过几年的学习锻炼后，我撰写《氢在液态铁、镍、铁－铜及铁－铜－镍合金中溶解度》的论文送他审阅，竟然一字未改，并推荐投稿《金属学报》发表。当时联想到他最初对我的严要求，实际上是培养我的严谨学风，其用心良苦，使我终身受益。

鼓励创新，博采众长

李薰教授生前经常勉励青年科研人员要做"老祖宗"的工作，其用意是鼓励创新，不要模仿和重复前人的工作，鼓励青年科研人员树立雄心壮志，要大胆探索，有所发现，有所创造，工作才有意义。

相关链接

决不会辜负党的期望

李薰入党志愿书

十年来，在党的培养和教育下，我认清了共产主义是人类最美丽、最伟大的理想，只有共产主义才能消灭人剥削人的现象，杜绝一切战争的根源，发挥所有人的才能和智慧，使全人类得到彻底解放。

中国共产党从成立那一天起，就宣布了这样一个崇高的目标，为在中国和全世界实现共产主义而奋斗到底。在四十年来漫长的革命斗争中，党的优秀儿女废寝忘食、前赴后继、英勇牺牲，无一不是为了广大劳动人民，为了祖国，为了全世界无产阶级的利益和解放，从而取得今天这样伟大的胜利。

尽管已取得的胜利距离最终目标还很远，但可以坚信，依靠马克思列宁主义的理论指导，高举着为全人类彻底解放而奋斗的伟大旗帜，党的事业是正义的，是无往而不胜的，共产主义在全世界一定会实现。

我愿意加入中国共产党，是因为我认清了党的事业是人类最崇高、最伟大的事业，为这样的事业贡献出自己的一切是人生莫大的光荣，也是追求真理的人应有的归宿。我决不会辜负党的期望，在人民面前做一个老老实实的勤务员，在敌人面前做一个勇往直前的战士。

院士寄语

科研工作要为国家织出整匹锦缎，而不是在一条破裤子上绣出一朵花。

魏荣爵

此生许国，『声声』不息

治学偶有所获

便翰海中得一粟

此忘人生一乐也

魏荣爵

邵阳"科星"小传

　　魏荣爵（1916 年 9 月 4 日—2010 年 4 月 6 日），出生于湖南省隆回县。1937 年毕业于金陵大学。1947 年获美国伊利诺伊大学物理学硕士学位，1950 年获美国加利福尼亚大学博士学位。1980 年当选中国科学院学部委员（院士）。历任南京大学教授，中国声学学会名誉理事长。

　　中国声学事业的开创者之一，运用分子的弛豫吸收理论成功地解释了低频声波在水雾中的反常吸收，指出声能耗散原因并得出水雾吸声普适公式。首创雾滴计数器。首先开展语言声学研究，在国际上最早提出用现场语噪声方法测量汉语平均谱，试制成功"可见语音仪"。对微波声学、低温声学以及水波孤子、混沌等进行研究，取得突出成果。1989 年获国家自然科学奖二等奖，1990 年获国家教委科技进步奖一等奖。存世有《魏荣爵文集》。

魏荣爵辛勤耕耘，勇于攀登，执着于科研领域。他让中国的声学研究在国际上树立很高的声望，开创了我国声学科研与教学事业的新纪元。他曾撰文道，"声学研究应不断开辟新的篇章，有着光辉和广阔的前景"。

2010 年，魏荣爵病逝于南京。他是值得我们尊敬的，因为他对科技知识不断追求，积极进取；他是值得我们钦佩的，因为他对祖国有大爱，毅然回国；他是值得我们敬仰的，因为他对我国科技事业作出了贡献。他的精神和成就会一直影响我们，为我们的科技之火不断添柴！

"令尊吉韵"

1916 年，魏荣爵出生在湖南隆回一个官宦之家，祖上曾经出过清代著名学者魏源，祖父魏光焘是收复新疆的爱国将领、晚清重臣，父亲魏肇文是著名书法家，湖南省图书馆创始人之一。优越的家庭条件，为魏荣爵创造了良好的学习环境，语言上的天赋也显露无遗。

魏荣爵小学毕业后随家人就读于上海。刚进入上海的"十里洋场"时，所有课本均为英文，他一时措手不及，上课听不懂，下课茫茫然。但他知难而进，用了 3 个月的时间钻研，到了第二学期，他的英语成绩一跃为全班第一，令老师惊讶不已。

年岁渐长，魏荣爵的文学功力愈见深厚。他爱好诗文创作，尤其对戏剧颇有研究，用笔名"吉韵"在报上发表了大量戏剧评论。犀利的笔锋、一针见血的卓见，震惊了文坛，让编者和读者都误认为他是一位戏曲界的老前辈。

有一回，京剧大师马连良先生来南京献艺，演出前接受记者采访，谈到京剧念唱中的尖团字。魏荣爵看到报道后，写了一篇文章，非常内行地指出马连良谈话中的错误。编辑收到稿件后左右为难，发稿吧，怕马大师难堪；不发吧，又怕得罪了"吉前辈"。于是，编辑登门拜访吉韵先生，想与"吉老"商量，此稿可否等马先生走后再发。编辑敲开魏府大门，对开门的年轻人问道："令尊吉韵先生在家吗？"年轻人笑答："我就是吉韵！"惊得编辑目瞪口呆！没想到鼎鼎有名的吉韵先生，竟然是一位年纪轻轻的小伙子！

魏荣爵不但撰写戏剧评论，还是一位水平颇高的票友。抗战爆发后，他积极参加抗日募捐义演，在人生的历史上留下了光彩的一笔。1993 年，魏荣爵参加北京国际京剧票友电视大赛，年近八旬的他神清气朗、声音洪亮、风采依旧，获得荣誉奖。

"给分六十"

1941 年，魏荣爵在重庆南开中学任教，学生谢邦敏参加了这一年的毕业考试。谢邦敏文科成绩十分优秀，但数理成绩欠佳。当他进入考场，展开物理试卷一看，顿时目瞪口呆，一道题也答不出，只得交白卷。但交卷前，他又心有不甘，便在试卷上填词一首《鹧鸪天》："晓号悠扬枕上闻，余魂迷入考场门。平时放荡几折齿，几度迷茫欲断魂。题未算，意已昏。下周再把电磁温。今朝纵是交白卷，柳耆原非理组人。"

以教学水平高、教学态度严谨著称的魏荣爵评卷时，也许是出于同为"才子"的惺惺相惜，看到这首词，居然也在试卷上赋诗一首："卷虽白卷，词却好词。人各有志，给分六十。"按当时南开的校规，主课如有一门不及格，则不能毕业。好一句"人各有志"，使这位偏科的学子得以顺利毕业。谢邦敏后来考入了西南联大法律专业，日后登上了北大讲坛，中华人民共和国成立后一度担任北京人民法院第一刑庭庭长，成为教育史上的一段佳话。

桃李满园

1944 年，魏荣爵赴美留学，师承声学大师努特生，攻读声学，获博士学位。

魏荣爵在美国芝加哥大学学习期间，与杨振宁是同窗好友。有人曾问魏荣爵："杨振宁获得了诺贝尔奖，你对自己作何感想？"他在赞扬了杨振宁才智过人之后，坦然答道："我对自己走过的路感到欣慰。自任教以来，一支强大的人才队伍已在我身边站立起来，他们当中不乏世界第一流的科学家，他们之中有的人会登上物理高峰辉煌的殿堂。"

1951 年，魏荣爵克服重重阻挠回到祖国，被南京大学委任为物理系主任，讲授核物理、电磁学、声学等课程。

当时中华人民共和国成立不久，百废待兴，科研条件十分艰苦。现代声学在国内刚刚萌芽，没有一件像样的科研设备。魏荣爵就将东大楼一间半地下室改建为"混响室"，用多层布幕建成简易消声室，这就是中国第一个消声室和混响室。

魏荣爵很早就从事教育事业，他常说，"好学生"没有统一标准。考试并不是衡量一个学生的绝对标准，课业授受也不是衡量一个老师的绝对标准，人的本身才是目的、是尺度、是根本，其他的一切都是从属的、次要的。在漫长的教学生涯中，魏荣爵始终认为科学上是"后来居上"。在从事科研及执教的 60 多年中，他为我国培养了一大批科技人才。在被赞扬"桃李满天下"时，魏荣爵坦然说："无非是'因材施教'，以及'坚持'罢了。"

1970 年，南京大学成立声学研究所，魏荣爵带领着南大物理系声学专业不断取得突破。魏荣爵数十年如一日，锲而不舍，在声学这块园地上辛勤耕耘着，获得学界一片赞赏。

魏荣爵在南京大学讲授过电磁学、核物理、数学物理方法、统计物理、声学等多门课程，凡听过他课程的教师和学生，对他严密而深入浅出的论述无不敬佩。魏荣爵始终将教学与科研结合起来，把讲课看作是整理思路、锐化智慧、启发新的概念的方法。

他一生不忘立德树人初心，牢记教书育人使命，在平凡的三尺讲台上默默耕耘六十多载，为党和人民的科研和教育事业作出了重要贡献。他的一生彰显了老一辈教育家艰苦创业的精神和爱国爱校的情怀，这些都是我们永远的精神财富。

相关链接

贵在坚持

1993 年，南大校报刊载了魏荣爵《贵在坚持》一文，并配发了他在 30 年前给上小学的女儿的一封原信。信中写道：

旧日我有写日记的习惯……可漪华却从下乡教小学、回宁上晓庄、上南大及后来工作、出国至今，从未间断……

漪华还找出她上小学时我给她写的一段鼓励的话，我感到非常惭愧，往者已矣，来者可追。对自己说过的话，可谓自食其言。于是特请校刊发表此文及我当年的原稿，希望年轻的同学们养成写日记的习惯。"文革"使我中断的事，我将再继续下去。这次我又给漪华写了四个字"贵在坚持"，写日记如此，做学问更应如此。

院士寄语

人的一生很短暂，一眨眼就过去了，这一生他做了哪些事情，哪些是对人民有益的，功过是非应该有一个记录。我觉得这就是档案。

李钧

电离层里探奥妙

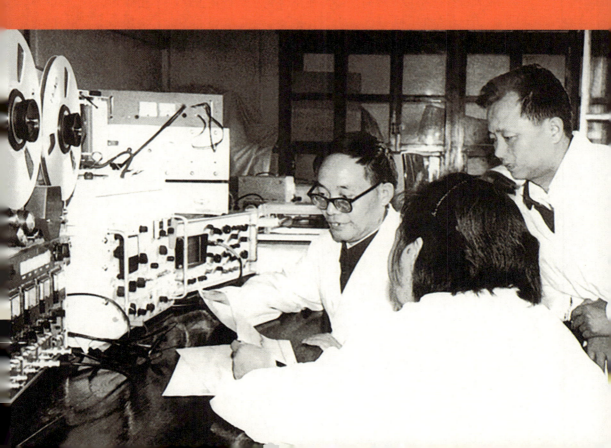

邵阳"科星"小传

　　李钧（1930年3月3日—1994年4月5日），出生于湖南省邵阳县。电离层物理与电波传播学家，中国科学院院士。1955年毕业于武汉大学物理系，1958年该校研究生毕业。1991年当选中国科学院学部委员（院士）。1994年4月在出差途中逝世。曾任中国科学院武汉物理研究所研究员。

　　主要研究电离层中的不均匀结构和扰动、电离层扰动的无线电探测以及扰动电离层中的无线电波传播。最早在中国开展电离层小不均匀结构和漂移的实验与理论研究。从理论上统一了相似衰落法和相关分析法的物理基础。特别是在电离层扰动无线电诊断研究中，全面发展了电波传播广义射线理论，系统地解决了时空缓变、色散、各向异性和耗散介质中射线传播的一系列正向和反向问题，在理论上有重大突破。代表作有《电离层不均匀体参量与电离层状态的关系》等。

科技成果的取得，从来不是一片坦途，只有勇攀高峰、敢为人先，只有追求真理、严谨治学，只有淡泊名利、潜心研究，只有集智攻关、团结协作，只有甘为人梯、奖掖后学，才能在科学高峰上欣赏到无限风光。

李钧，作为中国电离层声重波观测研究的创始人之一，他和他的同事、弟子为我国电离层声重波观测研究和载人航天飞船消除电离层干扰，精确定位、定轨所作的探路性贡献，永远留在了空间物理领域的光辉史册上。

勤奋学子，走出农家

知识改变命运。"书是知识的源泉，只有知识有挽救我们的力量，只有知识能够使我们成为在精神上强壮、忠实而觉醒的人"，这是李钧自小就有的认知。

李钧出生于一个贫穷的农民家庭，他的父亲深刻认识到没有文化难以过上好日子，因此，决定将他送进学堂，让他成为家族中最有文化的人。从李钧背起书包的那一刻起，他就对学习充满了热情，课堂上认真听讲，课后认真复习。

在家中，懂事的李钧总是主动帮助父母做家务，并经常一边干活一边学习。有一次，父亲让他去放牛。李钧带着书本上山放牛，通过一边读书一边放牛的方式合理安排时间。然而，当他专注于学习时，却发现牛不见了。有人喊道："谁家的牛把菜吃光了？！"李钧惊慌失措地跑过去一看，发现自己的牛正在吃别人的菜。父亲得知此事后，严肃地对李钧说："念书是正事，要念出出息；放牛也是正事，不能丢失牛，也不能让它去偷吃别人的菜和庄稼。"此后，李钧放牛时要么把牛绳拴在树上，要么把牛绳系在自己身上，这样既可以让牛吃饱，又可以有时间看书，还可以避免牛走丢或去偷吃别人家的菜和庄稼。

晚上，李钧自觉挑灯夜读，常常当大人们都睡了的时候，他还在昏暗的桐油灯下做功课。由于学习刻苦，加上有一定的天赋，李钧小学毕业后，以优异的成绩考入了邵阳市二中，这让全家都为他骄傲。

去邵阳市二中读书的那天，李钧看到村里人以羡慕的眼光目送着他。父亲为他挑着被铺和大米，步行30多千米来到坐落在邵水桥旁的市二中。这让他更加坚定了要为村子里的人争气、要为父母争光的念头。

在邵阳市二中期间，李钧对自己要求严格。他生活上不与人攀比，学习上毫不松懈。遇到问题及时请教老师，没弄懂的问题一定要追根究底。休息时，别的富家子弟都成群结队上街购物，而他却抓紧时间学习。功夫不负有心人，由于他学习认真刻苦，成绩优异，学校为了表彰他，免除了他的部分学费。

高中临近毕业时，湖南和平解放，古城邵阳一片沸腾。邵阳市二中校园里到处欢声笑语，李钧积极参加了学校举行的各种迎解放活动，并以优异成绩考取了武汉大学物理系。此时恰逢全国解放，学费和生活费全由国家负担，这让李钧十分高兴。他知道祖国刚刚解放，百废待兴，需要大批有文化、有知识的人投身到祖国的建设中。他立志要以更加宽广的胸怀和炽热的情感投入到大学阶段的学习中，力求学有所成、报效国家。

初探空间电离层奥秘

理想是指路明灯，心中有理想和信念，生命之花才会灿烂绽放。

1955年，李钧本科毕业，开始攻读硕士学位。在研究生阶段，他选择了武汉大学的电离层物理与电波传播专业。电离层是与人类生活及经济建设密切相关的学科，对于人类发展太空事业和监测太空环境具有重要意义。各国空间物理学家在这个研究领域的竞争非常激烈。

李钧选择了电离层，立志在空间物理领域有所作为。他与3位同学师从于武汉大学教授、原中央研究院物理所通信研究员梁百先和当时任教于武汉大学的莫斯科大学电离层专家古谢夫两位专家。从此，他的知识更加广泛，在空间物理领域的视野更加开阔。有一次，古谢夫教授上空间物理课，刚在黑板上写出一个题目丢下粉笔，李钧便宣告计算完成且答案准确。古谢夫教授走到李钧面前，用惊异的目光注视题解良久，然后轻轻拍着李钧的肩膀，用欣赏的语气连声称赞："很好，很好！"

李钧在学业上的长进，深得两位导师的赞赏。不久，古谢夫教授将自己的一个研究课题——"电离层漂移与不均匀结构的观测与研究"交给了李钧，使他成为我国最早开展电离层小不均匀结构和漂移的实验与理论研究的电离层研究者。

为了尽早完成课题，那年春节，当家人欢聚在温暖的火炉旁品尝佳肴时，李钧却背起书包，踏着积雪，顶着寒风，一头钻进了珞珈山上的观象台，开始了他的电离层课题研究。他全神贯注地观察观象台的仪器记录，那些通过垂测仪、电离层不均匀结构观测仪扫描记录的曲线，在一般人眼中是那么单调枯燥，但在他的眼里，却是一首首内涵丰富、韵味无穷的"纪实诗"。

李钧一动也不动地坐着观察、演算。由于观象台里没有取暖设施，时间一长，手脚被冻麻了，握笔的手怎么也不听使唤。这时他就中断一会儿，站起身来在屋内活动身子，用热气呵呵手，随后继续工作。

这种工作严重损害了他的视力。承担课题期间，他的眼镜度数不断提高，眼镜片由200度换成500度，500度又换成800度，最后竟换成了1000度，镜片上一圈圈的纹路，看上去像酒瓶底一样。艰苦的付出迎来了收获，在攻读研究生的两年多时间里，李钧在两位导师的细心指导下，脱颖而出。除了课题研究，他还先后在《莫斯科大学学报》和《武汉大学学报》上发表了多篇高质量论文。

为电离层观测与研究插上翅膀

1958 年，李钧研究生毕业后被分配到中国科学院武汉物理研究所工作。他工作认真负责，学术成就突出，迅速从研究实习员、助理研究员晋升为研究所电离层研究室副主任、主任。在电离层研究室的领导岗位上，他千方百计改善科研条件，用自己对空间物理的满腔热情和事业责任心，不断为观测和研究工作添置硬件，极大地改善了我国电离层观测、研究工作的条件，为中国科学院武汉物理研究所乃至我国的电离层观测、研究工作插上了翅膀。

李钧深知我国经济基础薄弱，需要用钱的地方很多，国家当时不可能有大量的资金投入到科技方面的单一研究与攻关上。但他更清楚，搞科学研究没有适当的仪器是不行的，特别是搞空间科学，光靠人的肉眼是无法观测到空间电离层的变化与规律的。因此，当所里的科研设备简陋到连用于电离层观测的声图仪都没有时，他坐不住了。科研人员没有必需的科研设备，就像战士手中没有武器，是无法进行科研攻关的。添置声图仪已经刻不容缓。李钧主动跑上跑下，诉说理由，争取设备。最终所党委同意，从所里仅有的5000 美元科研经费中挤出 4000 美元，添置一台声图仪。

长期的观测实践让李钧深深体会到：只靠一个台阵的观测分析仅仅是观测的初级阶段，必须建立一个"三点合一"的台阵观测体系，通过三点把波动的传动方向、速度更精确地测量出来，才更先进，更科学。于是，他向中国科学院武汉分院提出建立天门、安陆、武昌三点台阵观测站，得到分院的批准。不久，下拨的 40 万元经费到位，6 台从日本引进的仪器很快运抵天门、安陆、武昌三点台阵观测站。观测台阵建立起来后，新的问题又出现了：没有观测主机——高频多普勒接收机，台阵的声重波研究仍是纸上谈兵。但所、分院甚至中国科学院当时也无法挤出用于购买高频多普勒接收机的昂贵经费。主机不能缺，怎么办？李钧坚信，路是人走出来的，没有钱购买，就走自力更生的道路，自己研制高频多普勒接收机。

李钧挑选一批科研人员，主动承担起三点台阵观测主机——高频多普勒接收机的研制。接下任务后，李钧与同事们不分严寒酷暑、白天黑夜，全身心地投入研制工作，节假日也顾不上休息。超负荷的工作使李钧住进了医院。但他人在医院，心却在实验室。手术后不久，李钧就悄悄回到魂牵梦绕的实验室。在他与同事们的努力下，高频多普勒接收机终于研制成功。它集美国、日本同类设备技术之长，技术性能相当好。当时，这种仪器全球仅5套，而武汉物理所就有1套。很快，李钧和同事们又复制出两台，分别装在天门、安陆，建成了较为完整的三点台阵观测站。

高频多普勒接收机的研制成功不仅为国家节省了大量外汇，而且完善了三点台阵观测体系，使电离层声重波研究得以实现，为深入开展电离层与电波传播观测、研究铺平了道路。

将理想与现实放逐太空

在科研领域，实践是检验真理的唯一标准。李钧凭借其撰写的《电离层不均匀体参量与电离层状态的关系》等论文，奠定了他在我国电离层研究领域的领先地位，并赢得了广泛的声誉。然而，李钧并未因此而满足，他不断追求新的科研高峰。

在初步获得电离层小不均匀和漂移的实验与理论研究的基础上，李钧将声重波观测研究方法应用于科研和实践。他带领弟子万卫星等研究人员，将科研的目光投向了空间物理的另一个重要领域——广义射线。通过研究，他们发展并完善了电波传播广义射线理论。该理论将空间、时间、波动矢量、波动频率等因素全面融合，形成了一种具有开阔视野的空间理论，系统地解决了时空缓变、色散、各向异性和耗散介质中射线传播的一系列正向和反向问题。

随着我国载人航天计划的实施，李钧积极参与载人航天的子课题——载人航天电离层问题的研究。他带领中国科学院武汉物理研究所的同事和弟子组成电离层研究组，承担起为载人航天飞船探路的任务。飞船离开地球飞向太空时，必须穿越厚厚的大气层。在地面 60 千米至 1000 千米的范围内，存在带正电的离子和自由电子组成的大气层，即电离层。电离层会使无线电信号产生延迟或奇变，飞船要进行精确定位和定轨，就必须考虑电离层的影响并尽可能将其消除。面对这一课题，从 1993 年开始，李钧带领课题组的科研人员开始了紧张的课题申请和论证攻关，并取得了初步成效，为"神舟"飞船的安全试飞提供了高精度的定位、定轨。

"科学家中最纯正的、最佳的榜样"

据熟悉李钧的人所说，他三十多年来一直致力于电离层与电波传播研究工作，全心全意投入工作，大部分时间都是在中国科学院武汉物理研究所度过的，甚至他的两个儿子都称他为"工作狂"。在他们的成长过程中，李钧很少陪伴他们，几乎没有带他们逛过公园或看过电影。他的人生经历丰富，曾被下放，也曾应邀到美国讲学，去过的地方很多，但很少留下个人痕迹。因此，在他突然离世后，记者们很难找到可用的照片，甚至在研究所的资料室里也仅仅留存了他的免冠一寸照。

妻子李利斌与他在中国科学院武汉物理研究所共同工作，心中虽深感遗憾，但却毫无怨言。她深知，科研工作需要一种献身精神，而李钧不仅具备这种精神，而且无论身在何处，都将这种献身于科学事业的精神带到那里，并向周围传播。

李钧学识渊博，治学严谨，行重于言。在科研工作中，无论是调查还是实施，他都亲自参与，一丝不苟。在指导弟子方面，他身教重于言教，对弟子的项目报告逐字推敲。他培养的博士生们，现在都已成为电离层与电波传播研究领域的中坚力量。

美国波士顿大学电离层专业教授瑞利希曾表示："在我们学校，还没有像李钧这种水平的教授。"

李钧简朴的生活作风广为人知，家中最为显眼的物品是装满书籍的几个大箱子，均是农村常用的木箱。在美国讲学期间，他的饮食也常常是简单的一锅煮。他一生只讲奉献，不求索取，曾先后荣获中国科学院先进工作者、优秀博士生导师、湖北省劳动模范、全国总工会全国优秀科技工作者等荣誉称号，并荣获全国"五一劳动奖章"以及有突出贡献的中青年专家等荣誉头衔。

台湾中山大学工学院时任院长叶公节曾经对李钧作出过极高的评价，称赞他为"科学家中最纯正的、最佳的榜样，我辈范例"。这种赞誉不仅充分体现了李钧在科学领域的卓越成就，更彰显了他的人格魅力和道德风范。

相关链接

我国的电离层研究 *

梁百先　李钧　马淑英

早在 1882 年，根据地磁场的变化，人们就预言高空大气中存在一个带电层。1901 年 12 月，Marconi 证实了无线电波可以横跨大西洋传播，这一现象使人们开始相信高空中存在带电层，它引起电波的反射。1924 年 12 月，Appleton 和 Barnett 以及 Breit 和 Tuve 用无线电波进行高空探测，首先用实验方法证实了电离层的存在。

---

* 《地球物理学报》1994 年第 37 卷增刊 1。

随着无线电波远距离传播现象的发现和高空存在电离层的被证实，人类文明很快地进入了远距离无线电通信时代，这时电离层物理学与无线电物理学以及久已发展的地磁学自然而有机地结合起来，成为地球物理学的一个重要学科分支，得到迅速发展。第二次世界大战后期出现了火箭，50 年代又发射了人造卫星，籍此，人们开始对包括电离层在内的高空进行实地探测；随之，电离层物理也就成了新兴的空间物理学的一个重要组成部分。

在我国，电离层研究是在 30 年代初期（发现电离层 10 年之后）开始的，起步并不算晚。但是，50 多年来所走过的道路曲曲折折。中华人民共和国成立后，特别是近十几年来，取得了较迅速的发展。长时期以来，我国老一辈与新一代科学工作者在艰苦的条件下，为电离层学科的发展做了许多工作。

……

50 多年来，我国学者为电离层学科的发展是作了一定贡献的，在推动我国通信事业和许多无线电工程建设方面做了大量富有成效的工作，特别是近十多年来为发展我国空间技术和科学，我国的电离层学者做了大量的基础研究，作出了较大的贡献……但是应当看到，我国的电离层研究与发达国家相比还有很大差距，后面的任务还很艰巨。在今后的 10 年、20 年甚或 50 年，向着与太阳物理相结合、以日地系统整体行为研究为重点、努力发展我国电离层学科的目标，相信我国电离层学者，定会团结协作，作出更大的贡献。

🖋 院士寄语

路是人走出来的，没有钱购买，就走自力更生的道路，自己研制高频多普勒接收机。

刘筠

为鱼入痴，工作成狂

邵阳"科星"小传

刘筠（1929年11月17日—2015年1月21日），出生于湖南省双峰县，祖籍湖南省武冈市。鱼类繁殖和育种专家，中国工程院院士。

长期致力于养殖鱼类研究，在理论上建立了我国系统的主要养殖鱼类（四大家鱼为主体）、中华鳖（甲鱼）和蛙类（食用性）的繁殖生理学，实践上建立了养殖鱼类以及水生经济市场人工繁殖和育种的技术体系。率先应用细胞工程和有性杂交相结合的综合技术，在国内外建立了第一个遗传性状稳定且能自然繁殖的四倍体鱼类种群，成功地培育出了优质的三倍体鲫鱼和三倍体鲤鱼。相关研究成果曾获国家科技进步奖二等奖、国家教委科技进步奖一等奖、湖南省科技进步奖一等奖。

在中华人民共和国的科技史册上，生动地记录着一大批科学家追求真理、严谨治学，对科学技术不懈追求的先进事迹。他们在科研中下"真"功夫、"细"功夫，不断开拓新领域、攀登新高峰。

刘筠，作为鱼类繁殖和育种专家、中国工程院院士，在科研工作中勤勤恳恳，成就卓著，让我们一起走进他的世界，静静聆听一位"鱼圣"的传奇故事。

"鱼圣"传奇

每逢节假日，我们的餐桌上都少不了一道用鱼烹制的美味。可是，你知道吗，在这些各式各样、口味各异的鱼宴背后，凝聚着一位老人对鱼类养殖科研工作的心血与汗水。

1929 年，刘筠出生在湖南省双峰县青树镇一个家境贫寒的小手工业者家庭。虽然家境贫寒，但他从质朴的父母身上学到了勤勉做人的道理。自 5 岁读私塾以来，刘筠对学习孜孜不倦，肯下苦功夫，但他并不是一味苦读，"虽勤奋而欠独立思考，就是俗称无大作为的书呆子"，"不计较考试分数高低的得失，但求甚解，课余时是运动场上的常客"。最终他凭借这股爱学习的韧劲儿考上了湖南大学。

大学毕业后，刘筠到湖南师范学院（今湖南师范大学）生物系任助教。勤奋又爱思考的他得到了时任系主任董爽秋的赏识，于是，在董爽秋的推荐下，27 岁的刘筠被保送到中国科学院实验生物研究所进修实验胚胎学，师从著名科学家庄孝僡和朱洗两位先生，自此迈进了鱼类研究的大门。

虽然湖南被称为"鱼米之乡"，但每年也少不了闹几回"鱼荒"。特别是在 20 世纪 60 年代，受我国科研技术水平的限制，很难将河、湖、海里的鱼苗成功转移到池塘里面养殖。"四大家鱼（青鱼、草鱼、鲢鱼、鳙鱼）到底能不能在池塘里自然繁殖？"面对这个棘手的问题，刚从中国科学院进修回来的刘筠主动请缨，担负起了这项十分艰巨的科研任务。他花了一年时间，收集了大约一千个样本，证实了池养家鱼的生殖细胞能够发育，但雌鱼细胞只能发育到初级阶段，之后必须进行人工催产，才能继续完成成熟分裂。这个结论为家鱼人工繁殖提供了科学的理论依据，最终宣告了中国四大家鱼不能人工繁殖的历史就此结束。在这个结论的指引下，他带领学生经过无数次艰苦的对比实验，终于获得了四大家鱼人工催产排卵研工作的成功。

在探索四大家鱼人工繁殖科研技术的攻坚阶段，刘筠无假期，无休息日，一年四季都"沉在"研究室或基地，痴迷于鱼类研究。为了研究和记录不同品种的鱼的产卵和生长情况，他经常和其他研究人员在夏夜里，蹲在蚊虫众多的池塘旁，坚守观察整整一夜，全然不顾蚊虫的叮咬。

《中国养殖鱼类繁殖生理学》（由中国农业出版社出版）是刘筠 30 多年科研工作的总结。这本二三十万字的专著，前后花了 10 年时间才写成，不是因为字数多需要这么长时间，而是因为许多实验结果必须重复验证，还有某些已在国内引起学术争论的问题也要经过反复的实验加以澄清。刘筠对工作的热忱和严谨深深感染了身边的同事，坚定了他们在鱼类养殖上不断探索和发现的决心。

回忆起恩师刘筠，中南大学副教授颜金鹏感慨地说："他对我们每一位学生都像对自己的孩子一样。没有刘老师，就没有我们的今天。"

的确，在长达半个多世纪的科研工作中，刘筠作为生物学国家重点学科带头人，他一生辛勤培养了一百余位硕士、博士研究生。重病住院期间，他居然拔掉氧气管去研究基地叮嘱一下自己的爱徒。他要求学生做学问要甘于奉献，不要去想什么赚钱，而是要老老实实，一步一个脚印前进。

刘筠的生活非常简朴，衣服破了也依然穿在身上。他用节省下来的钱资助了一大批品学兼优的贫困生，还专门捐资 100 万元设立"刘筠奖学金"。他的善举让许多家境贫寒的学生实现了大学梦。

催生"水产养殖户"新行当

家鱼人工繁殖技术的诞生从根本上解决了渔业养殖生产发展的关键问题，并使得江河里的珍贵天然资源得到保护。从靠天吃鱼变为靠科技吃鱼，"水产养殖户"这一新行当由此诞生，他们与刘筠院士一起，将科技成果变成了人们餐桌上的美食。据不完全统计，当时四大家鱼的养殖累计带动全省 30 多万名水产养殖者致富。

当年，国内有千余人从事该项目的研究，但随着时光的流逝，其中有人去世，有人转而研究其他课题，坚持下来的科研人员不多。也因为刘筠的执着，使得鱼的价格比某些蔬菜的价格还便宜，鱼成了老百姓能常食的美味之一。

让甲鱼进入寻常百姓家

甲鱼，又名鳖，俗称水鱼，是一种珍贵的经济动物，肉味鲜美，营养丰富，蛋白质含量高，被视为名贵滋补品。20 世纪七八十年代，国内甲鱼价格一度达每千克五六百元。

让甲鱼摆上寻常百姓家的餐桌，刘筠再次制造了传奇。

他带着课题组人员奔赴洞庭湖区，经仔细观察和摸索，弄清了鳖的性成熟年龄、生殖细胞发育规律、胚胎发育过程以及影响胚胎发育的环境因素等情况。

1993 年至 1995 年，汉寿县饲养鳖的产值达两亿多元，当地农民尊称刘筠为"财神爷"。

"财神爷"自己并不富裕。为了节省科研经费，刘筠常常搭便车去汉寿县，有两次差点儿出了车祸。他的妻子胡运瑾知道这一情况后，只要刘筠去基地，她总要交代"莫搭便车"。

"湘云鲫鲤"专门贡献蛋白质

刘筠长期从事鱼类及水产经济作物养殖、生理及人工繁殖育种研究，不懈追求，硕果累累，但最为人所熟知的还是他在世界上首次研制出了异源四倍体鲫、鲤，这标志着我国在鱼类多倍体育种的理论和应用方面取得创造性突破。

1979年10月，湘阴县东湖渔场实验基地有人捕到了一条从来没见过的鱼。它个头特别大，像鲫又像鲤。独具慧眼的刘筠从这个鲤鱼和鲫鱼偶然杂交而成的个体身上，找到了新的研究方向。

通过艰苦努力，刘筠和他的课题组成功实现了鲫、鲤之间的远缘杂交，然后从极为有限的能育的杂交后代中选育并作细胞工程技术处理，产生具有自然繁殖后代能力的四倍体染色体的后代。课题组利用这个宝贵的四倍体鱼资源和正常的二倍体鱼杂交，获得了三倍体鲫、鲤，从而创造了一个新的基因种群。这一发现震惊了国际鱼类研究界。

这两种被刘筠称为"不繁殖后代、专为人类贡献蛋白质"的湘云鲫、鲤（原名工程鲫、鲤），鱼肉中蛋白质含量高，比起普通的鲫、鲤，体型大、生长速度快、抗病能力强、耐低温和粗饵，味鲜刺少，并可以在任何养殖水域放养，不产生后代，不干扰其他鱼类资源。

一个实实在在的"鱼痴"

在夫人胡运瑾眼里，刘筠就是一个实实在在的"鱼痴"。

她说："刘筠这辈子除了鱼什么都不管，他几乎什么都不知道，3个孩子出生，没有一个在他身边待过。如今80岁的人了，还成天泡在实验室、蹲在养育基地摆弄那几条鱼。"

1959年，大女儿出生，刘筠正在进行鲢鱼人工繁殖研究。为铭记这一刻，他为孩子取名刘白鲢。次年，老二出生，刘筠正在研究草鱼（又称鲩鱼），他便为二儿子取名刘鲩。到第三个孩子出生时，刘筠还想取个带鱼的名字，但被夫人否决："家里已经有了两条鱼，不能一家都是鱼。"最后取名刘少军。

不过，名字中没有"鱼"的刘少军反而学的是鱼类专业，他从小受父亲的影响，热爱上了父亲挚爱的事业。2019年，刘少军也当选中国工程院院士。他和父亲一起，同为湖南师大发育生物学博士点的领衔博士生导师。湖南师大生命科学学院老师介绍，刘筠生前，在鱼类实验室，你经常可以见到一老一少两幅相似的面容，或一起做实验，或一同探索讨论。在地处洞庭湖畔的汉寿、湘阴实验基地，这一老一少也时常顶着烈日、赤着双脚在田埂上、池塘边采集标本。

🔍 相关链接

没有秘诀，唯有勤奋

我从20世纪50年代末至70年代末，系统地研究了家鱼的生殖生理和人工繁殖，并与同事合作成功培育杂交鲤鱼、杂交鲫鱼、工程鲤和工程鲫，甲鱼（鳖）的人工繁殖和养殖，牛蛙的人工繁殖和养殖等，这些研究项目有的已经获国家鉴定并获奖，有的已经取得成效正在推广试验阶段。科学技术发展的规律表明，一项专门技术一旦被普及推广应用并形成产业，从事这项专门技术的研究人员就应该考虑开辟新的研究课题。开辟什么新的研究课题？一是要立足于自己的专业，二是要看准生产的需要，具体说就是理论联系生产实际。鱼类遗传改良和育种以及某些特种水产如鳖、牛蛙的生殖生理和人工繁殖等，都是既有学术价值又有经济意义的研究课题。

从大学毕业到现在我已经工作五十多年，实事求是地说，这五十多年是过得比较充实又顺利的。第一个科学的春天，使我在教学和科研中取得了一些成绩，既有工作环境的因素，也有主观努力的因素。邓小平同志提出科学技术是第一生产力，有人说这是科学的第二个春天，我也赞同这种说法，因为经济的发展必须依靠科学技术的进步，已经成为社会的共识，科技工作者有比第一个春天更好的工作环境，生活条件将会得到更好的改善。

我除承担国家攻关研究课题外，还担任培养研究生的任务，也曾担任一定的社会工作。只要健康条件允许，我将鞠躬尽瘁，争取把教学、科研和社会工作搞得更好。如果有人问我，在学习和工作中有无秘诀，答曰：没有秘诀，勤奋可以走向成功之路。

院士寄语

如果有人问我，在学习和工作中有无秘诀，答曰：没有秘诀，勤奋可以走向成功之路。

钟训正

不落窠臼的『建筑人生』

邵阳"科星"小传

钟训正（1929年7月9日—2023年6月22日），湖南省武冈市人。中国工程院院士，无党派代表人士，著名建筑学家、建筑教育家，杰出的建筑设计大师。东南大学建筑学院教授，博士生导师。

长期致力于建筑教学、创作和研究。1958年与北京工业建筑设计院合作设计北京火车站，20世纪60年代设计南京长江大桥桥头堡。1980年以后，他主持方案设计并与孙钟阳、王文卿等合作完成项目所取得的成绩：无锡太湖饭店新楼获国家教委一等奖、建设部优秀设计奖二等奖、国际建协第二十届世界建筑大会"当代中国建筑艺术创作成就奖"；兰州甘肃画院和海南三亚金陵度假村获国家教委二等奖；等等。著有《脚印：建筑创作与表现》等学术著作，编绘有《国外建筑装修构造图集》等，主编有《建筑制图》《建筑画环境表现与技法》等经典教材。

西汉的司马迁说："常思奋不顾身，而殉国家之急。""真正的爱国主义乃是对于数千年来世代相传的自己祖国、自己人民、自己语言以及自己民族的优秀传统之热爱。"钟训正是我国现代建筑教育和建筑创作事业发展的杰出贡献者和重要见证人，他将自己的爱国情怀刻在南京长江大桥桥头堡之上，用一个个鲜明具体的精神坐标凝结成胸怀祖国、服务人民的爱国印记。

他爱国爱民，淡泊名利，始终以匠心铸精品，用满腔的热情服务国家、奉献社会；他正直恬淡，谦逊宽宏，以睿智和幽默温暖友人、启迪后学；他严谨不懈，求真探新，以渊博的学识为国家培养了大批建筑界领军人才，以精湛的技艺为祖国留下了众多建筑精品。

院士的傻劲

钟训正是我国当代杰出的集建筑教学、设计创作和建筑绘画成就于一身的建筑家，致力于探索建筑与城市环境的相得益彰、建筑对历史文脉的延续，他始终坚定文化自信，践行"立足中国大地"的建筑创作理念，20 世纪 80 年代，提出"顺其自然，不落窠臼"的建筑思想，在建筑学领域影响广泛。他总结自己的工作经验："我认为在事业上有所成就必须具备两个条件，即悟性和勤奋。悟性是对事物有透彻的理解和分析，善于总结经验教训，找出自己前进的方向；勤奋则是进步的根本，对自己所从事的事业要全身心地投入。"

读大学时，钟训正因故晚了一个多月才到校，报到时"投影几何学"已经讲了不少。因此，他在课堂测验中只能连猜带蒙地答，得分自然"惨不忍睹"。怎么办？钟训正的对策很简单——笨鸟先飞。每次课前必先认真预习，将新内容先领悟，课后再挤时间复习、补习。等到这门课结束时，他已是班上做题速度最快、准确率最高的学生了。

"文化大革命"期间，钟训正除了参加那些不得不参加的政治运动和体力劳动外，把所有的精力都放到了搜集、抄录国外各种各样的建筑构造大样上。他的恩师杨廷宝曾教导他："不要囿于学习一家的技法，而应该尽量吸收各家所长，加以融会贯通。"参加工作后，他深感自己与许多建筑设计师一样，缺乏技术经验。于是，他在桌上堆起了八百多幅图纸，编绘了那本在当时深受学生和设计师推崇的《国外建筑装修构造图集》，为日后形成细腻、舒展的建筑风格、娴熟的建筑画技法，打下了坚实的基础。

后来，钟训正作为访问学者被派往美国印第安纳州鲍尔州立大学学习。尽管当时工作清闲，待遇丰厚，但他却离开学校，跑到当地的建筑事务所去工作了。他的解释是："我的外语底子不好，教课听课不方便。不如和实际接触，了解国外设计师的思想和操作过程。在实践中又能发挥出自己的才能，为国争光。"两年后，钟训正带回了美国建筑师打破常规的思维方式、追求建筑与环境浑然天成的设计思想和几人联手合作的小组形式。联合孙钟阳、王文卿教授成立了"正阳卿小组"。随着一件件优秀作品的问世，"正阳卿"闻名全国建筑行业。

前些年，一些地方在政府门前竞相建起"政府广场"，一个比一个宽敞、豪华。钟训正曾就此问过一位地方官员："上级领导有没有看过？"此公得意地说："看过，认为不错。"他就此撰文，在媒体上呼吁："停止这些劳民伤财的工程，多建造属于老百姓的绿地和公共活动场所。"此文发表不久，上面就发文要求停建"政府广场"。是不是这篇文章起了作用？钟训正自称"不可贪功"，但他的见识和胆识，在建筑界得到了公认。

当年轻的大学生请教其成功的秘诀时，钟训正坦言："勤奋。"他说："这比聪明更重要。只有真正投入进去，抛开名利得失，到达一种忘我甚至狂热的境界，才能有所作为。"

桥头堡的故事

无论从何处眺望南京长江大桥，最为引人注目的便是那一对高耸的桥头堡。自南京长江大桥建成以来，桥头堡便作为南京的城市标志之一，成为最具代表性的旅游景点。几十年来，无论是国外游客还是国内游客，来到南京都会争先恐后地与桥头堡合影留念。桥头堡已成为南京人民心中一份难以忘怀的骄傲。

南京长江大桥是继武汉长江大桥之后我国着手筹建的另一座跨越长江下游的公路、铁路两用特大城市桥梁，工作艰巨复杂，不仅在国内首屈一指，在国际上也是少见的，因此关系到桥梁整个形象的起头建筑艺术造型显得十分重要。一方面要求有雄伟壮丽的外貌，把主桥与很长的引桥恰当地衔接起来，达到协调美观；另一方面还须有社会主义崭新的时代特征，显示出我国勤劳勇敢的人民在飞跃前进中的豪迈气概。因此，在桥梁建筑美术上要求更高，其重点则集中在连接主桥和引桥的桥头堡上。

1959 年，在全国范围内举行南京长江大桥桥头堡设计竞赛，各大高校、各省市设计院纷纷参与角逐，南京工学院的领导也动员建筑系所有的教师、学生共同设计，先在学校内进行评选，评出的优秀作品再送交铁道部。全校共设计了近 200 个方案，30 出头的钟训正当时是助教，一下交出了两个方案。经过层层筛选，南京工学院挑选出 37 个方案参加评选。

1960 年 4 月，由中国建筑学会专家组成的设计方案讨论委员会，在南京福昌饭店对全国送交的 100 多个桥头堡设计方案进行审定，评选由建筑大师杨廷宝主持。最后，全国送交中央的 3 个方案，有两个是钟训正的作品。

"我当时设计了红旗、凯旋门两个方案。"如果采用凯旋门这个方案，大桥的南堡和北堡将是两个大大的凯旋门，钟训正分析说，大桥要强调中国特色，凯旋门设计中突出了民族传统元素，但毕竟是洋货。此外，由于凯旋门太大太重，可能会影响交通，因此没被采用。剩下的两个方案均采用了红旗元素。"另一个红旗设计方案复杂，除了红旗还有好多工农兵雕塑，主题不是那么明确。"钟训正设计的红旗方案，结合当时形势，由最初的两面红旗改成了三面红旗。这一方案由周恩来拍板确定，成为桥头堡最终的设计方案。有意思的是，另一个红旗方案的设计者来自北京建筑科学院，恰好是钟训正妻子的同班同学。"老同学也是南京工学院毕业的，很优秀。"钟训正介绍，20世纪五六十年代因为全国的特大建设项目不多，遇到南京长江大桥这样的大项目，高校、设计院个个摩拳擦掌、跃跃欲试，因此竞争激烈。

由于三年自然灾害，铁道部提出就简建桥的方针，桥头堡设计方案，一搁浅就是8年。1968年大桥基本完工了，马上要建桥头堡，上报给中央后，周恩来决定还是恢复原先的桥头堡设计方案。

桥头堡在建设过程中，遇到的最大难题是如何塑造红旗。在钟训正的设计里，红旗好像风吹过一样是飘动的，是曲面的，外廓是鼓上去的，要表现出动感美。

周恩来当时对3面红旗的方案作了两点指示："一是红旗的颜色要鲜艳，二是要永不褪色。"于是有关部门决定用红色玻璃贴面，当即要求南京玻璃厂试制红色玻璃。试烧时由于样板面积不大，效果不错，但大量烧制时每炉温度不同，玻璃存在明显色差，烧出来有深有浅。当时采用的是钢板上贴红色玻璃砖的办法。由于赶工程，很多参加义务劳动的非技术人员也参与了建设工作。人多手杂，脚踩的沙子、脚印连同环氧树脂一起粘在钢板上。颜色深浅不一，很不美观。由于污渍无法清洗，于是，在上边涂上了红色油漆。

钟训正说，红色玻璃砖10厘米一块，粘贴到钢板上，日晒雨淋老化后容易往下掉，给行人带来安全隐患。后来把玻璃全部铲掉，用红油漆再刷，就变成了如今的模样。

"1968年，我40岁，为了造桥头堡，几乎很少睡觉。大家都拧着一股劲，要把大桥造好，造成'争气桥'。"钟训正回忆说，当年条件艰苦，很多设计细节都是在桥上"现场设计"，遇到一个问题解决一个问题。"我特别记得，那时候我们天天熬夜，上桥28天，我们就把桥头堡建起来了。"

南京长江大桥把我国南方与北方的交通动脉——津浦铁路与沪宁铁路连接起来，把江南与江北的公路交通连接起来，具有极大的经济意义、政治意义和战略意义，是20世纪60年代中国经济建设的重要成就之一。南京长江大桥的建成，标志着中国的桥梁建设在勘测设计、科研试验、施工技术、建筑材料、设备制造等方面都达到新的水平，是中国桥梁建设史上的重要里程碑。因此，2016年，桥头堡也就理所当然地被列入了"首批中国20世纪建筑遗产"名录。

设立"钟训正—青蓝基金"

2018年9月10日，教师节，东南大学建筑学院迎来了一个特殊的日子。上午10时，"钟训正—青蓝基金"捐赠仪式在东南大学四牌楼校区老图书馆隆重举行。2018年适逢钟训正90寿诞，满怀着对学生的殷切期望和无限关爱，钟训正向学院提出捐赠50万元个人积蓄，用于支持建筑学院的学子在建筑设计领域的学习、探索和创新。他的学生们在得知钟训正的捐赠行为后，深深被先生情系东大、情系建筑、情系学生的精神所感动。在征得钟训正的应允后积极跟随捐赠，并商议在东南大学教育基金会设立开放式"钟训正—青蓝基金"，启动金160万元，利用基金所得收益设立"钟训正设计奖"，用以奖励建筑学院中设计成绩优秀的在读本科生和硕士研究生。

桃李不言，下自成蹊。捐赠仪式前，学院领导拜访钟训正沟通成立基金事宜，钟训正为人谦逊低调，甚至提出不要冠其名，只是希望能尽快落实奖励事宜，惠及学生，尤其强调基金的设立应特别关注家庭困难的学生，千万不能让学生因经济困难而耽误了学业。钟训正说，他只是做了这么多年来一直在做的事情，培养学生、支持学生、激励学生。其甘于奉献、慷慨捐献的爱国情怀为建筑学院师生树立了光辉榜样。

现实与希望

社会的快速变革，科技的飞跃进展，使人们很难对我国建筑的前景有一个明晰的预测，当20世纪六七十年代我们大力推广干打垒、用芭蕉扇，而电风扇尚属奢侈品时，谁能料到我们还能享受小康的生活，拥有带空调的上百平方米住房？这种生活上的小变革其实在世界一些发达国家早已普及。对未来不着边际的浮想是轻而易举的，但既实在又可望可即的估量却很缥缈。因此，我只能带着现实中的问题去展望未来，也算是一点希望吧。

环境与生态空间

不论社会变迁和科学技术发展到何种地步，人类向往大自然的愿望不会衰减，还可能与科技的发展速度和工业化的程度成正比。这种愿望贯注到人们对未来世界的憧憬之中。对未来的建筑与规划想象有几种可能：一、开发多层次、多功能的地下空间，疏解地面交通，为地面创造良好的生态环境条件，为人们提供大量的地面活动空间和绿地，也为城市的发展留有余地。二、将建筑架空，在空中联成网络，也是为了让出大片地面供人休憩、活动、观赏。三、向海洋、山地，甚至外星索取生活空间。四、制造气候宜人的人工大环境，使其覆盖一个区或城市，引入大自然并保持大自然的优美风貌，美国的生物圈已具有这种性质，北京国家大剧院的最后方案可说是这种设想的雏形，正如设计者所概括："城市中的建筑，建筑中的城市。"

我国在20世纪80年代以前，基本建设除了满足生存空间的需要，尚无力顾及环境的优美与舒适，如住宅小区只能满足最起码的日照间距，其中无绿化休息场所，无自行车停车棚和垃圾站。只要附近有工地，这里就成材料堆场。

改革开放以后，环境问题开始受到重视，街边绿地、市民活动广场、住宅小区的中心休憩场所和绿地开始初具规模，但规划上没有长远的打算和整体的计划，多半是头痛医头，建筑在街区还是见缝插针，寸土必争，高层建筑的裙楼都是压规划红线，满占满铺，造成单调的街道空间。商业建筑仍设置在城市主干道两侧，为保持车行畅通，一般设数道栅栏，街对面的商店可望而不可即，只有望栅兴叹。公共活动的广场一般较少，倒是政府大厦前的广场特别讲究排场，它们只起装点政府门面的作用。

有些城市广场有大片草地、花坛，绿草茵茵，繁花似锦，但仅供观赏，活动场地很少，几乎只是作为公园来布置，但又不能像公园那样可在草地跃滚翻爬。大片公共活动用地及绿化的出现必然有个管理问题。一般由市、区、街道、单位或公司（如高楼前广场）分别管理，但总有些无人管理的死角，如一般的住宅区。有些高级住宅区开始有物业管理，其管理内容包括区内的清洁卫生、绿化的维护、房屋的维修、治安、特殊服务等，花钱不多，但却安全、舒适。

看来，推广物业管理是必由之路。管理除了经费，还有一个技术问题，特别是绿化，更需要科学技术手段来培育和养护。国外应运而生一些绿化公司，我国也势在必行。我国已开始兴建高速公路，但形成四通八达的网络为时尚早。高速公路的畅通可以缓解城市的拥挤，使人们有更多接触大自然的机会……大城市发展地下交通体系，来疏解地面交通是必然趋势，也是解决交通问题最有效的途径，它可以提高生活质量，增加工作运行效率。在室内空间上，我们已有条件保持大自然的余韵，突破室内外的界限，可以用智能技术来改善室内环境，使人们的生活和工作不但在物质条件上而且在精神心理层面上得到最大的满足。

高科技

21世纪是电子技术、信息和交通工具以及交通运行体系迅速发展和更新的世纪，人们的时空观念因之而有很大的变更，时间和距离都缩短了，人们的活动领域也得以大大地扩展，从城市规划到单体建筑都将有很大的变革。美国在20世纪60年代因高速公路的普及，大量城市人口从熙熙攘攘的闹市流往宁静自然的郊区，城乡差别也基本上消除。信息系统的发展使国与国、地区与地区、人与人之间的交往几乎近在咫尺。近二三十年建筑材料和施工技术的进展，使建筑的功能、空间、装修和造型都有了巨大的变化，材料作为技术发展的依据和艺术表现的手段，给创作开辟了更为宽广的领域。设备在未来的建筑中更举足轻重，它不受任何不利的自然环境的影响，可创造任何温湿度的洁净舒适的空间。电子集成使庞大的设施可缩微，提高了效率，节约了空间。

结构方面，有了轻质高强的材料和先进的结构技术，可覆盖任意大小的空间和创造前所未有的形体。然而，高科技只是一种手段，不能成为创作的主题，它不是建筑表现的目的。事物的高超和先进，只是相对于平庸和落后而言，当它们一旦停滞，必然会沦为落后。设计创作者如果仅以高技术的表现为终极目的，当其失去先进性，它就不过是一个平庸之作。先进受严格的时空限制，它只是一时的，先进在将来必成为落后，再为别的新生事物所替代。何况，高技术绝不是一个建筑师能独立承担的，他们只能凭自己的知识和经验来建议或定取舍，具体运作还是有赖于有关专业人士来完成。单纯的高科技成品只是一种产品，而不是创作。所以，建筑创作必须是技术、文化、艺术等多元的有机结合，这样才能成为精品和不朽之作。

建筑师的地位

20 世纪 80 年代以前还没有建筑师这个称呼，因为沾了工程师的边，还似乎有点学术味，其实是无足轻重的。因为国家穷，基建任务虽然量大，但多半是解决有无问题，大型公建几乎是凤毛麟角，而且轮不到一般建筑工作者来参与设计，大量的是简易住宅，当时有标准设计可套，无须建筑专业人才，稍受培训或其他土建方面的人士，设计这类建筑似乎也游刃有余。

······

上面所述都是在设计实践中有感而发，既片面又谈不上理论，我唯一的愿望是 21 世纪成为建筑创作者的一个充满生机的、灿烂的春天。

院士寄语

我认为在事业上有所成就必须具备两个条件，即悟性和勤奋。悟性是对事物有透彻的理解和分析，善于总结经验教训，找出自己前进的方向；勤奋则是进步的根本，对自己所从事的事业要全身心地投入。

中篇

以科学家之名，引领自立自强

　　党的十八大以来，以习近平同志为核心的党中央深刻总结我国科技事业发展实践，观察大势，谋划全局，深化改革，全面发力，推动我国科技事业发生历史性变革、取得历史性成就。如今，面临世界百年未有之大变局，既是难得的历史机遇，又面临严峻挑战。我们只有加快实现高水平科技自立自强，才能在这场激烈的科技竞争中占有先机，把握住这千载难逢的历史机遇。

李国杰

自主创新造龙芯

邵阳"科星"小传

　　李国杰，1943 年 5 月 29 日出生，湖南省邵阳市人。博士，研究员，博士生导师，中国工程院院士，第三世界科学院院士，基金委创新群体负责人，第九届、第十届全国人大代表，中共十七大代表。曾任中国科学院计算技术研究所所长、中国科学院大学计算机与控制学院院长。现任计算机体系结构国家重点实验室学术委员会主任、中国科学院计算所首席科学家、曙光公司董事长、中国计算机学会理事长、英文版学报 *Journal of Computer Science and Technology* 主编、国家"973"计划项目首席科学家等职。

　　长期从事计算机体系结构、并行算法、人工智能、计算机网络、信息技术发展战略等方面的研究。主持研制成功"曙光一号"多处理机、"曙光 1000"大规模并行机和"曙光 2000""曙光 3000"超级服务器，领导研制成功"龙芯一号"和"龙芯二号"CPU。先后获得国家科学技术进步奖一等奖 1 次，二等奖 3 次和首届何梁何利基金科学与技术进步奖。

创新是引领发展的第一动力，科技创新永无止境。习近平总书记在党的二十大报告中指出："我们从事的是前无古人的伟大事业，守正才能不迷失方向、不犯颠覆性错误，创新才能把握时代、引领时代。"党的二十大报告对"加快实现高水平科技自立自强"作出重要部署，并要求在全社会"培育创新文化，弘扬科学家精神，涵养优良学风，营造创新氛围"。

"科研为国分忧，创新与民造福。"这是李国杰一直秉承的精神。他作为中国最早一批从事计算机科学领域研究的专家学者之一，率领一支平均年龄不到30岁的队伍，成功研制出我国第一款高性能通用CPU"龙芯一号"，在曾经被视为禁区的通用CPU领域实现了零的突破。他主持研制的超百万亿次/秒的"曙光5000"超级计算机在2008年问世，使我国成为继美国之后第二个成功研制出超百万亿次/秒的超级计算机强国，他在计算机领域勇攀高峰、敢为人先的背后，有着许多精彩纷呈的故事。

艰难的求学路

1943年，李国杰出生在湖南省邵阳市一个教师家庭。他自小聪明好学，心气较高，总想做栋梁之材，年仅四岁半便入学读书。他的父亲时常告诫他："你是什么材，就做什么用。就像一棵树，如果你这棵树长得不是很直、很粗，做不了房梁，还可以做犁或牛轭。"

1957年，李国杰以优异成绩考上湖南省重点中学。在他立志成才、发愤读书之时，一场政治风波——父亲被划为右派，改变了他的命运。

李国杰强忍精神上的压力和生活上的艰辛，更加发愤苦读，但由于当时环境，虽然他高考考出了556分的好成绩（满分为600分），仍被分配到刚组建的湖南农业机械化学院。再好的成绩也不能上名牌大学，这是他碰到的人生的第一次大挫折。

更不幸的是，他只在湖南农业机械化学院学习一年，便突然被下放到冷水江钢铁厂，当了一名火车维修工，被迫中断学业。李国杰感觉自己又被泼了一盆冷水。即便如此，他在紧张的劳动之余，仍坚持看书学习，虽然他也不知道自己是否还有机会再进入大学的课堂。

机会总是垂青那些有准备的人。1962年5月，李国杰得到消息，原下放的学生可以参加高考。幸运的是，通过高考，他再次跨入了大学校门，成为北京大学物理系的一名学生。

李国杰大学没有毕业，史无前例的"文化大革命"开始了，学校停课闹革命，学生被提前分配下放。他回忆说："那个时候什么理想也没有了，我只想分到一个县的广播站去管喇叭或是管收音机，因为那与无线电有关。"

1969年，李国杰被分配到新建的贵州省晶体管厂。"贵州省的第一个晶体管是我做出来的。"他无比自豪。为了做出收音机上用的晶体管，他连续58个小时没有休息，当实验成功，同事要他参加报喜会的时候，他说只想睡觉。

后来，李国杰调回家乡湖南邵阳市，在无线电厂干电镀工。

不止于安逸，他有满脑子的智慧，自觉不自觉地寻找前路。在厂里的一次针对集成电路计算机的培训讲座中，毫无计算机专业背景的他脱颖而出，成为厂里最先掌握讲座所授内容的技术员，自此与计算机结下了不解之缘。

1975年，电子工业部启动研制"DJS-140计算机"。他被抽调至清华大学进行DJS-140计算机联合设计，这又是一个他从未接触过的领域。由于计算机研究需要接触大量的英文说明书，学俄语出身、对英文几无基础的他再次踏上了自学之途。心怀梦想，坚持前进，在研制过程中他读懂了NOVA机技术说明书，而这点专业英文知识在他的研究生复试中帮了大忙。

1978年，全国恢复研究生招生后，李国杰考入中国科技大学研究生院，师从我国计算机界前辈夏培肃教授。两年后，已经 37 岁的他在导师的推荐下，留学美国普渡大学攻读博士学位，师从美国计算机界权威华云生教授。

冲破透明"玻璃屋"

1987 年初，李国杰满怀着爱国热情，从大洋彼岸携眷归来，被分配在中国科学院计算技术研究所工作。在经过 20 多年艰难曲折的求学历程之后，他终于在 43 岁时真正地开始了自己的事业，而这个事业却遇到了巨大的挑战。

早在 1976 年，美国研制的计算机速度每秒可以达到 2.5 亿次，而我国 20 世纪 80 年代中期研制的"757 计算机"每秒运算仅 1000 万次，这种计算机已无法走向市场。

中国计算机领域的尴尬处境，深深刺痛了李国杰的心。他暗下决心：必须迎头赶上。在他决心研制中国自己的高性能计算机之初，有一段被喻为"玻璃屋"的故事广为流传。

20 世纪 80 年代，用"外国人的天下"来形容我国高性能计算机所处的境遇并不为过。为了封锁和限制我国的高新技术产业，美国厂商将售出的计算机安装在一个透明的"玻璃屋"里，不准中国人入内，所有的维护工作都必须经美国专家之手。

"中国人的机房，我们自己反而不能进去，这是很丢面子的事情。"1990 年，李国杰受命出任国家智能计算机研究开发中心主任，他给自己的第一项任务就是彻底打破这种尴尬局面，让中国在高性能计算机领域站起来。

国外计算机公司开发新一代产品时，动辄投入资金几亿、几十亿美元，中国缺资金、缺人员，有的只是年轻学子们的一腔报国热情。李国杰在中心门厅挂出一条横幅："人生能有几回搏"，表达了他与同伴们不达目的誓不罢休的雄心壮志。

1993 年，经过 10 个月的封闭开发，我国第一台高性能计算机"曙光一号"研制成功，达到了当时世界先进水平。著名科学家王大珩参观曙光机之后，感慨地说："曙光高性能计算机的作用，不亚于'两弹一星'。"李国杰也由此获得了 1994 年度何梁何利基金科技进步奖。

在成绩面前，李国杰始终保持清醒头脑，他指出，虽然我国高端计算机已有较好的基础，研制生产水平也高于欧洲各国，但高端计算机在应用水平上与世界科技强国相比至少相差 10 年。

留学美国期间，李国杰被同行称为"Paper Machine"（论文机器），平均每 3 个月就有一篇具有国际影响力的论文发表，在圈子里小有名气。然而回国后，他放弃了论文导向的研究，开始考虑学以致用的问题。

"搞计算机的人，最终的目的是产生实际效果，做出实实在在的东西。"耳濡目染美国计算机产业之发达，他开始思考技术创新的关键究竟何在？如何处理好技术研究和产业化应用"两张皮"的关系，是我国 IT 技术创新过程中所面临的一个老问题。

1995 年，曙光公司成立了，李国杰任董事长兼总裁。在以后的岁月里，他们相继研制成功"曙光 1000""曙光 2000""曙光 3000"等高性能计算机。这些成果使我国一跃成为少数几个有能力制造大规模并行计算机的国家之一。

2004 年 6 月，超级计算机"曙光 4000A"实现了每秒 10 万亿次运算速度的技术和应用的双跨越，成为国内计算能力最强的商品化超级计算机，并首次跻身世界超级计算机 500 强前 10 名。2008 年 8 月，超 100 万亿次的"曙光 5000"超级计算机横空出世，它标志着中国成为世界上继美国后第二个成功研制超百万亿次的超级计算机强国。

自主创新"龙芯片"

李国杰在研制曙光计算机的初期，我国计算机所需的核心技术芯片都是从国外进口，价格昂贵，他下决心要研制出中国自己的芯片。

"曙光"取得成功后，2000 年李国杰领衔研制中国自己的高性能通用 CPU。与当年研制"曙光"面临的情形一样，不少人认为这几乎是不可能完成的任务。有人说："美国几十亿美元的投入，有成千上万人在做芯片，你们投入只有几千万美元，几十个人在做。想做出芯片，无异于小孩'玩过家家'。"

李国杰要做的，是凭借自己的知识基础，另辟蹊径，用全新的技术方法研制芯片。他说自己当时"豁出去了"，拿出全所近一半的科研经费 1000 万元人民币投入 CPU 研发。

仅仅两年的时间，他率领一支平均年龄不到 30 岁的年轻队伍，成功研制出中国第一款高性能通用 CPU"龙芯一号"。中国人在曾经被视为禁区的通用 CPU 领域实现了零的突破，结束了中国"无芯"的历史。

2007 年，"龙芯 2F"研制成功了，其性能与进口同类型芯片相当，但能耗只有 3 —5 瓦，为进口芯片的 1/10。

经过多年研发，中国企业在芯片领域已有不少经验积累，但相比国际先进水平仍存在不小差距，在很多具体工作中，国产芯片还不能完全替代国外企业所生产的芯片。

2018 年，"中兴事件"的惨痛教训，反映了中国通信产业在高端芯片技术上的整体缺失。而人才储备与培养又比较薄弱，这是我国芯片半导体产业与国际顶尖水平存在明显差距的一个关键因素。

在李国杰看来，国内计算机人才培养中存在"头重脚轻"的问题：大多数人才都集中在技术应用中，但钻研算法、芯片等底层系统的人才太少。

目前高校、科研机构对计算机人才的考核大多还是以发论文的多少为主要导向，而芯片研究领域发论文较难，因此入选"国家杰出青年科学基金"等培养计划的机会也更小。而且，研究者在科研院所继续芯片研究所获得的薪资待遇，与强调科技应用的互联网公司相比差之甚远。

李国杰认为，在面对美国对芯片技术的封锁时，我们既要正视自身存在的差距，更要有底气直面挑战。我们应当利用这次危机倒逼国产芯片加速研发和应用。

推动企业真正成为创新主体

党的十八大以来，以习近平同志为核心的党中央把科技创新摆到了党和国家发展全局的核心位置，科技创新实现了历史性、整体性、格局性的重大变化。随着国家科技体制改革的推进，未来企业要发挥骨干作用，进一步成为技术创新投资主体、技术研发主体和利益分配主体。

李国杰说，如果把关键技术比喻成一头牛，它的 4 条腿就是大学和科研机构的基础研究。要想让一头牛迈步向前走，动员再多的人来抬牛腿也是无济于事的，只有牵着牛鼻子，牛才会迈步，而牵引关键技术"牛鼻子"的力量就是市场。市场驱动的关键技术突破是我国的明显短板。不管是过去的"863"计划，还是近几年的重点研发计划，鲜有产生核心知识产权从而占领国际市场的成功商业案例。工程性的技术创新是在成本、时间、兼容性、标准、人力等强约束条件下的创新，没有走出实验室的科研人员不可能理解这些约束条件。

在创新驱动发展战略要抓住的核心点上，李国杰重点关注两方面的内容。

第一个核心点是，要抓住关键领域关键设备上的核心技术创新。李国杰认为，在一些关键技术领域，我国与发达国家的差距没有明显缩小，核心元器件和技术长期受制于人。要从根本上改变这一局面，就要坚持产品研发创新与技术应用创新并举。这一方面需要国家和各级部门在政策、资金、资源上大力支持，另一方面也需要相关研究者坐得住"冷板凳"，不断在理论和实践中推陈出新。

第二个核心点是，企业创新一直是我国建设科技强国的短板。"现阶段我国企业的总体技术实力不强、自主创新欲望不足是我国走向科技强国的瓶颈之一。"鉴于此，李国杰建议，我国应在创新驱动发展战略下，充分调动企业创新积极性，发挥中国市场大、用户数量众多、数据量巨大等客观优势，构建起以市场需求为导向、产学研用一体化的创新体系，在实践中提高技术创新能力。

长期以来，我国科技计划的操作模式基本上是，由大学和科研机构的专家根据技术发展趋势决定做什么，企业的实际需求很难反映到课题指南上，真正感受到"卡脖子"痛苦的是企业。对于"补短板"技术，应当改变科技立项的传统做法，采取骨干企业出题，真正有能力的科技人员揭榜应答的方式，将人力、物力用在最该用的地方。

李国杰强调，我国企业向高端发展的主要困难是，真正对企业有价值的技术供给不足，企业的技术创新能力薄弱。我们必须从思想上认识到这一问题的严重性和紧迫性，从国家经济转型的高度重视这一涉及高质量发展全局的战略问题，制定有力度的政策，切实提高企业的创新能力，使企业真正成为创新主体。

相关链接

披荆斩棘迈向新征程

在 2019 中科曙光员工年会上的主题演讲

今天，来自全国各地以及美国和俄罗斯的近 4000 名员工欢聚一堂，回顾筚路蓝缕的艰苦历程，展望实现梦想的美好未来，这是曙光公司发展史上将载入史册的一天。

我们在庆祝公司迈过 100 亿元企业门槛的同时，已经走上了奔向 1000 亿元领军企业的新征程。此时此刻，我和大家一样心情激动，利用这个难得的机会，我想与大家分享在曙光拼搏 24 年的几点体会。

第一点体会是办高技术公司必须有拼搏精神。

1995 年，深圳曙光公司刚成立的时候，IBM、DEC 等外国公司生产的大型机、小型机一统天下，国产高性能计算机市场占有率几乎是零。在这种情况下，要做商品化的高端计算机产品，必须有"明知山有虎，偏向虎山行"的勇气和信心。1993 年时任国家科委主任的宋健同志到智能中心参观时，号召智能中心当"敢死队"，像当年刘邓大军一样杀出重围。

曙光公司就是靠"人生能有几回搏"的勇气冲向市场，在很多人认为难以成功的高性能计算机领域做出了令人欣慰的成绩。

曙光公司研制的每一台高性能计算机都是克服重重困难逼出来的，曙光计算机的市场更是销售人员顽强拼搏一个订单一个订单争取来的。

1997 年春节期间，一台曙光服务器在偏僻的东北三间房车站当了一年多备用 B 角后获得了上岗机会，公司技术和销售人员冒着严寒赶赴现场，终于从铁道部打开了国产服务器的市场缺口。现在公司的规模大了，但艰苦奋斗仍然是曙光的传家宝，"人生能有几回搏"的传统任何时候都不能丢。

经过 24 年的努力，特别是 2006 年天津曙光公司成立以后，在历军总裁的领导下，曙光公司的高性能计算机国内市场份额 9 年排名国内第一。在高端服务器产品上，曙光公司实现了数十项业界领先的设计。曙光公司采用独创的激光加工技术，突破了世界最先进的高性能计算机蒸发冷却技术。

我们的技术水平提高了，但与国际巨头相比，我们还是个小公司，技术上与国外大公司还有相当大的差距。20 多年来，曙光公司没有分心，只埋头干了一件事：打造中高端计算机的自主品牌，为中国的信息化提供关键设备和服务。

我们要不忘初心，心无旁骛，在自己选定的轨道上持之以恒地努力，心往一处想，劲儿往一处使，撸起袖子加油干，再拼搏 20 年！

第二点体会是企业要挑起技术创新的重担。

我国科研队伍的精兵强将集中在国家重点实验室，一半以上的中国科学院院士、40% 以上的"杰青"工作在国家重点实验室。但是，工程性的技术创新是在成本、时间、兼容性、标准、人力等强约束条件下的创新，没有走出实验室的科研人员不可能理解这些约束条件。大学与科研机构的科研人员习惯于从技术出发找市场，但突破关键技术的成功之路往往是根据市场找技术。

我国目前的问题是需要长期积累的高端技术供给不足。政府部门希望大学与科研机构往下游走，鼓励大学和科研机构科研人员做技术创新。由于采用不切实际的假设和简化的模型，许多纸上谈兵的技术设想会被企业界淘汰或遗忘，最终埋葬在技术到市场的"死亡之谷"。历史已经证明，这条路走不通。

掌握核心技术的正确途径应该是以企业为主体，走市场化道路。如果把关键技术比喻成一头牛，它的四条腿就是大学和科研机构的基础研究。要想让一头牛迈步向前走，动员再多的人来抬牛腿也是无济于事的，只有牵着牛鼻子，牛才会迈步，而牵引关键技术"牛鼻子"的力量就是市场。

以高端服务器的并行文件系统为例，我的三代学生（包括现任计算所所长孙凝晖）的博士研究方向都是机群文件系统。这项核心技术在计算所内就研究了十几年，但一直做不到商品化。等到一批计算所的博士毕业生转到曙光公司工作后，按公司的机制管理又开发了两三年，才成为曙光公司的看家技术之一 ParaStor。

曙光公司现在的研发人员已经超过 2000 人，研发投入持续加大，应当能进行一些过去不敢做的关键技术研发。与国内的同行相比，曙光的强项在技术。曙光人要有信心挑起技术创新的重担，不能指望大学与科研机构把有市场竞争力的关键技术送到我们手里。

当然，我们要有自知之明，曙光的软件开发能力仍需进一步提升，今后要大力增强软件开发力量。曙光做系统架构、编译和算法优化等方面的研发能力不如中国科学院计算所，曙光公司要与我们的大股东密切合作，突破全世界还没有掌握的核心技术。

第三点体会是走开放合作的发展之路。

曙光公司是以做服务器硬件起家的制造型企业，信息产业的重点向软件和服务转移的趋势迫使曙光公司必须逐步转型。早在十几年前，曙光公司就将公司的发展方向定位于 4SP，即服务器产品供应商（Server Provider）、存储产品供应商（Storage Provider）、解决方案供应商（Solution Provider）和服务供应商（Service Provider）。

近几年曙光公司经营策略一直是以硬件研发制造为基础、以发展自有软件和服务为重点，逐渐提升硬件产品的市场占有率，不断提高软件和服务产品在销售收入中的比重，持续改善企业盈利能力。

当前，曙光公司在许多城市建立的云计算中心，早已不是卖产品，而是卖服务，服务将逐步成为公司的主要利润来源。近几年大数据与人工智能的兴起为曙光的发展提供了新机遇，曙光在发展城市云和智慧城市方面一定会有更大的作为。要实现公司的转型发展，要抓住大数据和人工智能的发展机遇，必须走开放合作的发展之路。

曙光公司要坚持"诚信、协作、学习、创新"的企业价值观，才能在激烈的市场竞争中获得顾客的认同，公司才能走得更长久。

公司的人力、财力和技术都是有限的，要推动中国的计算机产业向高端发展，必须联合产业链上下游许许多多的企业。过去的市场竞争是你死我活，今天要更强调互利共赢。

曙光公司一直是开放性较强的公司，曙光的文化是海纳百川的文化。今后要以更开放的心态寻求更广泛的合作，不仅要与上下游企业、同行企业合作，还要与各地政府合作，与大学、科研单位合作，与投资部门合作，特别是诚心诚意与用户合作，共同培育安全可控的产业生态，一起做大做强中国的计算机产业，为实现网络强国作出新的更大的贡献。

谢谢大家！

李国杰

2019 年 3 月 8 日

院士寄语

年轻的科技人员增强科技战略意识，要从摆正"小我"与"大我"的关系入手，在内心中提高国家利益的权重。

唐守正

守正创新，只为绿水青山

邵阳"科星"小传

唐守正，1941年5月出生，湖南省邵东市人。中国科学院院士，中国林业科学研究院首席科学家，中国林业科学研究院资源信息研究所研究员、博士生导师、名誉所长，森林经理学家，林业数学家，森林经理学科带头人，国家级有突出贡献专家，国务院政府特殊津贴获得者，第九届、第十届全国政协委员。

20世纪70年代，他设计了基于遥感资料的数量化森林蓄积量调查方法，证明了轮尺测树各向直径平均值等于围尺测树径值。20世纪80年代中期以后，他提出预测大面积森林资源动态的广林龄转移矩阵模型，推导出同龄纯林自稀疏方程式，根据模型相容性原理提出全林整体生长模型，导出全林整体生长模型与单木模型之间的关系，提出动态森林资源经营管理模式、定量评价经营措施的方法等。先后获得10项国家、省部级科技奖项，其中获国家科技进步奖二等奖2项，国家科技进步奖三等奖1项，省部级科技进步奖一等奖2项，省部级科技进步奖二等奖3项和省部级科技进步奖三等奖2项；出版专著7部、译著1部，并主编文集5部；发表论文160余篇。

泰戈尔曾说："不抱奢望，安于清贫，因而无畏。"在科研道路上，只有心无旁骛、力戒浮躁，坚持下苦功、真功钻研，持续攻关，才能在艰苦、枯燥的科研事业中寻求突破发展，取得梅花扑鼻香。

做科研，不下"数十年磨一剑"的苦功夫，是难以取得突破的。长期从事森林资源监测、森林资源管理和生物统计方面研究，唐守正以守正创新的精神和呕心沥血的付出，为我国森林事业发展和生态文明建设作出了卓越的贡献。

2023 年 8 月 5 日，82 岁的唐守正在中国林业科学研究院的家中接受我们的采访。"无论面对怎样的生存挑战，绝对不能说假话。"这是他的人生誓言，也是他对家乡青少年最真诚的寄语。

逆境成长，刻苦求学

1941 年 5 月 21 日，唐守正出生于邵东市黄陂桥乡的偏远山村。他是家中长子，下有一个弟弟、两个妹妹。父亲曾是国民党军队的少将，1950 年去了台湾。母亲带着 4 个子女辗转来到北京。

他们的成长缺失了父亲的陪伴。多年以后，他们才知道，父亲曾经给大陆家乡来过信，但被台湾当局扣押了。父亲去世之后，这信才寄到大陆。记得有一年，母亲收到父亲的来信，当即按照来信地址回了信，满心期待可以一家团圆，岂料只是一场空欢喜。他们收到信的那个时候父亲已经抱憾离世。父亲的朋友见到大陆来信，替他回信将消息告知。生离变死别，一家人放下多年的思念，坚强走向未来的人生。

身为长子的唐守正，坚忍而懂事地成为母亲的依靠、弟妹的榜样。他从小酷爱读书，成绩优秀，尤其喜欢数学，从小学、初中再到高中，数学成绩在班里总是名列前茅。高中阶段，他还对物理产生了兴趣。他既幻想着将来成为一名数学家，也向往着成为像牛顿、爱因斯坦那样的理论物理学家。

1959 年，唐守正高中毕业，高考分数超出了北京市平均分数的一半，数学是难得的满分。当时，针对"家庭出身有问题"的学生，国家有限制入学的政策，很多名校和专业不得招收。唐守正就是这"家庭出身有问题"的学生中的一员。当时他报考的是北京大学物理系，但因家庭出身问题无法实现心中的理想与愿望。

当时的北京林学院，得知有许多像唐守正一样的学生因政审"不合格"不能如愿踏进大学校门，专门请示教委，增加招生计划，招收这些自身条件不错只是"家族出身有问题"的学生入学，以便培养更多的林业科学人才。请示获得当时教委批准，不幸中的幸运，唐守正成为北京林学院的大学生。由此，爱好数学并且数学成绩特别好的他，改变了人生轨迹和发展方向。

在北京林学院读书的四年半时间里，他除了学好林学专业的课程外，几乎将全部课余时间都用于自学数学。在数学启蒙老师符伍儒的帮助下，他学习了统计专业大部分基础和专业课程。在写毕业论文时，他将学会的数学方法用于林木生长量估计，其结果得到导师的好评。当时，大学生活是艰苦的，他每月只有 8 元钱的助学金。但相对于知识来说，他把钱看得很淡。有一次放暑假，学校组织唐守正等部分学生参加可挣些零花钱的勤工俭学活动，但他选择了放弃，他要把勤工俭学的时间都用在到图书馆里看书和做数学习题上。

学以致用，献身林业

1963 年，唐守正大学毕业，正处于国家如火如荼地开发大兴安岭时期，急需大量专业人才。他响应国家号召，到艰苦的地方去，被分配至原林业部第二森林调查大队（现吉林省林业调查规划院）工作，走进一望无际的大兴安岭。

当时的大兴安岭，处于原始状态，荆棘丛生，沼泽遍地，没有任何科研条件，一年到头大多时候是"滴水成冰，吐痰成钉"。为数不多的几顶帐篷是唐守正等青年的住所，山里无交通，生活物资全靠冬季大雪封路前提供，故缺衣少食为家常便饭。

更为艰苦的是林业调查。森林调查要一个样方一个样方实地测量，工作很辛苦。脚，是他们唯一的交通工具，经常翻山越岭，跋山涉水，扛着帐篷，带着锅碗瓢盆，栉风沐雨，披荆斩棘……走好几百里进入林地，然后再走几十里开展林业勘察。

每年春末到秋初，唐守正都要出去半年甚至更长的时间做调查，到冬季冰雪封山才回来，一干就是 15 年。这期间，他跑遍了大兴安岭，跑遍了长白山，白天搞野外调查，晚上看书、思考和研究森林调查的新方法，对整个东北的森林现状有了全面了解，把青春的热情和汗水倾泻在白山黑水之中。

如何把森调队员从繁重的体力劳动中解放出来？生来就爱琢磨的他，一边工作一边想，可不可以将数学用到林业勘测上。用现在的话说，就是数学建模。唐守正抓紧工余时间，翻阅了大量的国外资料，找到了数学与森林学的最佳结合点，大胆提出并设计了"航空照片数量化回归森林蓄积量调查方法"。

为此，唐守正等人和当地林业局联合开展实验。他们用航空图片和实地测量做数量化模型，发现估计的结果精度相当高。这种方法得到了领导和生产部门的认可，并被运用到生产中。当年，这种森林调查法在我国首次应用，开启了在林业上定量利用遥感影像的技术，可降低调查员的劳动强度，提高功效 3—4 倍。

20 世纪 70 年代，我国引进国际上通行的森林资源连续清查体系，要求测量人员在野外精确测量林木的胸高直径，并要求其测量误差达到毫米级。

由于树干形状的不规则性，引发了一场关于围尺和轮尺测径哪个更精确的争论。唐守正发挥自己的数学特长，把轮尺测树和围尺测树的实际操作过程用严格的数学语言描述出来，构建了一个轮尺测树和围尺测树的理论模型。最终，唐守正从理论上论证了轮尺各向测径的平均值都等于围尺测径的理论值，为这场争论画上了圆满的句号。

唐守正说，在 15 年的野外调查研究中，他发现许多技术问题可以用数学手段来解决，但感觉自己的数学知识尚不够用。"文化大革命"期间，唐守正因出身不好，挨过批判，但他却从未中断对学习的热爱、对数学的痴迷。"那时有一个好处是可以安心看书。我看了手头留下的几本书，还让北京的同学捎来了几本，也算是为以后的工作打下了一点基础吧。"有一次，工作组要他写检查，过了两天来看他的检查时，得到的却是一大堆数学公式，让他们哭笑不得。正是这些枯燥而又难解的数学题陪他走过了人生低迷的"沼泽地段"。

学无止境，勇攀高峰

1978 年，科技的春天到来，我国重新开始研究生招生。一天早晨，唐守正走在去食堂的路上，忽然听到广播里说报考研究生的年龄放宽至 38 岁，他知道这是命运留给他的最后一次机会，决心一搏。

功夫不负有心人，他被北京师范大学数学系概率统计专业录取了，师从数学家严士健，攻读概率论与数理统计专业硕士学位。对于这次从天而降的机遇，他格外珍惜，几乎把全部时间和精力都投入到了学习中。三年之后，他顺利通过了硕士论文答辩。他撰写的《自旋变相过程的可逆性》硕士论文解决了数学领域一直没有解决的一个难题，论文在《数学学报》上公开发表，得到国内外数学界的一致好评。

1981 年获得硕士学位后，唐守正回到了他热爱的林业战线，走进了北京香山附近的中国林业科学研究院的大门。不久，他继续师从严士健攻读博士学位。那几年是他最忙、最累的几年。在单位，他是中国林业科学研究院资源信息研究所研究员、林业部重点科技攻关课题的主持人；在北京师范大学，他是攻读博士学位的学生。白天研究课题，凌晨看书写作，天天要忙到凌晨一两点钟，用废寝忘食来形容他的工作、学习情况并不夸张。读博期间，他主持的林业部重点课题"我国用材林发展趋势的研究"，提出了预测大面积森林资源动态的广林龄转移矩阵模型，并首次对我国用材林资源及发展趋势进行了预测。

1985 年，他完成了《多维无穷粒子系统马尔科夫过程的一些理论问题》的博士论文，顺利通过答辩，成为我国林业界的第一位数学博士。

唐守正并未就此止步。1985 年秋天，他从枫林尽染的香山脚下飞到了枫林环抱的加拿大新布瑞斯克州立大学，接受国际林学界的考验。他是中华人民共和国赴加拿大的第一位博士后。他的抵达被列入当年加拿大的林业纪事中。

唐守正表示，自己一直都对数学非常感兴趣，想用数学思维解决林业实际问题。"到加拿大后才知道，用数学方法解决林业问题，在国外早已经形成了一个完整的学科，即林业数学或林业统计。"

一年的时间很快就在紧张、繁忙中度过了，唐守正交出了一张张高水平的答卷。他提出的"利用随机限制模型方法改进材积方程估计"，经验证可以提高外业工效 30%。当他把研究结果交给加方研究人员时，对方情不自禁地称赞："唐，你真了不起。这个问题我们研究了多年没有结果。"后来，该论文在国际林学权威杂志《森林科学》发表后得到广泛好评。这所大学邀请他留下来继续搞科研，但他谢绝了加方的挽留，按期回到祖国。他说："我的事业在中国。"

潜心科研，硕果累累

回国后，唐守正确定了自己的研究方向——林业统计与森林经理学。不久，中国林业科学研究院森林经理学科所在的森林调查及计算技术研究开发中心扩建为资源信息研究所，森林经理学科从此步入快速发展期。

唐守正说，林业周期长，需要进行长期的观测研究，离不开数学，森林有生长变化的规律，可以用数学方法来描述。回国后，他首次系统地把近代数量分析方法引入我国林业生产、科研和教学中，对林业的发展起到了很大的推动作用。

"六五"期间，唐守正提出了广林龄转移矩阵模型，首次对我国用材林资源及发展趋势进行了预测。该成果用于皆伐、择伐、抚育伐以及造林更新经营措施综合效果预估，丰富和发展了森林经理科学的内涵，为预测全国或地区的森林资源状况开辟了新途径，为林业部门制订中长期计划和发展规划提供了科学依据，具有较高的实用价值和学术价值。

"七五"期间，唐守正系统地将多元统计分析方法引入我国林业，其《多元统计分析方法》及为各种林业数值分析所编制的"IBM-PC 系列程序集"在全国推广应用，对林业生产、科研和教学产生了巨大的作用。如今，林学界已将"多元统计分析方法"列为正式的基础学科，成为有关专业研究生的必修课。

"八五"期间，在主持完成的有关森林资源现代化管理及林分生长模型的研究中，唐守正提出了森林资源管理"三个反馈环"模式，以及全林整体模型理论和经营措施效果定量分析方法，解决了由于各类模型不相容而造成的各类林业数表相互矛盾的问题，并完成应用这些理论的计算机管理系统，提高了我国人工林的经营水平。

"九五"期间，唐守正主持完成了国家自然科学基金重点项目"我国主要人工用材林生长模型、经营模型和优化控制"，在基础理论和建模思想的研究中取得显著成绩。他提出的"同龄纯林自稀疏理论"建立了森林生态学中两大理论（-3/2 自疏律，平均生物量和密度的相依律）的联系，受到国内外专家的关注。

"十五"期间，唐守正主持完成国家科技攻关课题"东北天然林生态采伐更新技术研究与示范课题"。

他主持开发的具有自主知识产权的林业统计分析软件——统计之林，吸收了国内外统计软件计算方法和在林学上应用的最新研究成果，在全国普遍应用，极大地带动了国内外的林业统计应用。

开展森林资源清查，及时掌握全国森林资源现状和变化，是评价我国自然资源和生态状况的主要依据之一，是国家宏观决策的重要基础。2012 年，他主持完成的"与森林资源调查相结合的森林生物量测算技术"项目，获国家科技进步奖二等奖。成果在国家森林资源连续清查中推广应用，取得了良好的社会效益。

2015 年，唐守正参加《全球生态环境遥感监测 2015 年度报告》的撰写，为"一带一路"建设提供了生态环境信息和生态环境动态监测评估的基准。

他带领研究团队首次提出了基于林分潜在生长量的立地质量评价和树种选择的数量方法，为精准提升森林质量提供较可靠的依据，解决了我国森林经营长期面临的技术难题。

唐守正说："经过数十年的发展，我国森林资源清查体系已居世界先进行列。但是从发展的角度看，我国森林资源连续清查自动化水平还有待提高，实现国家与地方森林资源监测一体化，提供更多内容和更精细的时间、空间分辨率的高质量数据，满足经济社会发展的需要，还需作出更多的探索和努力。"

心怀家国，事业常青

当初不愿高薪留在国外，主要是深厚的家国情怀在起作用。唐守正说："在外国无论生活待遇有多么优越，但总觉得是在给人家干活，回到祖国才觉得是给自己干活。"正是怀揣报效祖国的挚热情怀，秉持执着与坚守、严谨与求实的科学精神，他数十年如一日地奋斗在林业科研第一线。

由于成就显著，1990 年，唐守正被国际数学会列入世界数学家名录；1991 年被国家教委授予"有突出贡献的博士学位获得者"称号；1994 年被授予"国家有突出贡献中青年专家"称号；1995 年当选中国科学院院士；2000 年被评为"全国农业科技先进工作者"，担任中国林业科学研究院资源信息研究所名誉所长；2001 年被国家四部委授予"全国农业科技先进工作者"称号；2004 年被授予"全国归侨侨眷先进个人"荣誉称号，并获国家林业局"林业重大贡献奖"；1997 —2007 年，当选第九届、第十届全国政协委员；2006 年被聘为国务院参事；2013 年获"全国优秀科技工作者"称号；2014 年获"第五届全国杰出专业技术人才"荣誉称号。

在任第九届、第十届全国政协委员，国务院参事期间，唐守正参加了大量的调研和考察活动，心系绿水青山，为生态文明建设积极建言献策。他在政协联组会议上作了《退耕还林、生态建设与粮食产量》的发言，提出解决粮食总产量低的关键在于提高单位面积产量，为国家坚持退耕还林政策提供了理论依据；他在调研活动中宣讲森林生态系统经营、近自然经营和多功能经营，呼吁"加强森林经营工作，提高森林质量"；他牵头联合八位林业、生态方面的院士上书国务院，提出关于"建立国家储备林制度，深入推进木材战略储备生产基地建设"的建议，得到采纳和实施……

如今，八十多岁的唐守正依然坚守在林业科研第一线，笔耕不辍，倾力服务社会，配合地方，在河南、云南等省区建立了多个"唐守正院士〔专家〕工作站"，是我国林业学界名副其实的常青树。新冠疫情之后，他的身体一直没复原，不能出行，但他仍积极奉献自己的光和热。在 2023 年 3 月举行的第六届中国森林康养产业发展大会上，他作了《发展森林康养，推进生态文明》视频主旨报告，并在 6 月唐守正院士（专家）工作站团队赴成都市农林科学院开展调研与合作交流时，通过视频作了连线讲话。

唐守正心系家乡，尤其关注邵阳正在创建国家森林城市一事。他说，邵阳本来就是林区，只要管护好，可以大有作为。2019 年，他曾赴邵阳调研并参加"第八届创新中国论坛·创新中国智库专家城步脱贫攻坚调研座谈会"，建议"在国家林业政策转型之际，应转变思想观念，对森林予以多功能利用"。他说，森林资源是城步的一大优势，可以依托生态环境，发挥资源优势，积极探索"旅游 +"模式，在保护的基础上把生态资源优势转变为经济优势。

言传身教，诲人不倦

投身林业数十载，唐守正的足迹遍布了我国南北山林。他常教导学生说："大自然是科学之母，是一切科学问题的出发点及归宿；千里之行始于足下，解决实际问题必须有坚实的实践基础；他山之石可以攻玉，将其他学科的知识应用于林业，很可能为林业发展寻得新的生长点。"

唐守正知道，科研重要，培养人才同样重要，甚至比科研更重要。因此，他将相当一部分时间花在了培养人才上。"科学来不得半点虚假和马虎，做人最重要的就是诚实。"这是他经常对年轻人讲的一句话。对于年轻人，他认为重要的是培养其科研素质，教给他们研究的思路和方法，给他们创造公平竞争的机遇。

他为年轻人组织专题研讨班、英语业余学习班。在课题研究中，他手把手带着年轻人干，教给思路和方法。年轻人解决了难题他会兴奋不已，遇到了问题，他就和他们一起解决。他要求年轻人兢兢业业、一丝不苟。他所带的研究生都以优秀成绩获得学位。在分享成果时，他严格遵守谁干谁上名的原则，年轻人和他之间排名时，往往也是你推我让。他所领导的研究室多次被评为先进集体。

在家里，唐守正以身作则，言传身教，其家庭 2001 年被中央和国家机关妇工委授予"五好家庭"称号。他的妻子李希菲是中国林科院资源信息所研究员，两人互敬互爱，相敬如宾。为支持他的工作，家中的一切事务经常是妻子一人承担。而他经常忙到很晚才回来，但一到家就找活干。在他们的教育影响下，3 个儿子都非常懂事，从小就学会了做家务、孝敬父母。每当一家人共进晚餐时，每个人都会谈起自己周围的新闻，交流思想。全家人一致认为，比金钱更重要的是信任和真情，都表示要脚踏实地地走好人生的每一步。

唐守正夫妇非常重视对孩子的道德培养和教育。他们希望自己的孩子学有所成，但他们认为拥有健康的人格对孩子更重要，如对社会和家庭的责任感，做人正直善良和富有爱心等。"孩子们的第一榜样是自己的父母，为了孩子，当父母的必须严格要求自己。"多来年，对于义务献血、社会捐助等公益事业，唐守正夫妇都积极报名并付诸行动。在 3 个孩子读书、家中经济并不富裕的情况下，还节俭用度资助一个失学的孩子。

随着人民生活水平不断提高，孩子们也曾希望像别的孩子那样，能穿上名牌运动衣、运动鞋，玩上游戏机。可唐守正教育他们说："武装外表，只要有钱，用不了半天就可以满足，如果要武装自己的头脑，却非一朝一夕之功，需要每日积累，直到永远。学生时期要多跟别人比学习，将来自己挣钱，穿什么都不晚。"在他的教育下，孩子们在过年有了压岁钱时，也没舍得去买想要的名牌运动衣、运动鞋，而是选择了储蓄或买收录机。现在，唐守正的 3 个孩子都在美国获得了博士或硕士学位，并已参加工作。

"我向孩子、向学生讲的最关键的一句话就是，你要诚实。实事求是非常重要，干得好、干得不好，最终还是看个人品行。自己能力差一点，大家可以理解，但要说瞎话、骗人那就不一样。"唐守正说，不少人问他怎么教育孩子，他也乐意把自己的观点分享给家乡人民，"家长主要是给孩子作榜样，指明路，别走歪路，得做一个诚实的人。一些家长在外说得好，回到家说的就不是那么回事，弄不好就把孩子毁了。教育孩子，父母的言传身教比什么都重要。"

🔍 相关链接

森林经理学的回顾与思考 *

自 20 世纪 50 年代，我国成立了国家、省和经营单位级的森林调查队伍，建立了国家、省、经营单位的三级森林调查体系。我国完成了全国森林区划，建立了各级林业局（场），编制了多种专业用表，编制了国家森林规划和经营单位级的施业案，基本满足了当时国家对林业的需求，对林业建设作出重大贡献。

20 世纪六七十年代，为了保护森林，防止森林采伐像"割小麦"一样，把一片林地一扫而光，林业部提出"森林分工论"，强调要保留母树林和其他各种用途的森林。经营单位级的施业案虽然仍然在编制，但基本没有应用于指导森林采伐。

为了进一步控制森林采伐量，20 世纪 80 年代以后，我国开始执行"采伐限额"行政指令，基本上废除了施业案编制，二类调查由企业行为转为政府行为。生产制度上的变化导致一些人认为森林调查的主要任务是为政府提供资源消长数据。森林经理学的核心目

---

* 该文节选自 2017 年 5 月唐守正院士在第五届中国林业学术大会上的主旨报告。

的——如何安排林区在一个生长周期内的作业（旧时称轮伐期）已经丧失。

为了履行森林可持续发展的任务，20世纪90年代以后，我国森林经营进行了一系列改革。在理论上经历了几次大讨论，我国逐渐明确了森林经营的目的和技术路线，包括：实行了天然林保护、森林分类经营，引进了以恒续林为蓝本的经营方式，开始了全国森林抚育工程并修改了森林抚育规程，开展了战略储备林建设项目，完成了《全国森林经营规划（2016—2050年）》，把森林质量精准提升纳入了"十三五"规划等。

从我国森林经营的历程，可以大致看出一条脉络，为了在满足木材需求的基础上保护森林，相关的探索从单纯的行政手段走向依靠科学制订计划的发展之路。

院士寄语

大自然是科学之母，是一切科学问题的出发点及归宿；千里之行始于足下，解决实际问题必须有坚实的实践基础；他山之石可以攻玉，将其他学科的知识应用于林业，很可能为林业发展寻得新的生长点。

李述汤

归来，写就『纳米传奇』

邵阳"科星"小传

李述汤，1947年1月出生，湖南省邵东市人。材料科学与技术领域国际著名科学家，中国科学院院士，发展中国家科学院院士，苏州市欧美同学会第一届理事会会长。现任苏州大学功能纳米与软物质研究院院长、纳米科学技术学院院长，苏州纳米科技协同创新中心主任，澳门科技大学澳门材料科学与工程研究院院长、澳门科技大学创新工程学院材料科学与工程系主任、江苏省产业技术研究院有机光电产业技术研究所所长。

从事纳米功能材料及器件、有机光电子材料、显示器件以及金刚石和相关超硬薄膜领域的研究，其主要研究成果"金刚石及新型碳基材料的成核与生长""氧化物辅助合成一维半导体纳米材料及应用"和"高效光/电转换的新型有机光功能材料"先后荣获德国洪堡基金会研究成就奖（Humboldt Research Award）和中国香港裘槎基金会高级研究成就奖（Croucher Senior Research Fellowship），并3次荣获国家自然科学奖二等奖（2002年唯一完成人，2005年第一完成人，2013年第二完成人），2008年获何梁何利基金科技进步奖。在国际化学、物理、材料等领域的著名期刊上发表学术论文1100余篇，论文被他人引用超过80000次，H-index达到144。撰写专著9部，获美国专利20余项。曾任著名国际期刊 *ACS Nano* 副主编。先后荣获中国侨界贡献奖一等奖和"中国侨界杰出人物"称号。

爱国，是人世间最深层、最持久的情感，是一个人的立德之源、立功之本。爱国情怀，总在行动里。对每一位科学家及科技工作者来说，在自己所处的时代条件下搞科研、创造历史，其中最深沉的底色就是爱国。

"中国人要在中国的土地上做出令中国人骄傲的事情来。"这是李述汤常说的一句话，也是他始终如一的信仰和追求。

生于中国内地、长在中国香港、定居美国，半生游历后，怀揣着一颗赤子之心，已成为亚洲纳米界领军人物的李述汤毅然携团队回到内地，在苏州大学建立了国内首个纳米材料与技术专业，带起了一支国际前沿的"纳米梦之队"。如今，他兼职于中国澳门科技大学，助推"长三角"和"大湾区"在纳米科技领域强强联手、奋楫共进，力争在人才培养、前沿研究、产业转化等方面实现新的跨越式发展，助力国家科技自立自强！

重要的是心的归属地

李述汤的一生富有传奇色彩。他说，几十年过去了，一直都忘不了自己的"出处"，忘不了曾经受过的苦。他的成才之路的曲折正像他自己说的这段话："因为欠缺，所以拼命奋斗，誓不低头。那种'fighting spirit'———拼搏精神，是我成长的要素。"

1947 年 1 月，李述汤出生于湖南邵东。父亲毕业于黄埔军校，曾是国民党中将，后到香港定居。两岁多的他，去过父亲驻守洞口时的军营。长大后他曾问父亲国民党为什么会输，父亲说，这不是输赢的问题，是那边一打，这边就丢掉东西跑掉了，是心打输了。

1950 年，母亲带着他和哥哥乘火车离开湖南，与父亲在香港会合，不久母亲生了最小的弟弟，然后就病了。"什么都可以不要，但是孩子不能不念书。"这是李述汤的父亲坚守的信念。为了找到学费低廉的学校，李述汤一家搬进了元朗屏山。在屏山生活时，常被当地村民欺负。李述汤上小学二年级的时候，母亲病逝，一家人的处境更恶劣了。

家里的钱用光了，父亲穷困潦倒，四处打工。为了生存，他和哥哥想尽办法填饱肚子。拣地上掉落的荔枝蒸饭吃，趁下雨时到渔场偷到鱼就跑，偷采甘蔗被狗追咬，在山中住房顶上有蛇掉落的茅草屋，因为经常饿肚子无心上学，开始逃课……在经历这样一段时光后，父亲下决心将全家搬到调景岭。

调景岭是当时香港非常特殊的一个地方，鱼龙混杂，交织着贫困与慌乱。该地区位于香港九龙东鲤鱼门湾外，曾经是一个三面环水的荒山，几乎与世隔绝。1950 年，香港政府把这里变成了有国民党背景的难民徙置区，区内聚集了一大批战败后逃出内地的国民党军人，区内平时也是遍插青天白日旗。香港政府允许他们开山建房，无限期居留，实行自我管理。后来香港政府在山顶上建了一个警署，远远地监视区内有没有杀人放火，其他活动都不予管束。

据李述汤回忆："那时岭上公共设施匮乏，初入住时，还没有自来水。辅助社是几栋平房连成的，百多名来自困难家庭或父母双亡的孩童在这里一同生活，一同念书。"在这样的环境中，李述汤争取一切机会艰难求学。父亲常诫勉他要好好读书，"十年寒窗无人问，一朝成名天下知"。冰冷的冬天，那四处漏风滴雨的破木板屋，至今难忘，"下雨的时候，那个房子要找一个不漏水的地方可是不容易啊！"

1965 年，李述汤以优异的成绩被中国香港中文大学录取，就读于化学系。4 年后，大学毕业的李述汤考取奖学金到美国进修，在美国罗切斯特大学获得硕士学位后，到加拿大英属哥伦比亚大学攻读博士学位。1974 年至 1976 年，李述汤在美国加州大学伯克利分校从事博士后研究。1976 年至

1994 年，他在美国柯达公司任高级研究员。

在美国期间，李述汤发挥科研天赋，斩获美国专利 20 余项，发表许多重要论文。尽管已经成为领域内的知名专家，但最令他魂牵梦萦的地方仍是太平洋彼岸的祖国。"在外国生活了 1/4 个世纪，能做的可以说都做了，可是我一直难以忘怀当年出国的初衷是为了要回国，要为国家做事。"

见证过国家的穷困，李述汤始终怀揣着满腔报国热情。1994 年底，他离开美国，带着几台当时世界领先的实验设备前往中国香港城市大学物理及材料科学系，创建了超级金刚石实验室。

1968 年，李述汤香港中文大学毕业

回到香港，他还经常带着儿子到屏山老房子和调景岭的旧址看看，陪仍在那里读书的孩子们吃饭，给他们讲讲课。生活在这片安置区里的很多人，走不出旧时代的框架，融入不了新的生活。而李述汤不仅走出了调景岭，还创造了举世瞩目的科学成就，成为他生命的一部分。当李述汤一有机会来内地工作，他马上就回湖南邵东看了看故乡，他还记得是在 2010 年 3 月 17 日。

做出世界最好的纳米硅线

纳米，是长度的度量单位，原称毫微米，就是 10 亿分之一米，相当于 4 倍原子大小，比单个细菌的长度还要小。20 世纪初，无数的科技精英投身其中，跨越 10 亿分之一米的距离，改变了世界。在亚洲，李述汤走在了最前沿。

1994 年，他在香港城市大学设立了超级金刚石实验室。该实验室于 1998 年改名为"超金刚石及先进薄膜研究中心"，是香港高校 6 个最大规模的研究中心之一，此后逐渐成为亚洲纳米硅线研究的金字塔塔尖。

1994 年 10 月，刚到香港的李述汤，马上写了两份计划书，向上面申请差旅费，连圣诞节也不过了，开始跑北京、长春、沈阳、上海，希望与内地"亲密接触"。"那个冬天，国内很冷，冷得要命，就感觉解放军的棉大衣最好。"他强调说，他与内地的交流，从 1994 年就开始了，而非等到 1997 年香港回归以后。

"纳米研究经费投入很大，但它带来的影响是改变人类未来的。要用好国内纳米领域的人才，让他们发挥作用。"他坦言，那时的想法就是利用香港和内地双方的优势，强强相配，互补互利，只有这样，才有发展。中国地大人多，人才是内地永存的优势，而香港为弹丸之地，人口仅 600 多万，事业与人生的归宿最终还是在内地。

面对全世界的科学家一窝蜂地做碳纳米管，他决定另辟蹊径。"我知道，硅是好东西，碳能做，硅肯定也能啊。这么多人做碳，我不能做，硅是第二多材料，我们为什么不从硅下手，看能不能有奇异的用处？"

1996 年开始，他率领攻关小组，主攻纳米硅线。2003 年，他向世界宣布，他们研制出全球直径最小的纳米硅线，直径只有 1 纳米（一根头发直径的 5 万分之一）。"不是吹牛，我做的纳米硅线是全世界最好的。"率真的李述汤如是说。

自 2001 年起，李述汤兼任中国科学院理化技术所纳米有机光电子材料与器件重点实验室主任。2002 年，他获科技部技术发展及产业化司委任，成为国家"十五"期间"863"计划新材料技术领域——"高清晰度平板显示技术"重大专项总体专家组成员。

2003 年 3 月 21 日，全球自然科学的权威刊物《科学》的封面照片是 3 根漂亮的纳米硅线。全球最细的纳米硅线第一次如此清晰地展现在世人眼前，研究成果刊登在《科学》杂志上，意味着获得了全球纳米研究界的肯定。这在中国同一物理材料的研究方面，尚属首次，表明了该项研究在世界上的影响力。

更值得一提的是，李述汤通过加热很便宜的一氧化硅就能够产生大量的硅纳米线，便宜、经济、方法简单，直接开启了硅纳米线工业应用的大门。由于硅是应用领域十分广泛的材料，是当今信息时代的基石，做出当时全世界最细的硅线并且能够量产，意味着能够做集成度更高的芯片，产生巨大效益。

以独特的低温处理方法，李述汤还能在实验室里制造金刚石，其品质与真品毫无二致。用此法将类金刚石薄膜涂在手表、眼镜、磁头或光碟上，都将给人意想不到的惊喜。这在世界上也处于领先水平，他也因这些成就先后获得香港研究资助局和创新科技基金 6000 余万港元的研究资助。

"在香港能申请到的科研经费，我全都拿到手了。"李述汤称，超金刚石及先进薄膜研究中心是当时香港唯一受惠于"863"计划的机构。

李述汤分别在 2003 年和 2005 年两次获得国家科学技术进步奖二等奖。2005 年，李述汤当选中国科学院院士；2006 年，当选发展中国家科学院院士。

打造纳米领域"梦之队"

"我始终抱着一颗中国心，哪个地方能发挥我的长项，我就在哪里。如果能为祖国培养一批纳米领域的顶尖人才，比自己取得什么样的成绩都感到骄傲。"

2008 年，当苏州大学党委书记王卓君与校长朱秀林"三顾茅庐"般地去香港拜会他，并且主动把实验室组建方案摊在桌上的时候，李述汤决定回来大展拳脚："苏州的大环境很适合我，苏州园区是纳米产业的高地，而苏州的发展需要依靠苏州大学。"

他没有像一般的国际知名学者那样搞个兼职教授，一年回来两三个月甚至几周。他一下招来了自己最信赖的弟子和朋友，全职加盟苏州大学。这顿时让苏州大学喜出望外，朱秀林更是笑得合不拢嘴，常跟人说，苏州大学的人才引进在全国范围内算是创造了一个不大不小的"奇迹"。

为了能更好地干事情，他还坐下来跟苏州大学谈，希望在"无时间限制、无指标规定、无框架局限"的"三无"状态下，组建自己理想中的研究机构——一个真正干事的研究院。李述汤说，作为一个科学家，名气固然重要，但同行更看他发表的文献，看他的"硬实力"。

李述汤主导成立了苏州大学功能纳米与软物质研究院，并担任院长。筹建初期，李述汤打出一个个越洋电话，招揽自己与好朋友的弟子们回国工作。"我非常执着，被我盯上了，比追女朋友还厉害。"李述汤笑着说。在李述汤的感召下，来自全球的几十名业内专家和他的学生纷纷来到苏州大学。

王穗东早在 2000 年就跟着李述汤在香港城市大学读博士。当时，香港与内地签订协议，每年选派最优秀的学生去香港深造，王穗东是浙江大学公派到李述汤那里的第一人。据王穗东回忆，老师有着很深的祖国情结，不仅是最早接纳、培养内地学生的香港教授之一，也是香港联系内地最早的科学家之一。

从 1994 年李述汤回到香港任教起，他就开始积极与内地进行交流合作。香港回归前夕，当地出现"移民潮"，别人都是往外跑，而李述汤恰恰相反，偏偏更加勤快地往内地跑。从北京到上海、沈阳、湖南等地，他到处"招兵买马"，寻求合作，将内地的人才优势与香港的资金、科研条件结合起来。而李述汤的真情与真诚，也使得很多内地学者愿意与他合作。在香港城市大学的超金刚石及先进薄膜研究中心里，来自内地的学者占了极大的比重。他当时带的学生也是香港和内地各占一半，他经常鼓励香港学生要"北望神州"，两地学生要打成一片，起到互补互利的作用。而这些都为他后来到苏州工作埋下了伏笔。

就这样李述汤迅速组建起了一支年轻而充满活力的队伍，除了最初的纳米材料，还更多地转向了有机光电器件等 5—10 年有望产业化的项目。他强调，要"把苏州大学带向国际舞台，让同事们知道什么是国际前沿，怎么做才是国际前沿"。

李述汤成功地把苏州大学功能纳米与软物质研究院打造成中国纳米技术界的"纳米梦之队"，为中国纳米技术腾飞提供了智力支撑。多年来，他的团队聚焦"卡脖子"技术，开展前瞻性、基础性、原创性研究，瞄准能源、生物医学、环境、通信 4 个方面的国家需求，布局功能纳米材料、有机光电器件、纳米生物医学、表界面分子科学、材料模拟与材料基因组五大研究方向，并在光催化及高性能光电器件、纳米生物医学等方面作出了一系列国际领先的原创成果。

我的团长我的团

"当初我的目标，就是创建具有国际一流水准的高水平研究机构。"在苏州大学，李述汤是出了名的务实，在他的纳米科学技术学院里，没有一个人能凭关系进来，"哪怕一个助理实验员都要经过集体面试、考核，任何人来了就要做事、做实事"。

"他最核心的地方，就是给予我们信心往前走，又有能力给予我们资源做事情。"何耀是李述汤的学生，2006 年跟着李述汤做博士后研究，当时特别想去美国的名校，但因为对李述汤发自内心的信赖，又跟来了苏州。他说，老师这么有影响力，又特别亲切，而且他告诉你的事情某一天都能实现，"原来指点我的几个看似不可能的方向最后都做成了，因此特别有信心"。

硅是不能溶于水的，当时大家就普遍认为不能做生物应用。而何耀的项目是利用硅去做肿瘤成像，起初他自己觉得难度很大，非常犹豫，因为方向一错，可能穷尽数十年也一事无成。但李述汤给了他很大的信心，说："这个是很难，但因为很难，我们才去做。"几年下来，何耀的团队在国际上率先系统科学地将硅的纳米结构用于生物成像和疾病治疗，并取得初步成果，通过化学方法实现了硅纳米结构的水溶性，并将其用于疾病治疗。

除了自己培养的学生，李述汤还有一群如廖良生这样极为杰出的盟友。1998 年初，廖良生作为访问学者加盟李述汤的团队，自此与李述汤紧密合作至今。其带领的团队在有机照明的材料研究方面，有着历史性突破，不仅全国领先，在世界上也有一席之地。而这样的核心盟友，李述汤还有 20 多位。

他坦承，现在主要工作除了定大题目的方向，就是挑人、培养人，而且挑得很细，连敲定一个助理研究员都亲自过问。"我喜欢亲力亲为，也最为欣赏实打实做事的人。"他说，在他的纳米天地里，吹牛皮的人往往生存不下去。

心无私欲则刚，人无邪念则正。与周围的人十几年相处，李述汤往往直来直去。他容易交朋友，喜欢帮人，但也会因为直言无形中让人下不来台。"凭良心做事，我来苏州做事是为了满足自己的意愿，同时也帮人家忙。"李述汤说，就是这样坦诚相待，他才能团结到一大批愿意一起干事业的人，"我为我们院里每个成员争取，目前拿了 6 亿元的科研资金，其中只有我一个 42 万元的国家自然科学基金的小项目"。

而论及自己对团队的贡献，李述汤很谦逊，他说自己是"带他们看到一个高处，而不是带他们做具体事"。但事实上，李述汤是极其杰出的布局者，他几乎参与每一个研究计划的讨论，任何设备的采购、实验商定都亲自参与，每次学术会议都到场点评，几乎每一个成果都凝聚了他的心血。李述汤很细致，有时候甚至连实验区洗手间的纸能不能及时配备都会关心，他还会经常提醒做实验的学生要及时关门，"因为开着门，会让空调多费电"。

团队成员中，有人感慨："我常常跟他工作一天，凌晨 2 点多收到他的邮件，早上 6 点又是一封，等上班了还能看到他，这么多年我也没弄明白李院士什么时间在睡觉。"

李述汤说，美国的教授一般是独立做学问，如果中国学者也是单打独斗，则很难与美国学者竞争。因为美国吸收的是世界上最好的人才，美国教授所使用的仪器是最好的，研究经费也很充裕，我们必须发挥团队力量，产生共振效应，才可能在竞争中取胜。"所以我在苏州大学拉起来一支团队，我要带他们去国际上竞争，做到国际一流！"

"我不一定要全部做到最好，但我要让跟着我的人做到最好"，他对待科研、对待同行、对待学生的态度，以及那种雷厉风行的工作方式、严谨敬业的品格，让贤、推优、指路的行为，让人心甘情愿与他朝着共同的目标一起奋斗。

"身为中国人，我们要有使命感"

现已年逾 76 岁的李述汤，不仅与年轻教师们一样坚持从事教学科研工作，还时常出现在实验室里，向学生传授做研究的经验。他不仅是青年科技工作者的榜样，更是一座灯塔，为后辈照亮前行的路。

李述汤始终坚持人才资源是第一资源的理念，按照国际标准在国际舞台上配置人才资源，以"学术大师＋创新团队"模式，组建了一支学术声望高、专业理论功底扎实、实践教学经验丰富的国际化精英师资队伍，核心成员全部具有海外、境外工作或学习经历。目前，苏州大学纳米科学技术学院现有教职员工 150 余人，其中专任教师 100 人，具有高级职称的 88 人，包含中国科学院院士 2 人，发展中国家科学院院士 2 人，欧洲科学院外籍院士 1 人；先后获得包括全国专业技术人才先进集体、全国高校黄大年式教师团队、中国侨界贡献奖（创新团队）等省部级及以上创新团队荣誉 18 个。

在李述汤带领下，苏州大学纳米科学技术学院在我国设立了首个"纳米材料与技术"本科专业，率先推进本硕博一体化人才培养，推行全员导师制和专业课程全英文教学，短短十多年培养了超 2000 名毕业生。根据基本科学指标数据库 ESI 全球排名，由他领衔建设的苏州大学"材料科学"学科，从 2011 年全球第 529 名上升至 2023 年全球第 24 名；根据 2022 — 2023 年 U.S.News 学科排名，苏州大学"材料科学"和"纳米科学与技术"学科分别位列全球第 13 位和第 4 位。

李述汤认为，每做一个科技产业，都要把这种核心技术、"卡脖子"技术、创新技术牢牢抓在自己手上。团队坚持"四个面向"，瞄准世界纳米科技前沿和国家重大需求开展有组织的集中攻关，力争在双碳、大健康等国计民生领域突破一批"卡脖子"技术和产业共性问题，取得一系列原创性、开创性成果，打破国外垄断。团队累计获得各类项目 857 项，总经费逾 11 亿元；承担了国家级重大重点项目 50 余项，引领支撑国家重大科技战略创新发展。团队成员在国际知名学术期刊发表论文 3100 余篇，其中高水平论文 1000 余篇，4 篇论文发表在国际顶级学术期刊《科学》和《自然》，4 篇论文入选"中国百篇最具影响国际学术论文"，部分成果被国际知名期刊专刊亮点报道，引起国内外同行的广泛关注。

聚合政产学研，协同创新多出成效。李述汤致力于推动纳米创新链与产业链的融合，以国家级苏州纳米科技协同创新中心为平台，与周边纳米企业建立了创新共同体，助力苏州工业园区跻身"全球五大纳米产业集聚区"之一。截至目前，团队累计获授权知识产权 347 项，实施技术转让 70 余项，孵化高新技术企业 8 家。2016 年 7 月，李述汤院士科研团队与江苏省产业技术研究院、苏州市吴江区人民政府共建了江苏省产业技术研究院有机光电技术研究所。目前，该团队已成功制造了我国首条自主设计制造的 G2.5 代 OLED 蒸镀产线，突破了国外技术垄断，填补了 OLED 产线装备空白，实现 OLED 面板量产。团队研制的柔性白光 OLED 效率已达到国际最高效率，并制成了国内性能最高、发光面积最大的柔性和硬质白光 OLED 面板，有效推动了具有自主知识产权的 OLED 健康照明产品的开发和应用，使得一系列突破性创新成果纷纷落地。科研创新链与产业链的深度融合，撬动区域产值数百亿元，卓有成效地推动了长三角区域高质量一体化发展。

在国家大力支持粤港澳大湾区建设之际，2021 年，他受澳门科技大学委托，筹建澳门材料科学与工程研究院，瞄准国家战略、大湾区战略性新兴产业需求，聚焦新材料、先进制造、人工智能、生物医药与大健康领域的前沿交叉融合创新与产业转化。2022 年，澳门科技大学成立创新工程学院，李述汤任材料科学与工程系主任。在其推动下，苏州大学与澳门科技大学共建"苏澳（澳苏）先进功能材料联合研究中心"，双方通过区域科技发展战略研究，强强联合，推动两地创新资源共通、人才服务体系共建、重大创新平台共享，互补形成"理论突破—技术研发—转化应用"的创新链，共同建设具有全球影响力的科技创新中心，服务国家重大战略，承担更多国家使命。

"身为中国人，我们要有使命感，年轻人更要有这种意识，努力学习，全身心为科学事业、为国家进步奋斗。"作为亚洲纳米领域的领军人物，奋斗精神一直伴随着李述汤。他深知自己肩负的责任——要为国家强大、科技强大作出贡献。

🔍 相关链接

李述汤谈科技创新

我非常赞成中央高瞻远瞩的战略。我们每做一个科技产业，都要把这种核心技术、"卡脖子"技术、创新技术牢牢抓在自己的手上，要不然人家随时可以收回去。

　　类似我们做集成电路芯片，可以设计芯片，但是没有制造芯片的高分辨率光刻机，缺乏这个核心技术，就面临"卡脖子"问题。比如中兴和华为，就是由于这个原因，发展受到阻碍。华为有战略远见，留了好几手。我们高铁现在做得不错了，要不然也会被人家收回去。

　　……

　　自主创新非常重要。如果不是自主创新，人家随时可以收回去，很多核心技术他不卖给你，例如半导体芯片行业。可喜的是，现在中国在奋起直追。华为这几十年的发展就是个例子，但还是晚了一点。如果中国的芯片可以赶上来，那就更加不一样了。在软件领域，Harmony 操作系统就是这样，对方也想不到华为 10 年前就已布局。

　　所以说，自主创新有两个层面的意义：当你走到别人前面，踏进无人区，没有人可以提供借鉴了，就必须得自主创新；当你追赶别人的时候，要向别人学习，为了保护自己，也要留一手，必须坚持自主创新。

院士寄语

　　中国人要在中国的土地上做出令中国人骄傲的事情来。我不一定要全部做到最好，但我要让跟着我的人做到最好。

周向宇

淡泊名利，逐梦数学星河

邵阳"科星"小传

周向宇，1965 年 3 月出生于湖南省郴州市，祖籍湖南省洞口县。数学家，中国科学院院士，中国科学院数学与系统科学研究院研究员、博士生导师。

主要从事多复变与复几何的研究。先后证明了关于矩阵 Reinhardt 域为全纯域的刻划之猜想，解决了被苏联《数学百科全书》列为未解决问题的扩充未来光管猜想，与他人合作解决了最优 L^2 延拓问题、强开性猜想等核心问题。曾获国家自然科学奖二等奖、陈省身数学奖、陈嘉庚科学奖、中国科学院自然科学奖一等奖。

我们的时代，是披荆斩棘、千帆竞发、催人奋进的时代。习近平总书记指出："追梦需要激情和理想，圆梦需要奋斗和奉献。"要引领时代、续写辉煌，需不断去奋斗，去奉献。科研工作是一项枯燥漫长、需要付出时间的工作。没有淡泊名利、潜心研究的奉献精神，不下"数十年磨一剑"的苦功夫，是难以取得突破的。

"国学不仅有人文国学，还有数学国学。"2023 年 6 月 7 日，在中国科协主办的"文明的烛火——中国古代科学文化探源系列论坛"活动中，中国科学院院士周向宇围绕"中国古代数学思想"作主旨报告，多角度地揭示了中国古代数学思想和成就，生动展现了数学的世界有多美。

从 20 岁考入中国科学院数学与系统科学研究院起，周向宇几乎就没有离开过这个地方。看似枯燥的人生轨迹中，他的思想遨游于数学的璀璨星河里，到达了别人没有到达的远方，解决了"扩充未来光管猜想"等数学难题。数学的世界有多美，周向宇的人生就有多美。

从小养成独立思考的习惯

周向宇祖籍湖南省洞口县石下江镇，1965 年 3 月出生于湖南省郴州市。在父亲周维发眼里，周向宇一直是家里的骄傲，从小就听话懂事、爱学习，还特别有主见。"读小学的时候就跟我们说长大要当科学家，还给自己定了时间期限，到多大年纪要达到什么程度……"

周维发从洞口考入湖南师大，毕业后在郴州市一中担任数学教师，妻子以前在医院工作，由于两人工作繁忙顾不上照看孩子，周向宇不到上学年龄就被送进了学校。原本不指望他能学到什么，只图有老师帮忙看孩子，没想到小小年纪的周向宇不但跟得上，期末考试还排到了班里前几名。

"他喜欢手脑并用，书也读，家务也做。"由于工作原因，母亲有时需要值夜班，所以早饭都是周向宇来负责，饭后还主动帮助父母照顾比他小 3 岁的弟弟。到冬天，他还要用扁担去锅炉房挑两桶热水回来。

小学高年级的时候，周向宇就把《毛泽东选集》4 卷全部看完，还写了心得体会，被班主任当作范文在班上念。受毛泽东影响，他很重视锻炼，从读中学开始，每天早晨上学前先跑步，跑半小时左右。这种习惯一直保持到读大学、读研究生。

"我从小便养成了独立思考的习惯，遇到问题通常是自己琢磨、思考，也时常自己提一些问题来钻研。"学习对于周向宇来说，从来都不是一件特别费劲的事，他的各门功课都学得不错，尤其在数学上表现出了特别的天赋。因为父亲是数学老师，家中有不少数学方面的书籍，比如华罗庚先生的科普小册子，周向宇课余最大爱好就是翻看这些书籍。学校课本还在教最简单的方程式的时候，他就在看函数了，还主动找题目做。

因为热爱，他在数学上面花的时间比较多，初中时就已经把高中阶段的数学都学了。那时的父母和现在的父母也不一样，虽然他们也很重视孩子的学习，但并不焦虑。周向宇学习非常主动，目标很明确。"印象很深的是，当时我常常排队帮家里买东西，排队时都在思考那道数学题该怎么做。平时我也不太爱玩，只是一心学习，母亲还劝我去看电影调剂一下。"

1977 年恢复高考时，他正读初中，全国都在宣传中国科学院数学研究所的华罗庚、陈景润、杨乐、张广厚等科学家，鼓励大家勇攀科学的高峰。他把报纸上整版刊发的关于陈景润先生挑战"哥德巴赫猜想"的报告文学认认真真看完了。后来，郴州市第一次举行全市的数学比赛，他拿下了初中组第一名。到处张贴的光荣榜给了他很大鼓励，让他感觉研究数学很光荣。那时，他就有了明确的理想：到中国科学院数学研究所读研究生、做数学研究。

在高中同学眼里，他是个"有时连老师都不得不服"的数学天才。同学们只要有不会解的数学题都爱找他，而他似乎无所不通，不管多难的题都能详细解答出来。数学老师对他还给了一个特殊的政策———他可以不听数学课，自己去做题、看书。

周向宇学习数学的方法是自学，向更高一级学习。"即使正确答案就摆在旁边，我也不看，要用自己的方法去解题。有时候对答案，还会发现我的解法、思路更好。"从小就养成的独立思考、自主思考的习惯，使他比同龄的孩子走得更快，初中学完了高中数学，还学了大学数学，只要参加数学竞赛就拿第一名，16岁上大学……

"湘大是我实现梦想的起点"

1981年，年仅16岁的周向宇考入湘潭大学数学系，从此开始了专业的数学学习和研究。

当时，湘潭大学属于综合性全国重点大学，但对他而言，高考其实是失利的。记得看到高考成绩后，他的两条腿都软了，比预想的低了几十分。"我在高考中发挥失常，错的那道数学题是我会做的，但不明白什么原因就是犯了平时不会犯的错，这道题我记了40年，永远都不会忘掉。"

但是他很快从失落中走了出来，"因为我的最终目标是学数学，进入湘潭大学数学系后，我还有机会通过考研进中国科学院。我的路没有因为高考而中断，我反而觉得，这段经历锻炼了我，从此以后没有什么挫折能够把我打倒。"

那时候上大学，被褥、行李都得从家里带过去，他的行李先邮寄到了学校，然后提着箱子坐火车过去。那时从郴州到湘潭，得坐十几个小时的绿皮火车。上大学时，印象最深的就是有时挤不上火车，得从窗户里爬进去，还经常要站十几个小时。

湘潭大学在恢复高考后是边招生边建设，一开始校舍都是租的平房，学生也很少，等到他那一届才有了宿舍和图书馆。以前的学生们开玩笑说自己上的是"五无大学"——没有电灯，没有自来水，连教学楼、宿舍和图书馆都没有。校园里处处都是黄泥巴，因为没有自来水，食堂做饭用井水，下雨时就会吃到用黄泥水做的米饭。

苦是苦点，周向宇却不在乎，反而觉得湘大很安静，是个学习的好地方。而且湘潭大学校风很好。毛泽东特别为家乡这所学校题写了校名，嘱托"一定要把湘潭大学办好"。有很多杰出的人才是怀着对毛泽东崇敬的心情来工作的，所有人都冲着把学校办好的目标努力。课程设置方面规格也很高，全国名牌大学要求什么，学校也要求什么。

同学们之间没有攀比，互相激励、互相帮助。老师们对学生都很重视。他们的班主任老师梁国鼎，当时才30多岁，精力充沛，经常到学生宿舍和他们一起下象棋，有时还和这些小伙子掰手腕，师生关系非常融洽。

一进校门，周向宇就树立了长远目标，也定下了阶段性目标——考取中国科学院数学研究所的研究生。他的生活变得简单、充实，富有规律。11个人一间寝室，同学关系很融洽，常常熄灯后卧谈。不过，周向宇很有定力，准时睡觉，从不参与聊天。因为第二天他要早起跑步，从学校到蓄电池厂，跑几个来回。

夏天很热，要挂蚊帐，又没电扇，有室友跑到房顶上去睡。不过，这对周向宇没什么影响，他淡淡地抛出一句："心静自然凉嘛。"

白天如果没有课，周向宇就去阶梯教室、图书馆、自习室占好座位，埋头看书，做练习题。他坚持自己独立思考做题，老师批改作业，也常常让同学来参考他的答案。

因为学习肯钻研，周向宇连续三年被评为"三好学生""三好学生标兵"。大四那年，周向宇还拿了湖南省大学生数学竞赛第一名。学校很重视，推荐他到中国科学院数学研究所继续深造。不过，中国科学院只有两个免试名额，都给了更有名的大学。

从小就立志到中国科学院数学研究所深造的周向宇凭考试从容过关。1985 年春天，他 6 门考试发挥正常，以名列前茅的成绩顺利地考上了中国科学院数学研究所。

周向宇对母校充满感情，常说："湘大是我实现梦想的起点，我就是在这里打下了扎实的数学功底！"包括他在内，湘潭大学数学系（现为数学与计算科学学院）出了两位中国科学院院士，这在全国来讲都是不多见的。

为支持母校的事业发展，周向宇经常回母校访问讲学。他在 2014 年 5 月回母校时深情地说："湘大是中华人民共和国成立后开办的，能在短短 40 年里发展得如此壮大，培养出这么多人才，真的不容易。真心希望母校师生传承好艰苦奋斗、自强不息的湘大精神，坚定信心，牢记使命，攻克难题，取得更加卓越的成就！"

做数学"坐得住"很重要

1985 年 9 月，周向宇坐了 20 多个小时的火车，到达中国科学院数学研究所（1998 年并入中国科学院数学与系统科学研究院），师从中国科学院院士、数学家陆启铿。1988 年、1990 年先后获中国科学院数学研究所硕士、博士学位。

陆启铿是华罗庚回国后在多复变领域的首批弟子之一。很多人告诉周向宇，陆老师很严格，一般不会表扬自己的学生。陆启铿给周向宇的第一本书就是华罗庚的《多复变函数论中典型域的调和分析》，华罗庚凭借该项研究获得了国家自然科学奖一等奖，也奠定了我国多复变研究在国际数学界的地位。周向宇说，得益于华先生精神的熏陶和陆先生的培养，自己得到了严格训练，为以后的研究打下了坚实基础。

入校后，周向宇犹如进入知识的海洋，天天往图书馆跑，一心琢磨数学题。受益于在湘大的训练，周向宇很快进入研究生的状态。"湘大老师教会我的是，数学不在于死记硬背，而在于灵活运用。"周向宇说，"自学和独立思考是科研的基本功。如果把别人的东西抄一遍，自己不去思考，那就称不上'研究'。"

别人眼中的枯燥数字，到了周向宇那里，却成了巨大的宝藏。他感叹数学的深奥："当读的书越来越多，自己懂的也会越来越多，一旦懂的东西越多，就会发现自己不懂的东西也越来越多，这就会吸引我继续挑战。"

周向宇的研究领域多复变是基础数学的核心与前沿之一。早在学生时期，数学研究所资深数学家就评价道：周向宇能成器，因为他坐得住。1989年，博士还没毕业的周向宇便受德国战后最杰出数学家之一的 Hans Grauert 教授邀请前往哥廷根访问。1990年，25岁的周向宇博士毕业后留在数学所，先后担任副研究员、研究员、博士生导师。在导师陆启铿的推荐下，他带着"扩充未来光管猜想"问题前往俄罗斯科学院（后改称俄罗斯科学院）Steklov 数学研究所访问。

那时正值苏联濒临解体，罢工、游行时常发生，红场附近一度有坦克、士兵……外界一片混乱、极度动荡，持续了多年。周向宇对此"视而不见"，每天乘地铁"两点一线"从公寓到研究所学习，与诸多大数学家讨论交流，或者去莫斯科大学参加讨论班，或者去列宁图书馆、国家科技图书馆，一待就是一天，稳步做着自己的学问。生活也过得十分简单，"公寓全天都有冷热水供应，也有厨房，就是有时买菜比较紧张，需要到远一点的地方买，只要能吃饱不挨饿就行"。

"扩充未来光管猜想"是众多国际一流数学家都没能给出答案的难题。从刚开始根本不理解什么意思，到逐步认识到它的内涵并发觉其非常"漂亮"，不断提问、思考，再到拆解、证明，周向宇经历了10年的潜心钻研。

"它越难就越吸引我。有时候觉得自己好像做出来了，但仔细想想，又觉得不是十分令人信服，然后继续研究。"周向宇说。因为从小养成思考的习惯，他并不会在"做不出来"时有很强的挫败感，也不会被打垮，反而越思考越觉得数学很"漂亮"，"有时候虽然那条路没走通，但也会启发自己新的路该怎么走"。

凭借着非凡的毅力和决心，在长期探索中，基于前辈、导师的工作，周向宇创立了自己的方式，终于在 1997 年，解决了长期悬而未决的"扩充未来光管猜想"这一难题。这项工作被写入史料性著作《二十世纪的数学大事》《数学的发展：1950—2000》；被认为是"数学发展的亮点之一"，被作为例子说明"数学如何帮助物理获得隐藏在公理中的新知识"。

1998 年 11 月，周向宇终于在对学位要求极严的斯捷克洛夫数学研究所获得俄罗斯国家科学博士，并在当年 12 月回国。

周向宇说，小时候别人给他起外号"宝古佬"，他还以为是贬义词，后来越来越觉得这个名称不差。因为"宝古佬"蕴含了邵阳人"吃得苦、霸得蛮、耐得烦"的品性，"我能坐得住，得益于邵阳的血脉。做科研，坐得住，就是要'吃得苦、霸得蛮、耐得烦'，要坚持不懈，不怕困难，不受外界影响，潜心安心地做"。

做学问就像跑马拉松

回国至今，周向宇一直在中国科学院数学与系统科学研究院从事多复变和复几何研究。他潜心于攻破数学难题，先后证明了关于矩阵 Reinhardt 域为全纯域的刻划之猜想，解决了被苏联《数学百科全书》列为未解决问题的扩充未来光管猜想，与他人合作解决了最优 L^2 延拓问题、强开性猜想等核心问题，获得了广泛的国际关注，被认为是国际多复变界的一位领军人物。

在攀登科学高峰的路上，一系列奖项接踵而来：1998 年获求是杰出青年学者奖；1999 年获中国科学院自然科学奖一等奖；2001 年获第八届陈省身数学奖；2004 年获中国国家自然科学奖二等奖；2016 年获陈嘉庚科学奖；

2017年获中国全国创新争先奖；2021年10月，被表彰为第六届全国杰出专业技术人才。

早在2001年，陆启铿就推荐周向宇为候选院士。周向宇做学问主要目标是获得自己的理解，他谦逊地说："做学问就像跑马拉松，我还在路上……"2003年2月至2012年6月，他担任中国科学院数学研究所所长，其间主持几百场综合报告，并从中获益。在基础数学领域深耕不辍、硕果累累的周向宇，2013年当选中国科学院院士，2018年当选发展中国家科学院院士。

中国科学院数学与系统科学研究院坐落在北京市海淀区中关村南路上，从20岁入读博士到现在，外面的繁华变迁都没有打扰到他静心笃志做学问。他的办公室里，近一人高的文献、书籍将办公桌围得满满当当，隔出一方让他可以"遁入"数学世界的宁静小天地。办公室有一块大黑板，他经常用这面黑板与合作者讨论数学。

"搞研究一定要'坐得住'。"这是周向宇经常挂在嘴边的一句话。如今，一年中大部分时间，周向宇都在办公室或教室。一天中，他不是一个人待着思考数学问题，就是跟学生们一起讨论，心无旁骛，只为获得对数学新的理解。

周向宇有着科学家的严谨与踏实，对数学的痴迷、对做学问的执着。作为中国科学院大学博士生导师，在和学生讨论时，周向宇总是很严格、严谨。"如果我带的学生哪一步说错了或者哪个问题说得不对，我会毫不留情地指出来。"对他而言，倦怠与糊弄是不应容忍的。

"多复变属于基础数学，是构建数学知识体系的重要'骨架'，对促进数学发展十分重要。"周向宇说。这个领域门槛较高，他现在花很大的精力和时间培养学生，引导学生掌握新知识、学会独立思考。每周坚持举办讨论班，大家以弄清楚讨论内容为目标，常常是过了饭点甚至深夜才结束讨论。

生活中的他亲切而随和，在数学研究之外，还喜欢国学、历史、地理。他的笔下不只有数学公式，办公室里随处摞着的宣纸上，满是他练字的痕迹。

从事数学研究，也意味着远离了物质富足的生活。"生活有基本保障，对我来讲就够了。"周向宇说，自己很幸运，家里人从未给过他压力，反而十分支持他的研究工作。他也对学生提起，自己学生时代老师说过"做数学，要安于清贫"。但尽管如此，周向宇和数学院还是会通过项目等各种方式提高青年人的待遇，让他们安心做研究，没有后顾之忧。

"其实数学是很漂亮的，你了解到奥妙就有兴趣做下去。"在他看来，数学是个庞大的宝藏，有很多奥秘在其中，当你懂得越多时就会发现自己不知道的也越多，吸引你继续应对挑战。他非常热爱自己的工作，"对我而言，职业与兴趣统一，可以在任何时候、任何地方思考自己喜欢的数学问题"。

周向宇希望自己能带领一支队伍在数学宝藏中探赜索隐、钩深致远，发现新的数学知识。

🔍 相关链接

无用之用，众用之基
加强基础科学研究刻不容缓 *

习近平总书记曾指出，领导干部既要做让老百姓看得见、摸得着、得实惠的实事，也要做为后人作铺垫、打基础、利长远的好事，既要做显功，也要做潜功。这是一种想得深、看得远、大格局的新发展理念，同样也适用于科学研究。科学研究不仅要做"有用之用"的"显功"，也要做"无用之用"的"潜功"。

---

* 《中国政协》2020 年第 13 期。

　　科学知识体系是人类宝贵的财富，是无价之宝，它的构建与应用造福全人类。科学知识体系的构建，对应于高质量、高水平的科学研究，而它通常正是由"无用之用"的基础科学研究完成。古人说的"探赜索隐，钩深致远""格物致知"，就道出了科学研究的真谛。基础科学研究的"有用之用"与"无用之用"均十分显著，现代文明已经充分证明这一点。

　　"无用之用"语出庄子。庄子曰："人皆知有用之用，而莫知无用之用也。"基础科学研究的出发点是对奥秘的好奇与探索、对新知识的渴望，不一定是为了实用目的，甚至并无实用背景，常常表面上看可能与实用联系不明显，貌似"无用"，但其奇妙的价值便是庄子所说的"无用之用"，日后有着神奇的应用与实用。例如，芯片是新科技革命最重要的基础产品之一，当前我们正面临着被"卡脖子"的困境。芯片制造离不开电子设计自动化（EDA），而这正是基于"无用之用"的布尔代数。这样的例子不胜枚举。

　　"无用之用"的基础科学研究目标是"构建科学知识体系"，这本身就是一种"用"。这类"无用之用"的科学研究在构建科学知识体系中十分关键。"无用之用，众用之基。"缺乏"无用之用"的科学研究，科学知识体系将残缺不全并缺乏活力，将使基础科学研究起不到科技创新的源头与先导作用。一个国家若只重视"有用之用"而忽视"无用之用"的科学研究，是不可能成为科学强国的。综观科技强国，在其社会上都强调从事基础科学研究的荣誉性，都做到了物理学家罗兰在其著名演讲"为纯科学呼吁"中所说的：对自然所有分支的科学研究、对数学的研究以及对所有这些事业的培育是这个世界上最高尚的事业，它们是人类最高级的职业。

　　重视科学知识体系的构建，有助于我们深化认识科学的价值与作用，有助于我们全面深入理解科学研究的目的与意义。加强包括

"无用之用"的基础科学研究，成为"科学知识体系的构建强国"，是通向世界科技强国的必由之路与必然要求。为此建议：

一、明确将"成为构建科学知识体系的强国"作为"加强基础科学研究"的一个战略目标与战略需求。这有助于完整深刻理解与精准长久实施创新驱动发展战略；有助于提高全社会对加强基础科学研究重要性的认识，夯实夯厚全社会重视科学的土壤，通过宣传营造社会氛围，让人们普遍认识到从事构建科学知识体系的科学研究是光荣的、高尚的、令人尊崇向往的事业，具有崇高社会地位，以吸引有志青年献身基础科学研究，激励优秀人才长期潜心、甘坐"冷板凳"、不畏艰辛从事科学知识体系的构建工作；这是克服科技高水平发展中遇到软肋、"卡脖子"问题的必由之路。在关键核心科技创新中遇到软肋、"卡脖子"问题，往往表现在构建科学知识体系方面存在不足与短板。科学知识体系的构建者是高水平的科研人才，科学知识体系的内容是高质量的科研成果，"成为构建科学知识体系的强国"的内涵包括造就一批又一批高水平科研人才、不断涌现一批又一批高质量科研成果。

二、明确将"构建科学知识体系强国"作为一项战略举措，常抓不懈，形成一个长期稳定的政策。这样既具有立竿见影的时效性，如同20世纪50年代的"向科学进军"、70年代后期的"勇攀科学高峰"，也具有战略性、长远性，不受时代限制、主观制约。科学知识体系日新月异，是不断发展的。要成为构建科学知识体系的强国，不但需要基于对已有科学知识体系的深入学习与认识，还要对奥秘进行长期不懈的探索与深思长考，并提出自己的理解以获得新知识。

三、"科学知识体系的构建"的内涵应包括"科学文化建设"。应将"科学文化建设"明确纳入"五位一体"总体布局中的"文化建设"中，推动"科学文化建设"及弘扬科学精神、促进精神文明发展。科学教育与科学普及有助于培养人们求真、理性的精神。

在加强基础科学研究的氛围下，2019 年科技部等四部委联合制订《关于加强数学科学研究工作方案》，显示出对数学研究的高度重视。数学的重要性无须赘言。我国传统文化与数学其实有着深刻联系。华罗庚先生说过：数学是中华民族所擅长的科学。大禹利用数学工具造福神州大地；管仲利用数学思想治理国家；周公在听取商高介绍数学及其应用后大赞数学：大哉言数！善哉！

我国古代数学（筹算）对国学有着重要影响。先秦诸子、国学的奠基者们通筹算，将其人文核心思想用数学命题来进行阐释，反映了人文精神与数学精神的交融，体现了我国文化从根基上对数学的尊崇。如我们迄今耳熟能详的有："不以规矩，不能成方圆""规规矩矩做人""以法律为准绳"等。国学中有深邃的数学思想。比如，墨子的两分法事实上就是微积分基础中的区间套原理。再比如，愚公移山，"子子孙孙无穷匮也，而山不加增，何苦而不平"，寓意深刻，事实上就是一条数学原理：实数理论（微积分的基础）中所谓的阿基米德原理。愚公移山，是讲科学的，是在数学科学原理指导下进行的。另外，作为一家之长的愚公在移山前"聚室而谋""其妻献疑"时积极采纳了合理建议。这生动诠释了有事好商量、众人的事众人商量。科学文化是科技发展与突破创新的文化基础和重要促进因素，我们应继承弘扬优秀科学文化，同时尽快建立起一套符合当前实际的科学文化培育与发展体系。

四、倡导自主培养人才，以培养优秀人才并留在国内做出优异工作为荣。吸引和欢迎海外优秀人才回国工作和发挥作用是我国的一项重要举措，但国内自主培养人才的重要性毋庸赘言。

自主培养人才应从本科、研究生到博士进行全链条国内培养，并鼓励引导留在国内工作。当前存在一些现象，比如在数学专业，不少名牌大学的本科优秀毕业生选择出国深造，留在国内的不多，造成严重失衡；一些学校在招生网页上以本科生出国到国外知名高校作为办学成绩炫耀；国内毕业生待遇堪忧也是一个症结。应以"岂曰无衣，与子同袍"的精神，克服困难，积极自主培养人才，为"成为构建科学知识体系的强国"作出贡献。

五、针对创新驱动发展中的"卡脖子"问题，应在相关理工科专业对本科生、研究生从招生到培养提高对数学的要求。针对一批优秀学生，丰富已有数学课程，增设新的数学课程，加大难度、深度与广度，不受"超纲"限制（科学知识体系是没有边际限制的），强调数学与专业的交叉融合，扩大学生结合数学思考探索专业问题的视野，提高学生结合数学解决专业问题的能力，造就一批数学水平高、数学能力强的各科技领域的高水平专业人才，以克服包括高科技在内的各科技专业领域发展中面临的数学短板问题。此外，数学研究不仅在科研机构与研究型高校进行，也应在有雄心的企业公司中进行。应鼓励企业尤其是高科技企业建立实验室并重视、加强基础科学研究。

🚀 院士寄语

我能坐得住，得益于邵阳的血脉。做科研，坐得住，就是要"吃得苦、霸得蛮、耐得烦"，要坚持不懈，不怕困难，不受外界影响，潜心安心地做。

赵政国

探秘粒子释高能

邵阳"科星"小传

赵政国，1956 年 12 月出生于湖南省怀化市靖州苗族侗族自治县，祖籍湖南省邵东市。实验粒子物理学家，中国科学院院士，中国科学技术大学教授。现任中国物理学会副会长。

长期从事粒子物理实验研究，曾获国家自然科学奖二等奖，中国科学院杰出青年科学家奖、中国科学院杰出科技成就奖、北京市科学技术奖一等奖、何梁何利基金科学与技术进步奖等。

有梦想才有未来。把自己的梦想与国家的梦想统一起来，就能在民族复兴的征程中书写人生华章。在 2019 年的新年贺词中，习近平总书记饱含真情地说："我们都在努力奔跑，我们都是追梦人。"

物理学家的梦想是什么？探讨自然之谜，寻找宇宙之奥。2023 年秋天，我国新一代正负电子对撞机、粒子物理实验研究利器——超级陶粲装置关键技术攻关项目在中国科学技术大学（简称中国科大）启动。2011 年起就建议和推动超级陶粲工程，并领导国内团队开展重大关键技术攻关的中国科学院院士、中国科大教授赵政国铿锵发声："我们有底气，也有实力建好'超级陶粲装置'！"

寻找未知的答案永无止境。因为科学梦，赵政国走上了科研之路。他的科研履历很长，获得过诸多荣誉。从下乡知青成长为国际高能物理学界硕果累累、声名赫赫的科学家，如今领衔中国科大实验高能物理团队参与国际最前沿的研究工作，赵政国用自己的高能人生诠释了生命的格局、意义和无限可能。

从小打下德智体全面发展基础

赵政国祖籍湖南邵东，1956 年生于湖南省怀化市靖州苗族侗族自治县。父母正直善良的为人和严慈并济的家教，让他从小就养成了良好的道德行为和个人品质。

父亲是邵东市团山镇人，抗战时期跟随家人到怀化，曾经在酒厂、肉食水产公司工作，能写会算，还喜欢写对联。在乡下工作时，曾经甘冒挨处分的风险，帮助过生活困苦的下乡知识青年。因为单位离家远，他很少回家，但只要一回来，就会教孩子们写字、算数。4个兄妹中，赵政国的年龄最小，但学东西却是最快的。

赵政国从小就听外婆讲，说他们是宝庆人。因为有一个早年被国民党抓壮丁的舅舅，他六七岁时曾目睹母亲被押着跪在台上挨批斗。那时父亲远在乡下，外婆特别叮嘱他母亲一定要活下去，把4个孩子带大。在赵政国的印象中，母亲在各个方面都表现得极其有能力，对他要求非常严，对他的影响很大。

母亲很有正义感，也很会讲话，担任街道妇女主任时，给别人调解矛盾，什么人都服她。她不允许儿女说一句脏话。有次邻居从县委大院池塘里抓来一条鱼，藏在鞋子里让他帮忙偷偷带走，母亲发现后，罚跪、用竹枝抽打他，还让他写了检讨。考试不拿全百分，母亲不认为他考得好。中学时有个假期因为热衷于体育运动而放松了学习，母亲给他留了字条："小青（小名），你要自觉点学习。"

8岁时，母亲在自家院子里办起制斗笠的工厂，他在一旁观察，很快就学会了一些成年人才能操作的破篾技术。一直到14岁，他靠闲暇时破篾分担家庭负担，每月可以挣十几元，假期能挣到20元。上高中后他把所有破篾的工具扔到家后面的渠江里，说："从此我要在学校好好读书！"

赵政国从小就热爱学习、善于学习。初中时，他一度把数理化课本的知识"都背下来了"。多年后，他还记得化学课上老师传授肥皂制造全过程的化学分子式。高中阶段，天资聪慧又好学的他被老师们当作好苗子培养，颇受"宠爱"。

记得高一入学第一节课，语文老师段志强满怀激情地鼓励学生要有志向。原本不在这个班的赵政国正好在窗前经过，一下子被深深吸引住了，主动要求转到这个班。开学几周后，赵政国便做完了数学课本上的所有题目。得知此事，数学老师胡启文给他开起"小灶"。胡启文找来"文化大革命"前的教材，常常下课后把"排列组合"等当时课本上没有的知识教给赵政国。

体育教师尹华章在湖南省体操比赛上拿过奖牌，通过看怎样打乒乓球的书，自己练习后就教了一帮学生。"有健康的体魄才有追求理想的现实基础。"赵政国加入了校乒乓球队、田径队和体操队，特别拿得出手的是乒乓球。他们3个十几岁的学生曾打败了到北京集训了一年的二炮乒乓球队，一度声名远扬。

中学时的赵政国已经显露出极强的自律性。"文化大革命"期间，学生们可以自由进出课堂，很多人都跑出去玩了，但赵政国从不逃课。他在家里的墙壁上贴了课程表，然后根据课程表安排自己的课程预习、复习时间。其精细的计划安排，甚至连家访的老师看到以后都很惊讶。

因为没有多少作业，"吃不饱"的他就自己找来各种书，"做题目变成挑战，解完很高兴"。他至今保存着一本中学时从新华书店买来的《平面几何》和《立体几何》，每个题目都在纸上解答后贴在书上，薄薄的小册子变成了厚厚的一大本。

那时，课外读物匮乏。有位同学的爸爸在县文化馆工作，赵政国便得了机会，总能借书来读。他能流利背诵《毛泽东诗词》和《毛主席语录》，还读完了《林海雪原》《铁道游击队》《湘西剿匪记》《平原枪声》《三国演义》《西游记》等当时县文化馆能找到的小说。

原本，语文老师想让赵政国学文科，在课堂上常把他的作文当范文来展示。但赵政国决心学理科，他的理想是当一名科学家或工程师。在他高中毕业下乡期间，对他一直寄予厚望的语文老师还专门托人带去一套数理化学习用书，让赵政国感念颇深。

下乡进厂，实现读书改变命运

高中毕业后，赵政国成为一名上山下乡的知青。出发那天，知青们都排好队，胸前戴着红花，街道两边敲锣打鼓、夹道相送。他准备好了要带的被子、书、衣服，没有让妈妈送。他告诉妈妈，从现在开始，不再需要她管了，他自己能够独立了。

出发前，母亲叮嘱他："你下乡，必须干得比所有人好，你才可能离开农村，不当一辈子农民。"多年以后，他一直深感母亲的智慧——没有安排两个女儿下乡，而是安排两个儿子下乡，因为她认为："女孩子下乡很可能就回不了城了，而男孩子下乡哪怕当一辈子农民也不怕。"

赵政国一直知道自己是会下乡的，也一直牢记母亲的叮嘱。在后来的岁月中，他不仅因表现突出先后担任了知青组长、车间团支部副书记等，还始终保持着学习的热情、读书的习惯。

在生产队安顿下来，首先就是修房子、买劳动工具，镰刀、锄头、柴刀、斗笠、蓑衣等置备齐全。然后，种谷子、犁地、插秧、种蔬菜等，一点一点学起来。

当时所有的知青都有一套国家组织编写的"知青阅读丛书"。赵政国很喜欢看书，这套丛书就成为他下乡当农民的启蒙书。政府还会下派一些懂农业知识的干部教他们。因为会总结规律，干完一年农活后，他做得就和农民一样好了。

农闲时，他们要修水库，放水灌溉稻田时还要守夜。夜晚的田里经常能见到眼镜王蛇、银环蛇和蝮蛇，赵政国看过一本《毒蛇全身都是宝》的书，所以了解了五大毒蛇的特性，也知道对付它们的一些方法。

在农村的艰苦环境里，赵政国插秧、伐木、兴修水利，半夜睡在田地里看管稻田……将身体练得更加强壮了。白天劳动，晚上就着煤油灯学习。插队两年中，他将高中老师送给他的一套数理化和语文教材看得烂熟于心。夜晚点上煤油灯，坚持做题，有人来了就赶紧藏起来，怕被人指责不安心务农。

"知青下乡的经历，使我们这一代人有了了解基层社会的机会，经历过苦难才懂得美好生活的意义。那段时光锻炼了我的毅力和意志力，让我加深了对农民的感情，也了解到农民的极大智慧，深深体会到人民是创造历史的真正动力。"

在做了两年半的农民后，赵政国到怀化303国防厂当车工。在当工人的一年半时间里，数理化的书从来没有离开过他，看书、解题成为他当时最大的爱好，宿舍墙壁上写满了当时他自学的高等数学微积分公式。

工作中，他喜欢动脑钻研。操作的自动车床因钻出的金属丝总是缠绕在钻头上，需要人工去除，很影响加工效率。他去厂图书馆查阅资料、与师傅一起尝试调整，终于发现在某个特定角度上，钻出的金属丝可以直接射出来，不用人工干预。

1977年，国家恢复高考，赵政国迎来了机会。考前他去找数学老师复习，那年的高考在就近的一所小学教室进行。记得在高考的前三天，刚好要上夜班的他还向组长请示，可不可以不上夜班，他会把负责的零件全部提前做好，保证加倍完成任务指标。

高考之后就是填志愿，厂里一位在中国科大毕业的技术员向他推荐了中国科大这所学校，说这里学术氛围浓厚，中国科大的自然科学也正符合他的学习目标。于是，中国科大便成了他的第一志愿。最终，原本填报了中国科大应用数学专业的他，被近代物理系录取了。

那天晚上，工厂的操场上播放电影，电影开始前室友拿来了一封信，帮他打开并当众宣读，当读到"中国科学技术大学录取通知书，原子核物理专业"时，本来安静的人群沸腾了，大家迅速向他围了过来，争相祝贺，赵政国却平静如常。

1978年，赵政国穿着工厂的工作服，带了一个木头箱子，高高兴兴前往中国科学技术大学报到。那是他第一次出远门，也是他人生最重要的起点。"我总算在实现梦想的道路上迈出了关键一步，也离自己科学家的理想近了一步。如果没有高考，我可能会当一辈子的工人。虽然工作没有高低，但不能在自己最强的领域发挥优势，总是会有遗憾的。"

蓄势腾飞，遨游高能物理新天地

中国科大的学风十分严谨、独特，早上 4 点多钟就会有人起床背英语单词，在路灯下、厕所的灯下，到处都有手拿单词书的学生，在食堂排队也是手不离书。在这藏龙卧虎的高等学府，赵政国埋头苦读，不断成长进步。

赵政国在中国科大整整读了 10 年书，其间只回家过了两个春节。1982 年，他以优异的成绩提前本科毕业（当时中国科大本科学制为五年）并考取中国科大研究生继续深造。1988 年，他获得中国科大理学博士学位，成为中国科大核与粒子物理实验学科的第一位博士。

1990—1997 年，赵政国在瑞士苏黎世联邦理工学院从事博士后研究工作。其间，他所在团队在 pion 和核散射 S 波散射长度的实验上作出了重要贡献。这项实验是目前世界上此项物理量测量精度最高的实验。由此他开始在国际高能物理学界崭露头角。

1997—2001 年，赵政国担任北京谱仪（BES）负责人、BES 国际合作组负责人、中国科学院高能物理所物理一室主任。在此期间，他全面负责 BES 实验和 τ-粲物理的研究，在轻强子谱学、粲偶素物理和粲物理方面作出了重要贡献。1998 年，赵政国获得国家杰出青年科学基金。2001 年，赵政国获得中国科学院青年科学家奖。

2001—2008 年，赵政国担任美国密歇根大学物理系访问教授，并先后担任副研究员、高级研究员、研究科学家。他继续从事高能物理研究，专注于强子对撞机上的实验，并在 ATLAS muon 探测器的建造中发挥了极其重要的作用。2003 年，赵政国获得北京市科学技术奖一等奖、中国科学院杰出科学成就奖。2005 年，他获得国家自然科学奖二等奖。

2006 年 12 月 25 日，赵政国收到了中国科大物理学院执行院长刘万东的一封信，希望他回到母校。这封信深深打动了赵政国。中国科大粒子物理与原子核物理专业是赵政国的导师梅镇岳先生亲手建立起来的。怀着对恩师和母校的深厚感情，赵政国经过两年的准备，放弃了在密歇根大学的职位，与夫人卖掉了在美国的别墅，全职回归母校。

2008 年，赵政国作为首批"千人计划"入选者，在中国科学技术大学担任近代物理系教授、近代物理系高能物理专业实验组负责人，北京谱仪（BES）项目负责人，欧洲核子研究中心（CERN）大型强子对撞机（LHC）主探测器 ATLAS 国际合作组中方联系人，领衔中国科大实验高能物理团队。2010 年 1 月，中国科学技术大学"粒子物理与技术研究中心"成立，赵政国担任主任。

2012 年，全世界都在为新发现的疑似"上帝粒子"而激动，赵政国领导的研究团队为疑似"上帝粒子"的发现作出了直接的贡献。作为国际高能物理界知名科学家，赵政国多次被邀撰写综合总结和评述文章，并多次被邀请成为国际会议组委会成员或者国际顾问委员会成员。

2012 年，因为"在北京正负电子对撞机上对强子相互作用截面的测量和粒子物理实验研究方面的杰出领导作用，以及在欧洲核子中心的 ATLAS 试验中对探测器建设和物理分析方面的重要贡献"，赵政国当选美国物理学会会士。2013 年底，赵政国当选中国科学院院士。2014 年，赵政国获何梁何利基金科学与技术进步奖。

2016 — 2021 年，他领导国内团队完成了国家重点研发计划课题"ATLAS 实验缪子探测器升级"的研究任务，掌握和发展了相关探测器和电子学设计的关键技术，为下一步承担工程建造任务打下了坚实的基础。该课题属于大型强子对撞机实验探测器升级项目。大型强子对撞机上的两个大型多用途粒子探测器 ATLAS 和 CMS 分别是人类加速器历史上建造的尺寸最大和最重的探测器。两个实验都拥有来自世界上约 40 个国家的上千位物理学家参与。作为高能对撞物理当中最前沿的两个实验，ATLAS 和 CMS 的主要物理目标是：深度理解 QCD 理论、精确验证标准模型、寻找希格斯粒子（Higgs boson）并研究其特性、寻找其他超出标准模型的新物理，如超对称粒子、宇宙中暗物质候选者、多维空间等。从 2008 年运行至今，LHC 装置上最重要的成果是发现了希格斯粒子。

面对取得的一系列成绩，赵政国将之归结为"对未知世界的浓厚兴趣、同事和学生们的共同贡献，以及良好的团队合作"。谦虚的描述背后，是他对科学纯净朴素的敬仰，以及对团队发自肺腑的信赖。

保持好奇心，求真、求实、求完美

赵政国对做科研有着自己的领悟："科学本身就是求真、求美、求完善的过程。人类对未知世界的好奇，是科学发展的基本动力。"

他认为，好奇心是开启科学研究旅程的一把钥匙，"人从幼儿开始就对世界有着天然的好奇，随着年龄增长，由于自身成长和外界的影响，好奇心就容易逐渐淡薄或消失。如何保持寻求未知答案的好奇心是值得探索的一个问题，因为对自然界未知的探索是人类社会发展进步的主要动力。"

他从小就有着看似"不靠谱"的奇思妙想。小时候邻居家养了一群小鸡，赵政国好奇它们是如何飞的，便抓来一只从楼上扔下，小鸡掉地上被摔死了。为此，妈妈让他写好检讨，带他去邻居家当面道歉。儿童时代看见铅字打字机，操作起来十分不方便，他就大胆地问打字员能否只需要通过讲话，文字就可以打印出来。"如今的语音技术正好解决了这个问题，证明小孩的许多奇思妙想是可以实现的。"他大学时期就一直期望能把大脑思考的东西转换成文字，现在他将其称为"思维识别"。

和好奇心一样如影相随的是其脚踏实地、一丝不苟的工作作风。"没有严谨的科学态度，再多的智慧也无济于事。"他说，科学研究工作应该在战略上泰然处之，战术上予以重视，既要有胆量和能力做大事，又要在具体工作中严谨细心，否则，一个小小的失误就可能导致重大的损失。

2001 年，赵政国作为访问学者初到美国密歇根大学，就被派往欧洲粒子研究中心从事强子对撞机缪子谱仪的建设工作。他做了一张详细的检查表，小到一个螺丝钉，大到每一项具体工作，他都列在了清单上，每做好一件，他都要求研究人员在清单上画一个勾，以避免在成千上万的部件组装和检测中出任何差错。严谨、细致的态度成就了完美的工作效率。几个月后，赵政国团队在建造质量、速度和效率上远超其他两个团队，令中心的科学家们刮目相看。

此后不久，在宇宙线测试过程中，输入探测器的工作气体有漏气的现象，赵政国经过仔细检查，发现用于运输气体的铜管上有微孔和微裂缝，而当时负责这一工作的科学家并不认可赵政国的结论。赵政国经过多次检测，发现问题还是出在材料上，他坚持建议做材料分析。材料分析的结果表明：铜管的含锌量过高，导致裂缝产生。这一发现使得 ATLAS 整个 μ 子谱仪摒弃了所有已采购的铜管而改用不锈钢管，并且对已经安装的铜管做了挽救工作，避免了重大损失。

还有一次，在用宇宙线测试探测器时，赵政国发现计数存在随机丢失的现象，他提出"这是一个严重问题"，并建议检查之前一两年来的束流测试结果。检查结果发现，之前的实验中就有取数自动开关的现象，由此，研究人员追踪到，这是触发电子学设计上的缺陷所造成的。这一及时发现促使研究人员重新设计了 ATLASμ 子谱仪的触发模式，又一次避免了损失。

当赵政国结束在欧洲粒子研究中心的工作返回美国时，国外同事在群发邮件中称"政国回国了，这意味着我们的灵魂人物离开了"，表达对这位中国科学家的敬佩和赞美。

回到母校后，赵政国以其专业实力和人格魅力，短短几年时间便在中国科大的高能物理领域建立起一支实力雄厚、颇有潜力的年轻人才队伍，带领他们参与到国际最前沿的科研工作中。他还担任国家自然科学基金委员会数学物理科学部专家咨询委员会委员、国家自然科学基金委员国际合作专家咨询委员会委员。作为专家组成员之一，为科技部、基金委"十三五"规划（大科学工程）起草指南；推动成立了由多个大学和研究所共同组成的基本粒子和相互作用协同创新中心，并任中心主任；作为中国高能物理分会主任，积极组织推动我国高能物理的发展战略研讨……

乐为人师，以身作则培养高能人才

在所有身份中，赵政国最看重的是老师。迄今，他已培养了一大批国家杰出青年科学家、海外优秀青年人才等优秀学生，有的在高校担任教授，有的在华为等企业发挥重要作用……

他非常注重学生的综合素质培养，经常告诉学生："集体的利益大于个人的利益，要守正直而佩仁义。""做学问就是要按照自己的思路，一步步来，不能急躁，重要的是保持一颗对未知的好奇心和对科研的热情。""要想成才，一定要有理想和目标，然后脚踏实地去实现它。最关键点，要能够吃苦，经得起磨难和挫折，有毅力坚持下去。"

"成功的因素有很多，做人是很重要的一环。"这是赵政国从家庭承接的传统，也是他言传身教的必备一课。在农村插队时，知青们轮流做炊事员，每逢这个机会，赵政国总是主动放弃，把这个机会留给体力稍差的女生。离开生产队时，他将吃水的水缸挑满、种菜的地挖好，还将自己的几百斤粮食留给了其他知青。在高能物理所当实验室主任期间，每年部门都有3%的人能够得到提级，轮到赵政国，他都主动"让贤"，将机会留给别人。有一年，他领导的研究室得到了5万元奖金，赵政国与其他室领导商量后决定，给所有比自己年轻的研究骨干每月增加100元奖金，直到钱用完。

"高能物理这个学科是用大科学装置研究微观世界，团队合作是我们的基本特征。"在团队里，他以身作则，将年轻人的利益放在前面，希望自己能在年轻人的成长中起到"催化剂"的作用。在他的团队中，成员们都有一个信念："我不是一个人在战斗，我背后有一整个团队的支撑。"不管是教学生，还是带团队，他都始终坚持，将团队利益置于个人利益之上，"决不能将个人利益凌驾于他人利益之上"。

他细心观察每个学生的特点，以甘为人梯的精神帮助他们规划未来，优化成长路线。在平常的学习中因材施教，要求严格。曾经有两个博士研究生，博士答辩前才匆匆回国，虽然答辩得到了认可，但有些超时。第二天，赵政国重新安排了一场内部答辩，要求学生一定要在规定时间内完成，"我就是想让学生知道严谨的重要性，因为这可能会让他们受益终生"。

赵政国称这是"师承"，"梅先生对我的影响是一生的"。当年，导师梅镇岳先生对他也是这么严格要求的。读研究生期间，梅先生要求赵政国每周与他通一封信，将自己一周内所做的工作、遇到的问题，怎样解决的都在信里一一陈述。毫无例外地，梅先生每次都认真回信。6年中，从未间断。有一次，赵政国做实验需要变压器，可是他跑遍了整个北京城也没找到合适的，梅先生就对他说："把我家的电视机拆了吧，那里面的变压器能用。"最终，赵政国并没有拆掉老师的电视机，可是老师为人师表的育人态度却深入骨髓。

每周三是赵政国和学生的"聚餐日"，这是延续了多年的做法。过去，赵政国会带着学生去食堂，边吃边聊，后来，由于气氛过于热烈，担心在公共场所会打扰别人，赵政国将聚餐地点改在了改造好的会议室。利用中午吃盒饭的时间，学生们什么都谈，工作、学习、生活、感情，连过年回家的见闻，学生都会与他分享。通过这种方式，他潜移默化地帮助学生提高思考能力，让学生学会用正确的方法来解决遇到的各种问题。

"我希望国家繁荣发展，人民安居乐业，我能够把自己想做的事做好，一方面为国家培养更多优秀人才，一方面在学术上有所突破，做一些最前沿的实验。"作为科学家，赵政国不仅要在自己感兴趣的高能对撞机物理中对希格斯粒子性质、新物理寻找等进行深入研究，和国内同行们一起积极探讨中国粒子物理长远发展目标，还要培养更多年轻的科技人才，共同编织粒子物理的"中国梦"。

此次由中国科大团队牵头负责关键技术攻关的"超级陶粲装置"，作为国际独特的强相互作用研究和电弱精确测量专用平台，将在未来 20 — 30 年内保持我国在陶粲能区粒子物理实验领域的世界领先地位。目前已有 106 个大学和研究所，包括 37 个国外研究单位，表示有意愿参加项目的预研、建设以及实验研究。赵政国满怀信心地期待更多青年科技工作者加入，让"国之重器"在基础科学研究、高新技术创新和复合型创新人才培养等方面释放更大能量。

相关链接

既简单又最难达到的要求
赵政国寄语青年学子

创新很重要，但是必须建立相应的土壤和条件，需要非常宽松的环境。我们在很多很基础性的东西上还需要很多的努力，比如：现在我们自主设计建造尖端和高精的仪器设备的能力很差，就像芯片，核心的东西不掌握，就很难超越别人，甚至受制于人。

对于青年学生，要做学问，非常重要的一点就是不能急功近利，要踏踏实实、持之以恒。眼高手低，短时间内做不出成果便泄气了，这是不行的。另外，还要不断提高自己的综合素质，善于独立思考，要有很强的分析和解决问题的能力，同时也要善于和大家合作。

最后也是最重要的，就是要有好的身体和精神状态。锻炼身体也是对意志的磨炼，要把坚持不懈的精神应用到学习上。我现在还常游泳一千米，或快步走一小时。

遵纪守法、身体健康、坚韧不拔、独立思考，是我对学生提出的要求，看起来最简单，其实也是最难的。

院士寄语

做学问就是要按照自己的思路，一步步来，不能急躁，重要的是保持一颗对未知的好奇心和对科研的热情。

陈政清

与风较劲的力学专家

邵阳"科星"小传

陈政清，1947年10月28日出生于湖南省湘潭市，祖籍湖南省邵东市。工程力学专家，中国工程院院士，湖南大学土木工程学院教授、博士生导师，湖南大学风工程试验研究中心主任。

长期从事桥梁等大型结构的工程力学问题研究。20世纪80年代末提出三维梁杆结构几何大变形的UL列式法和相应计算程序，最早解决了中国悬索桥和斜拉桥的三维非线性设计计算问题；在桥梁风工程理论与应用方面有重要贡献，解决了颤振、多阶涡振等多个计算与实验难题；发明的永磁式磁流变减振技术不再需要电源，特别适合斜拉桥拉索减振；发明的电涡流减振技术，大幅提高了电涡流阻尼的耗能效率和阻尼力的放大倍数，解决了电涡流阻尼难以用于大型结构减振的难题，为结构减振和缓冲提供了一种新技术和系列产品。上述研究成果已成功应用于国内外多项重大工程，其中电涡流减振技术已逐渐成为土木、机械等多个行业的共性关键技术。获国家科学技术进步奖二等奖3项，省部级一等奖8项。发表论文150余篇，出版著作5部。国内外已授权发明专利十几项。

凡要突破，必然面临风险；科研之路，没有捷径和坦途，需无数次试错和失败铺就。科技创新要想人之不敢想，做人之不敢做。勇攀高峰、敢为人先，是科学家及科技工作者应具备的精神之一。搞科研，就要敢于攀登看似不能企及的高度，相信自己能做得更好，自己有能力达到更强、更高、更远。

中国造桥领先世界，有他的贡献。哪里风大，他往哪里去，76 岁高龄依然风尘仆仆奔赴各地，带领团队为大型桥梁建设提供抗风减振方案。湖南大学土木工程学院教授陈政清，妥妥的追风"少年"，不老的"风口"人物！

"高考迟到 11 年"的邵东子弟

陈政清祖籍邵东。爷爷在邵东火厂坪一带以挑炭为生，40 岁才结婚，生下五个男孩。父亲少时被一位在长沙经商的族叔看中，过继后带到长沙。念过书的父亲能写会算，为人公道义气，曾在湘潭商界与人合伙开店。解放军入城时，父亲作为商界代表前去迎接，后来成为一名国家干部，担任过湘潭市政协委员。

陈政清的母亲是湘潭人，明理能干，担任过街道干部、法院陪审员、工商联主任。陈政清 1947 年出生于湘潭，上有一个姐姐一个哥哥，下有三个妹妹。善良的父母与和睦的家庭给了子女们良好的教育和个人修养氛围。

父亲告诉他的有关邵东的那些人和事，深深地印入他的脑海。抗日战争期间长沙文夕大火后，家人回到邵东乡下躲难，被族人们照顾得很好。哥哥姐姐在邵东长大，直到抗日战争结束才回到长沙。这份情义被陈家人一直记着，也加深了陈政清的家乡情结。

因为工作很忙，经常要奔走于各大型桥梁工地、学术会议、实验室，而邵阳又没有大桥要建，所以陈政清回家乡的机会并不多。但他和邵东的亲戚们一直保持联系，惦记着堂兄弟们操劳一生的身体，为孩子们来长沙读书提供便利，有时在他家同住的有好几个孩子。"等下一代有人结婚，我肯定会回去喝酒的。"他的笑容里写着牵挂和亲情。

1966 年，成绩优秀的陈政清高中毕业。从小就向往当一名科学家或工程师的他，一直想要报考半导体专业。未料得知高考推迟半年，而后就是一场史无前例的"文化大革命"，全国所有的大中小学停课、停招。"历史跟我们开了一个很大的玩笑，许多人因此改写了人生。"

比他大好几岁的哥哥姐姐都已完成学业，参加工作了。他和两个妹妹则成为下乡知识青年。1968 年，他被下放到岳阳市的钱粮湖农场，接受贫下中农"再教育"。那里有上百万亩土地，自然环境恶劣，许多人都得了血吸虫病。陈政清下乡一年后，未能幸免。

从事了两年农业劳动后，1971 年他被选拔到农场的七分场中学当初中教师，1973 年 9 月又被提拔为总场中学高中教师。1974 年，他结了婚，妻子是一同下乡的知青。1976 年，他当了父亲。

孩子出生的第二年，命运迎来转机。

1977 年 10 月 21 日，国内各大媒体公布了恢复高考的消息，这个特大喜讯激活了数百万知识青年荒芜的心田。陈政清提前 20 天得知了这个消息。40 多年过去了，陈政清仍清晰地记得那一幕。

十年来从未来过他工作地方的母亲，赶了一天的路，从湘潭老家来了。当时正在岳阳钱粮湖农场总场中学任高中老师的陈政清看到母亲的身影出现在教室外，第一反应是家里出大事了。

果然是大事！母亲带来了国家恢复高考的消息，消息来自陈政清在湖南大学任教的大姐。母亲此番前来，不仅仅是通知他赶紧备考，还将他一岁半的小孩带回老家抚养，让他专心复习。

尽管消息来源可靠，陈政清仍将信将疑。"直到 10 月 21 日高考恢复的消息完全公开，才真正相信，等了 11 年，我终于等到了高考。"

多年后，这批"老三届"谈起这一幕，有人用杜甫《闻官军收河南河北》中"剑外忽传收蓟北，初闻涕泪满衣裳"的诗句表达当时的心情。

数学考第一，英语有"三最"

与很多荒废了学习的考生相比，陈政清对高考充满信心。一是他毕业于湖南省重点高中，学习基础扎实；二是他下乡后无论是参加劳动，还是任教，也从未放弃过学习。

自小爱学习的他，一路走来，环境在变，年龄在变，唯一不变的是对自然科学的兴趣。无论有条件还是没有条件，他都坚持看书学习。农村夏天蚊子多，他穿上长筒胶鞋看书，曾被当作笑话在知青中流传。任教时，由于老师少，学校哪门课缺老师就安排他教哪门。高中的数学、物理、化学等课程他都教过。利用教书的机会，他阅读了大量书籍，自学完了大学的高等数学、无线电基础等课程。

1977 年 11 月填报志愿，他在报名表上郑重地填下"复旦大学应用数学专业"和"湖南大学半导体专业"。之后，他一边当着高考补习班的老师，一边作高考前的自我复习。一个多月后的冬天，30 岁的他和他的学生们一起走进了高考的考场。

陈政清记得，考完数学出来，马路上到处都是人，大家一堆堆在议论考题。自学完高等数学的陈政清一下子就被大家围住了。成绩出来后，大家都知道就是那个农场老师数学成绩考了岳阳地区第一名。

终于等来了录取通知书，但通知书上写的是"湖南大学力学专业"。为什么复旦没有录取？为什么不是录到半导体专业？后来得知，是因为对年纪大的考生录取偏严，加之眼睛体检"色弱"，所以被录到了力学系。尽管不是梦想的专业，陈政清还是决定进入湖南大学学习。

入校之后的摸底考试，他又考了第一。

1978年3月入校，陈政清已经30岁了，是全班年龄最大的同学，并且已经是一个两岁孩子的父亲。面对迟来的学习机会，陈政清十分珍惜，"我这么大年龄了，再也不能耽误了，咬着牙也要与时间赛跑"。

高考恢复让大家知道，可以通过自己的努力改变命运，所以都如饥似渴地学习各种知识。对77级而言，最大的学习困难是学英语。因为自20世纪60年代开始，几乎没有学校开设英语课程，进了大学都是从零开始。回忆那时的发奋岁月，陈政清称当时的湖南大学学英语有"三最"。

一是每晚8点半开始"最安静"。每晚8点半，整栋楼可以听到各种录音机发出的欢快的开场音乐《音乐瞬间》，紧接着就是"欢迎各位收听由何丽达主持播讲的《英语900句》"。播放节目的那段时间里，整栋楼除了广播，听不到别的声音，看不到人在走廊里行走。

二是每周日晚电影场有5分钟"最热闹"。那时只有一台放映机，一场电影至少要换一次胶片，换片时间有5分钟。"每到换片这5分钟，大家赶紧拿出英语书读，整个操场一片'哇哇哇'的英语朗读声，那场景现在回想起来都觉得甚是壮观。"

三是每天打饭时"最长龙"。当时粮食定量，饭菜票分开，食堂买饭速度很慢，每个窗口都要排长队。于是，在湖南大学的学生食堂，每天都可以看到一手拿着饭盒、一手拿英语书的排队"长龙"。

比起同样从零开始的同学们，30岁的陈政清学英语还有一样格外的困难。"我有神经性耳聋，高音频的音标听不太清，第一堂英语课几乎没有听懂教授一句话，非常'恐怖'。"为此，他花"巨资"买了一台收音机，连睡觉都戴着耳机听。英语书更是不离手，每晚10点熄灯后在路灯下看半小时，每天早上6点起床晨读一小时。"四年坚持下来，学习英语不再是难题。"

圆了科学家的梦

随着学习的深入，陈政清领悟到力学科学的无穷奥妙，对力学专业也越来越喜爱了。在湖南大学7年，他师从当时被誉为国内塑性力学"三巨头"之一的熊祝华教授和结构力学的王磊教授，相继获得学士、硕士学位。

在那个研究生像大熊猫一样珍贵的年代，他没有忙着找工作和赚钱，而是继续和时间赛跑，追赶科学梦想。1984年，他考上了西安交通大学固体力学的博士研究生，师从清华大学杜庆华教授（后成为中国工程院院士）和嵇醒教授。

1987年，40岁的陈政清博士毕业。考虑到已有家小，他没有留在西安，而是回到湖南。第一选择是湖南大学，但那时学校正准备重修岳麓书院，原来住在里面的老师纷纷迁出来，学校本来就紧张的住房更加紧张了。为现实所迫，陈政清进了长沙铁道学院（现中南大学）工作。

当时的长沙铁道学院没有力学专业，只有跟力学相关的桥梁专业。陈政清被分配到长沙铁道学院桥梁研究室，担任桥梁动力学专家、中国工程院院士曾庆元的助手，开始与桥梁结缘。桥梁对于他来说，是个不熟悉的领域，但是他积极向老师请教，还跟着学生一起上课，很快就进入角色。

"那时桥梁还没什么特殊的地位，后来随着国家大搞建设，桥梁越来越热。因为建设项目中，桥梁是最难的。"陈政清说，关起门来做学问是做不出什么名堂的，正是因为桥梁的事情越来越多，在解决实际问题中，中国的桥梁技术得到了快速发展，也给他创造了机会。

在长沙铁道学院，他以自己的真才实学，于1993年破格晋升教授，1996年遴选为博士生导师，先后任土木工程系副主任、研究生处处长、土木建筑学院院长。工作期间，由国家留学中心派遣，于1991年和2002年分别赴英国格拉斯哥大学和美国伊利诺伊大学进修。2002年6月，他调入湖南大学土木工程学院工作，组建湖南大学风工程试验研究中心，他担任主任。

从 30 岁考入大学，到 1992 年在英国格拉斯哥大学完成进修，学习到结构抗风与减振的最前沿科研成果，他历时 15 年完成了一个现代科学技术工作者必需的教育与训练。"相较于后人而言，可能我们的路漫长了点，但我耐性比较好，能持之以恒，不管对理想，还是对学习科研，我都坚持下来了，这样才能抓住机遇。"陈政清说。

陈政清认定，随着国家经济建设如火如荼地开展，桥梁必然成为最重要的土木工程之一，特别是桥身长、跨度大的桥梁必将成为下一阶段的重点。顺应时代需要，他放眼世界前沿，结合实践不断探索前进，在桥梁等大型结构的工程力学问题研究方面取得一系列开创性突破。他最早解决了中国悬索桥和斜拉桥的三维非线性设计计算问题，解决了颤振、多阶涡振等多个计算与实验难题，发明了永磁式磁流变减振技术、电涡流减振技术。上述研究成果已成功应用于国内外多项重大工程，其中电涡流减振技术已逐渐成为土木、机械等多个行业的共性关键技术。他先后获国家科学技术进步奖二等奖 3 项、省部级一等奖 8 项，2015 年当选中国工程院院士。

首破"非线性设计计算"难题

我国是一个桥梁大国，早在 1400 多年前，我国已经建造了被誉为"国际土木工程历史里程碑"的赵州桥。然而，近代以来，我国桥梁建设方面全面落后。

20 世纪 80 年代末，陈政清提出三维梁杆结构几何大变形的 UL 列式法和相应计算程序，最早解决了中国悬索桥和斜拉桥的三维非线性设计计算问题。

20 世纪 80 年代末，铁道部大桥局开始设计中国第一座主跨达 400 米的大桥——武汉长江二桥。当时该桥的设计人员只是了解到，这种大桥会有一种非线性效应，但如何确定非线性效应的影响程度，当时国内的研究结果很不一致。工作人员找到曾庆元。曾庆元一想，我们这里不是刚好来了一个力学博士吗？就推荐了陈政清。

获悉这个消息，陈政清敏锐地感觉到自己的机遇来了！因为非线性分析正好是他的博士论文的研究方向。找准切入点后，陈政清反复进行理论推导和计算，整整用了一箱子计算纸。6个月后，他成功了。

他清楚地记得，那天是1990年3月8日，计算机室里只剩他一个人在埋头苦算。当终于计算出准确答案的那一刻，陈政清高兴得绕着空旷的实验室跑了几圈，享受着成功的喜悦。

成功开发出适用于悬索桥与斜拉桥的非线性分析计算理论后，陈政清依据这种理论为武汉长江二桥编成实用计算程序，并为设计方计算出全桥各部位非线性影响因子，该方法的计算效率比当时的通用程序提高50倍以上。国际桥梁风工程权威、美国教授Klaus-Jürgen Bathe专门给陈政清写了一封信，说道："你奇迹般地提高了计算效率。"

因为成功解决了武汉长江二桥的问题，设计方给学校增拨了经费。陈政清拿到一部分经费，高高兴兴地去买了一台"386"电脑。有了人生第一台电脑，他再也不用趴在纸上埋头苦算了。

陈政清独立编制出我国第一个大跨度桥梁空间静动力非线性分析程序，解决了我国大跨度桥梁建设急需空间非线性分析程序的难题，在我国大跨度桥梁建设史上发挥了重要作用。他的这套理论与方法得到国内外学者的广泛认同与高度评价，先后被同济大学、铁道部、云南省设计院、湖南省交通设计院等多家单位采用，并用于多座重大桥梁工程的设计与咨询，包括我国斜拉桥（苏通大桥）和悬索桥（西堠门大桥），以及首座三塔两跨吊悬索桥（泰州大桥），被业内评价为"根本性的改进"。2007年，陈政清获得国家科技进步奖二等奖。

陈政清介绍说，跨度就是两个桥墩之间的距离，大跨度桥梁都需要非线性计算。美国以前也建过大跨度桥梁，但没有形成非线性计算的精确理论，只做了一些简化计算。反映在设计方面，就需要多用材料。现在有了他的非线性分析计算精确理论，可以大幅提高计算效率，节省材料成本，充分发挥结构的效应。"以前需要搞一年才能完成的事情，用这个理论加现在的计算机技术，个把星期就搞完了。要不，现在建桥怎么会这么快？"

为桥梁抗风输送方案

随着我国大桥建设项目越来越多，跨度越来越大，桥梁受到的大风挑战也越来越大。跨度大了，桥梁结构刚度就变小，风吹过就会振动。从1992年开始，陈政清开始向攻克大跨度桥梁抗风难题进军。

早在1940年，大风曾经导致美国一座700多米跨度的大桥——塔科马海峡大桥——通车才4个月就坍塌了。桥面像纸片一样被吹起，又像油条一样扭曲在一起，坍塌入海中。吸取了这起事件的教训，桥梁抗风成为造桥中最主要的安全问题！

对此问题，我国直到改革开放后才开始系统研究。作为桥梁专家，陈政清深刻认识到桥梁抗风的重要性，在由技术引进到逐步超越的过程中，作出了重要贡献。

在科学研究上，陈政清善于从问题中发现科研方向。他记得，1988年，湖南大学刘光栋教授邀请同济大学项海帆教授作桥梁抗风的报告。这在当时，还是一个比较陌生的课题。他说当时没太听懂，但了解到很重要的一点，就是跨度越大的桥梁，抗风的问题就越大。而跨度大的桥梁，必然是未来桥梁建设的方向，因此如何抗风就成了一个很重要的课题。

1991年，陈政清到英国做研究，报的就是桥梁抗风这一方向。

英国当时在桥梁抗风研究上处于国际领先位置。不过，当时他们还有一个问题没有攻克，那就是桥梁因风引起的三维颤振分析。当时普遍采用的是两参数颤振理论求解，只能通过设计人员一步一步计算得来，因此，也就没有办法让一般设计人员根据某种理论或者模式设计，不能大面积推广，且计算过程十分繁杂。

怎么找到一种相对简便的方法？经过刻苦研究，陈政清在国际上最先提出了单参数搜索的思想，创立了预测桥梁颤振失稳临界风速的三维分析方法，大大简化了搜索过程，而且可实现自动搜索——这好比原来需要在一座城市寻找一个人，现在只需在一条街上搜索一个人。

从线性到非线性、从二维到三维，对于所有工科理论、计算、实验来讲，都是了不起的进步。英国最有名的一座悬索大桥塞文桥，应用三维颤振理论得到相关数据，只用了3秒钟。而当初设计这座桥时，这一过程用了一个星期，这让导师很是惊讶。

如今，三维颤振理论被广泛应用到大桥建设当中，一般的设计人员都可以根据这一理论进行大桥抗风设计，这大幅提升了大桥抗风水平。我国早期的大桥，比如虎门大桥和江阴大桥，都应用了这一理论。

陈政清说，桥梁跨度大了都怕风。随着中国桥梁建筑的发展，大跨度桥梁越来越多，桥梁跨度也越来越大。长沙的原湘江大桥一桥跨度100多米，就是当时的全国重点工程。而现在的桥梁跨度，长的已经达到2000米了。经过这几十年的发展，如今全世界大跨度桥梁，有一半在中国。其中，他们提供抗风减振技术服务的各种桥梁有200多座，主要分布在长江和沿海风大的地方。湖南省内著名的桥梁有岳阳的洞庭湖大桥、湘西矮寨大桥、张家界大峡谷玻璃桥等。

解决洞庭湖大桥"风雨振"

2001年4月，八级大风连续20多个小时摇撼着洞庭湖大桥，上百根碗口粗的钢丝拉索上下大幅度地晃动，整个桥身在颤抖，靠近拉索的路灯都被打碎。

主桥梁长 5747.8 米、横跨东洞庭湖区的洞庭湖大桥是国内第一座三塔双索面斜拉桥，1996 年 12 月动工兴建，2000 年 12 月通车运营。因为地处风雨区，洞庭湖大桥建成后多次受到大风和大雨的共同破坏，发生拉索"风雨振"现象。一旦风雨大作，桥梁拉索上便会形成"上雨线"，加剧振动的幅度。

为了解决洞庭湖大桥"风雨振"这个难题，陈政清不仅泡在实验室做研究，还多次驱车到大桥现场考察，甚至冒着风雨翻越栏杆去观察情况。经过连续、长期的现场观测，陈政清获得了风速、风向、雨量等参数对"风雨振"的影响规律。在不断的实验过后，陈政清掌握了拉索"风雨振"的振动特征和机理，决定用磁流变阻尼器取代油阻尼器。这种阻尼器原是应用在高级赛车中的减振设备，可以极大地减轻高速行驶中的车辆振动。

然而，当时所用的磁流变阻尼器只能在受压状态下起作用，抗力的方向与六桥需要刚好相反，怎样才能将它用在大桥上？陈政清反复思考，十几天下来，人都瘦了一圈。一天晚上，他苦苦思索至深夜才入睡。一觉醒来，他猛然想到了一个三维设计图，终于找到了日思夜想的"钥匙"。

陈政清开发了磁流变拉索减振系统，并对系统内的各个部件进行精心设计，保证了其有效性和耐久性。这种手电筒大小的特殊构件被连在每根拉索的下端，提供了运动的阻力，使得拉索的自由振动衰减，洞庭湖大桥的"颤抖病"顿时"痊愈"。洞庭湖大桥也成为世界上第一个应用磁流变减振的桥梁工程。

这项成功整治"风雨振"的成果，被美国权威刊物《土木工程》杂志称为"世界上第一套应用磁流变技术的拉索减振系统"。2003 年，包括陈政清这项成果在内的洞庭湖大桥的设计，获得国家科技进步奖二等奖。

战胜洞庭湖大桥"风雨振"之后，陈政清冷静地考虑了一个问题：中国桥梁修得太快，创新不够，技术上比较相似，包括施工方法等都没有太多特色。在桥梁的建设中，大风很可能还会给我们提出各种意想不到的难题。要迎接更大的挑战，就应该拥有更好的实验手段。

他四处奔波，精心设计，于2004年10月建成了达到国内一流水平的湖南大学风洞实验室。这个实验室占地约1800平方米，有两项技术指标达国内之最，可以用各种人造狂风冲击大桥模型和重要部件，能为大桥设计提供准确数据。

在这个风洞实验室里，我们可以看到很多桥梁模型，有的是已建成的桥梁，有的是待建的桥梁，还有工人正在制作新的桥梁模型。

"风这个东西太怪了，光搞计算不行，目前还需要做实验。做了抗风，还要做减振。"陈政清介绍说，对于桥梁抗风减振，一是防，形状设计要防风。因为风的影响跟桥梁外形有关，形状改变一下，风的影响可能就会小很多。他们把桥梁模型放在风洞里做实验，首先观察形状会不会引起振动，然后根据情况作出调整，进行优化。二是治，做减振设计。桥建起来，会有各种原因产生振动。"也不是一开始就搞得明白，是慢慢摸索总结的。"陈政清万分感慨地说。

永不停歇的"平民实干家"

陈政清有许多杰作，著名的湘西矮寨大桥便是其中之一。该桥于2007年10月28日动工兴建，2012年3月31日通车运营。

矮寨特大悬索桥飞越1000多米的德夯大峡谷，海拔571.1米，如若遇上狂风，大桥的稳定性和安全性如何？陈政清决定采用"多稳定板技术"来解决矮寨大桥原设计方案抗风性能不足的问题。

为了更好地反映峡谷地貌，确保大桥抗风性设计的稳定性与安全性，陈政清带领团队把几千米范围内的峡谷地形全部都做了模型，并且制作了直径为4米、1∶500的桥址地形模型，放置到湖南大学风工程试验研究中心进行风洞实验。

根据风洞实验的结果，陈政清发现，通过稳定板的设置能够很好地提高矮寨大桥的抗风性和稳定性。这些抗风稳定板既经济，安装又便利，只需在桥面上、下分别布置纵向的、钢材质的抗风稳定板即可。如今，矮寨大桥最高能抵抗 55 米 / 秒的风速，远高于初期设计方案的 12 级飓风 35 米 / 秒的风速。

在研究桥梁减振过程中，他发明了电涡流减振技术，大幅提高了电涡流阻尼的耗能效率和阻尼力的放大倍数，解决了电涡流阻尼难以用于大型结构减振的难题，为结构减振和缓冲提供了一种新技术和系列产品。

陈政清说，他们提供的减振技术设备耐久性好、使用周期长，基本上胜过了原来的阻尼器，这些年在全国应用比较广。以前最好的阻尼器从美国进口，他们的做出来以后，国内用户就不用再从美国进口了。

从 2006 年开始，他们不断有发明，为中国的桥梁和高层建筑提供了各种各样的阻尼器。2008 年开工的中国第一高楼——上海中心大厦，就是用了他们的技术减振。后来他们装在桥上的大阻尼器，长度 6 米，能产生 200 吨的力。2014 年动工建设的张家界玻璃桥，也是用了他们的减振技术，"往下看你能看到阻尼器。如果没有这个减振设备，人走上去就会晃"。

因为跨度 300 米以上的桥梁和 40 米以上的人行桥，都要做抗风减振，加之现在除了大跨度桥梁，人行桥、景观桥也多起来，所以他们现在忙得不得了。

"陈老师每隔一段时间，就会有新的想法，科研干劲比我们年轻人都大，有时我们感觉都跟不上他的思想步伐。"湖南大学桥梁系风工程试验研究中心副主任华旭刚跟随陈政清学习、共事已有 17 年，他说陈政清是一个永不停歇的"平民实干家"。

在学生眼里，陈政清除了待人和蔼可亲之外，另外的关键词就是"思维敏捷、科研严谨、永在创新"。学生张弘毅说，一次起床发现陈老师发来的一条短信，是凌晨 3 点发的，内容是一个减振设计项目的一些参数需要改进。

为何干劲这么足？陈政清说："搞科研不能功利性太强，必须热爱科研，不然就会觉得是苦差事。"他还说："工程科学研究仅仅有理论是不够的，我们需要把理论成果应用于解决实践中的问题，把科研成果转换成生产力。"

在科研工作中，陈政清一直遵循"问题导向创新，创新实现超越"的原则。如今，已经 76 岁的陈政清依然有着与风较劲到底的"少年狂"："今后，我们的风工程要逐渐从单一的桥梁方向转向核电站的冷却塔、风力发电机、大型输电塔、房屋抗风、环境中的有害气体扩散等多个领域。"

🔍相关链接

40 年前，我的梦想终于扬起风帆
陈政清忆高考

整整 11 年，终于等到了高考。多年后，我们这批"老三届"相聚时谈起这一幕，还有人引用杜甫《闻官军收河南河北》中"剑外忽传收蓟北，初闻涕泪满衣裳"的诗句表达当时无以言表的激动心情。

与很多荒废了学习的考生相比，我算得上是天性爱知识的人：我毕业于省重点高中，学习基础扎实；下乡后无论是参加劳动，还是任教，我也从未放弃过学习。一路走来，环境在变，年龄在变，唯一不变的是自己对自然科学的兴趣。无论是有条件还是没有条件，我都坚持看书学习。夏天的农村蚊子多，我就穿上长筒胶鞋看书——这曾被当作笑话在知青中流传。从大的历史背景下看，我的遭遇算不上坎坷，只是走了一段曲折而又漫长的路而已。

......

经过这么多年的知识储备，我自信高考绝对没问题。

1977 年 11 月填报志愿，我在报名表上郑重地填下"复旦大学应用数学专业"和"湖南大学半导体专业"。

之后，我就一边当着高考补习班的老师，一边进行高考前的自我复习。一个多月后的冬天，我和我教过的学生们一起走进了高考的考场。

......

终于，我等来了大学的录取通知书，我被湖南大学力学专业录取了。这个消息在整个农场迅速传开了，不少人前来向我道贺。但是我有些怅然：为什么数学考了第一，复旦却没有录取我？为什么湖南大学没有把我录取到半导体专业？

后来，我从各个渠道得知，当时大家认为年纪大的考生发展潜力不大，所以对年纪大的录取偏严。加之我体检时发现"色弱"，所以被录取到了力学系。

尽管不是梦想的专业，但年龄不允许我再有选择的机会，我最终还是决定进入湖南大学学习，并从此开始了我与湖南大学 40 年的缘分。

1978 年 3 月我入校时已经 30 岁了，是全班年龄最大的学生，还是一个两岁孩子的父亲。

跨入大学校门，面对年龄比我小许多的同学，我也曾感叹和惋惜流逝的时光。但那曾经遥不可及的科学家梦想却逼着我和时间赛跑，催着我咬着牙也要把时间赢回来。

进入大学课堂，大家都十分珍惜这迟来的学习机会。当时感觉时不我待的，不止我一个人，而是历经艰辛终于得以改变命运的我们这一代人。恢复高考改变了许多人以往听天由命的观念，大家都觉得有了盼头，也有了奋斗的目标，觉得可以通过努力改变自己的处境，所以同学们都如饥似渴地学习各种知识。

……

随着时间的推移和学习的深入，我对力学专业也越来越喜爱了。我开始领略到力学科学的无穷奥妙。在湖南大学 7 年的求学时间，我师从当时被誉为国内塑性力学"三巨头"之一的熊祝华教授和从事结构力学研究的王磊教授，并相继获得学士、硕士学位。那时研究生像大熊猫一样珍贵，我也没有忙于去找工作和赚钱。1984 年，我又考上了西安交通大学固体力学的博士研究生，师从清华大学杜庆华教授（后成为中国工程院院士）和嵇醒教授。

博士毕业时，我已经 40 岁了，却还想继续学习。1991 年，英国有一个面向中国政府的专项资助项目，我顺利地通过了由英方组织的考试，获得了英国文化委员会奖学金。在英国格拉斯哥大学求学期间，我接触并掌握了结构抗风与减振的最前沿科研成果。从 1977 年算起，我一共用了 15 年时间完成了一个现代科学技术工作者必需的教育与锻炼。

因为 40 年前的那次高考，我有幸进入湖南大学学习，真正得到了最好的教育机会，儿时的梦想，终于在而立之年扬起了风帆。当时在讲台上授课的都是非常有名的老师，如熊祝华教授。虽然他们对学生要求十分严格，但师生感情却非常深厚。30 多年过后，我去看望熊老师，当听说我当选中国工程院院士时，已经 90 岁高龄的熊老师竟然激动得流下了眼泪，依然像当年教学时一样勉励我。

这一切都令人难忘！

院士寄语

相较于后人而言，可能我们的路漫长了点，但我耐性比较好，能持之以恒。不管对理想，还是对学习科研，我都坚持下来了，这样才能抓住机遇。

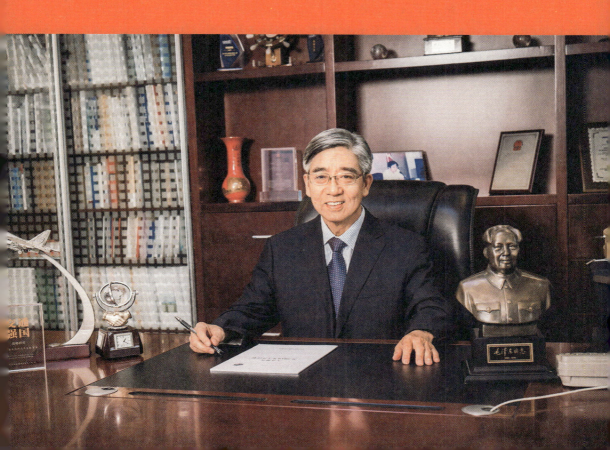

郑健龙

唯愿神州道路通达天下

邵阳"科星"小传

郑健龙，1954年5月出生，湖南省邵东市人。中国工程院院士，长沙理工大学首任校长、教授、博士生导师，湖南大学特聘学术顾问。被评为"国家有突出贡献中青年专家""全国优秀科技工作者"，交通运输部首批"交通教育贡献奖"、湖南省"光召科技奖"、交通运输部"'十一五'十大'交通科技杰出成就奖'"获得者。

主要从事道路工程、岩土工程领域科学研究、技术开发与工程实践。解决了南方湿热地区膨胀土等不良土质公路边坡的稳定与加固，采用不良土质填筑路基等一系列技术难题，提出了设计寿命分层递增的耐久性沥青路面理论框架、结构体系与设计准则，建立了沥青路面的状态设计法。

创新是民族进步的灵魂，是一个国家兴旺发达的不竭源泉。习近平总书记指出："科技创新特别是原始创新要有创造性思辨的能力、严格求证的方法，不迷信学术权威，不盲从既有学说，敢于大胆质疑，认真实证，不断试验。"持续创新，需要永不懈怠的精气神和顽强拼搏的韧劲。

"做修路人，唯愿神州道路通达天下；当铺路石，为求中华民族畅行五洲。"这是中国工程院院士郑健龙的心语，也是他一生成就的写照。

作为交通运输部跨世纪重点学科带头人，中国高速公路这些年的飞速发展，有他的杰出贡献。作为长沙理工大学第一任校长，他带领学校实现了跨越式发展。作为一名没读过高中、从工人逆袭成才的科学家，他诠释了邵阳人坚毅进取、敢为人先的优秀品质，树立了催人奋进的励志榜样。

少年磨砺，矢志进取腾渊起

郑健龙说："人生中机会很重要，但自己的努力会增加很多机会。"从留守儿童到待业青年，再以工人身份考入中专，他凭着坚韧不拔的进取精神，脚踏实地地勤学、苦干，为自己赢得了命运的转机。

1954年，郑健龙出生于湖南省邵东市简家陇镇（原邵东县简家陇公社）。父亲是税务干部，母亲是医卫工作者，夫妻俩因单位多次调动且两地分居，将两个儿子自小就放到乡下老家，分别交给双方老人带。

郑健龙从半岁起跟随外婆在邵东市九龙岭镇（原邵东县楂江乡）宋家冲生活。比他大4岁的哥哥跟随奶奶生活。9岁的时候，姨妈将外婆接走，郑健龙被父母连人带户口迁入邵东县城，结束了留守儿童的生活。

在邵东两市镇二完小上完小学，"文化大革命"开始了。郑健龙的父亲出身富农，外公是原国民党军队副师长、起义人员。因家庭出身问题，他失去了进正式中学的资格，只能进当时的农业中学。

1966 年他进入农业中学。但因"文化大革命"初期的大串联活动耽误了半年的学习，所以他们这届初一学生在 1967 年上半年又全部"回校复课闹革命"半年。当时，因邵东一中不再设初中部，他们全部进了五一中学（后叫两市镇中学），念了两年半，1970 年 1 月初中毕业。初中时的学习，让他对读书产生了浓厚兴趣，但因家庭出身问题，他无缘高中。这也让他一直对读书无比渴望，非常珍惜得到的一切学习机会。

班上同学少部分进了高中，其他人大都进了两市镇机修厂。郑健龙因母亲工作调动，户口跟着到了火厂坪，而火厂坪又没有招工单位，16 岁的他便成了待业青年。

顺应"深挖洞、广积粮"的热潮，他和另外两个情况相似的同学承包了一个挖防空洞的工程，寄住在同学家。父母一两个月不见他人影，到处找。等防空洞快挖通的时候，父亲终于找到他了，立马把他"押"了回去，工钱也没拿到。

父亲把他安排在周官桥公社综合厂的裁缝铺里学裁缝，第一个月有着学习的兴趣，还算安心，第二个月就待不住了。他觉得当裁缝实现不了他的报国理想，自己跑到火厂坪公社，找领导要工作。领导走到哪儿，他就跟到哪儿，人家下乡到生产队"双抢"，他也跟着去。

两周后，机会来了。当时要修湘黔铁路（三线建设），从各地抽调民兵，这位公社领导受命带着全公社数百名民兵一起去修铁路，郑健龙也成了其中的一员。先是在新化横阳干了几个月，后转战到芷江。具有一定文化功底的他加入了宣传队，主要从事写稿、喊喇叭、编快板、排演节目等工地宣传工作。

1971 年，他回到邵东从事宣传工作。1971 年底，恰逢邵东县运输公司汽修厂招工，父亲想办法弄到一个招工指标，进了邵东汽车修配厂，但因宣传工作的需要，直到次年 4 月才正式进厂。这时，好的岗位没有了，留给他的只有热处理岗位。这个工种，厂里原本没有，得先送去培训。进行培训之前，他进了工作特别辛苦的翻砂车间。一周开一次炉，将烧熔的铁水倒出来，几个人抬着去浇铸成零件。抬铁水的时候，有时铁水溅出来，从靴筒里掉下去，烫得肉焦味都能闻到，但只能忍痛坚持，不敢乱动。看到年轻小伙能吃苦，厂里领导挺满意。

后来他到邵阳二纺机培训，除了学习热处理专业知识，更让他高兴的是，邵阳二纺机有图书室，晚上开放，又有工人夜校。一直想读书却苦于无机会的郑健龙，如鱼得水扑进了知识的海洋。了解到钢铁的成分对热处理影响非常大，厂里要做热处理就必须成立化验室，他在半年热处理培训结束后，又申请半年化验培训。一年时间，天资聪颖又勤奋好学的他，在学习两门专业知识的同时，不仅把初中基本没学好的数学课程学全了，还把高中的数学、物理等课程全部学完。

1973 年上半年完成进修，他利用学到的知识，帮厂里画图设计，改进了浇注用的铁水包，得到了大家好评，也被领导记在了心里。1973 年 7 月，国家恢复大学招生。厂里分到了推荐到湖南省交通学校读书的中专指标。计划只有一个，优先推荐的对象是一名退伍军人，他也得到了陪考机会。因他学习基础扎实、考试成绩优秀，学校不想错过这棵好苗子，破例为他增加了一个指标。他幸运地成了中专生，圆了自己的升学梦。

青衿致远，笃行不怠攀高峰

郑健龙说，他不认为有很多天才，勤奋才是通往成功的唯一途径。学习就看两点：一看是否爱学习、能不能专心；二看是否勤奋，用的功夫够不够。

1973 年 10 月，郑健龙进入湖南省交通学校学习机械专业。他学习非常认真，特别擅长画图。1974 年暑假，他和另一个同学没回家，在学校实验室里拆了一台柴油机做测绘，把零件图、总装图全画出来了。图纸画得非常漂亮，得到了老师们的欣赏。1975 年上半年，学校缺教机械制图的老师，于是将他从学生班级抽调出来，承担一个在职人员进修班机械制图的授课任务。班上学员年纪比他大、经验比他丰富，上第一堂课时，他同班同学也都跟了过来，挤在教室后面听他上课。

1976 年元月正式毕业后，他被留校并安排到西安公路学院进修液压传动专业，为回来开课做准备。跟着一个从苏联留学回来的老师进修了一年半时间。除了液压传动专业课，他还跟班学习了该班所有课程，并参加了毕业设计。他还拿出自己的特长，帮老师画了一整套液压传动挂图。直到 2015 年他当院士时，人家告诉他，那套挂图一直被西安公路学院作为教学用具收藏着。

1977 年，国家恢复了高考。他至今还记得那年高考时间是 12 月 20 日。12 月 5 日，正在青岛实习的他收到学校的信件，说同意他参加高考。他马上进行工作交接，回到学校已是 12 月 10 日。离考试仅剩 10 天时间，他赶紧找了一些复习资料。虽然匆匆忙忙备考，但还是顺利地考上了大学，进入中南矿冶学院（现中南大学）力学师资班学习。

本科毕业后，他以优异成绩通过了研究生考试，但因是带薪

郑健龙大学毕业照

读大学，毕业后必须回原单位湖南省交通学校（1978 年改称长沙交通学院，

2003 年与长沙电力学院合并组建成长沙理工大学）工作，故只能读在职研究生。在读研一年后，他因长沙交通学院新上任的院长要求年轻教师首先要过教学关而中断了读研。回校后，他接了一门以前学校没有开过的塑性力学课程，并花了一个寒假的时间备课。

郑健龙正全身心投入教学，一年后院长却再次换人。新院长很开明，鼓励青年教师通过读研提高学历和素养。郑健龙把手头的课程上完后，花了半个月时间备考，考入湖南大学固体力学专业。学院想让他做在职研究生，他说可以答应回校，但不做在职研究生，因害怕再次耽误。此时他已 30 岁了，为了专心完成研究生学习，不惜放弃了原有的工资收入，靠奖学金维持生活。

1984 年，郑健龙入校读研，硕士研究生学制 3 年，因为之前学了 1 年基础课程，学校认可学分，两年后他顺利毕业了。湖南大学也想留他，特别是导师钟正华，对他非常欣赏看重。因其学位论文为钟正华承担的国家自然科学基金课题作出了重要贡献，故当该研究成果获机械工业部二等奖时，导师将他的名字排在了第二位。研究生毕业后，在湖南大学和长沙交通学院之间，郑健龙选择了后者，因为他认为："长沙交通学院比湖南大学更需要我。"

1986 年，拿到固体力学硕士学位的郑健龙回到长沙交通学院后，被新调进来的我国土木工程领域著名教授张起森看中，将他调到了土木系公路工程专业做其助手。公路工程是他未接触过的又一个新领域。"好在进入该专业领域后，接触到的大多是本领域顶尖的专家，学术思想立意很高，创新思维活跃。"他一边当老师一边学习，并通过一些科研项目不断提高科研能力。他参加了一个国家重点攻关项目的研究，整整搞了 5 年。课题的计算工作量很大，常常是等到深夜无人用电脑了，他一个人在机房同时操作二十多台电脑，一干就是一个通宵。

1993 年，他申请到国家博士后留学基金，到位于布鲁塞尔的比利时道路研究中心做了一年的访问研究。访问结束时，对方想让他留下来，但他还是选择了回国。"在国外只能是给别人打工，而回国可以组建团队，做国家急需的研究。"

"我这辈子掌握一个原则，组织上因工作需要做出的安排，我都要尽全力去做。"不论是自己喜欢的还是不喜欢的专业，面对每一次的命运转轨，郑健龙都能坦然接受。"任何一个环节，如果我带着情绪，人生道路可能就改变轨迹了。如果想走的方向走不下去，那就走好自己脚下能走的每一步路，只要稳步向前，总会有机会。"

造炬成阳，交通强国传薪火

对学习的所有热爱，就是为了实现人生价值，为祖国和人民作出自己的贡献。郑健龙回到国内，继续在长沙交通学院当教师，1996年7月被调任路桥系副主任。他被当作院长接班人培养，1997年7月担任院长助理，1998年3月担任副院长，1999年3月担任代院长、主持工作，一年半时间实现了"三级跳"。1998年8月，他还考取了长安大学道路与铁道工程专业的在职博士生，并于2001年12月顺利毕业，获得博士学位。

2003年，长沙交通学院和长沙电力学院合并组建成长沙理工大学，郑健龙出任长沙理工大学校长。刚合并时，同事的思想尚未统一，工作需要磨合，他在学校管理上倾注了大量心血，事无巨细，毫不懈怠。2005年，学校管理基本理顺，他开始大幅度放权，把更多的精力投入学术研究。

郑健龙长期从事道路工程与工程力学领域的教学与科研工作，取得了出色的科研成果。他曾主持多项国家级科研项目，科研成果获国家科技进步奖一等奖1项、二等奖1项，国家教学成果二等奖2项，省部级科技奖数十项。此外，他还出版了多部学术专著，发表学术论文数百篇，获得多项国家发明专利。2015年，他当选中国工程院院士。

在科研领域，他最大的贡献是解决了膨胀土地区等不良土质地区公路修筑的关键技术难题。膨胀土是一种不良土质，容易造成路基、边坡垮塌、滑坡，被全世界工程师称为"公路工程癌症"。膨胀土在我国分布广泛，他的成果为这些地区修建高速公路解决了技术难题，创造的直接经济效益达数十亿元。"膨胀土地区公路修筑成套技术研究"成果，2008年获湖南省科技进步奖一等奖、中国公路学会科学技术奖特等奖，2009年获国家科技进步奖一等奖。

在"九五"期间我国高速公路发展急需要设计规范的时候，他参与路面设计规范研究，作出了突出贡献。他提出的一些新的设计理念、方法，后来被编入交通运输部沥青路面设计规范。我国高速公路从之前的5000千米增长到现在的17万多千米，大部分都是按照这个规范设计建设的。目前，他又在原来基础上，研究让沥青路面使用寿命倍增的新型设计理念和设计方法。

郑健龙任校长期间，长沙理工大学实现了跨越式发展，办学规模和教学质量大幅提升。2003年，他以自己所在学科牵头，为学校申请到了第一个博士学位授予权。现在学校共有8个一级学科可以培养博士。

学校以前连省部级的学术平台都没有，现在有国家级科研平台5个、省部级创新团队13个、自然科学科研平台52个、哲学社会科学研究基地22个。其中，他带领团队申报获批了"极端环境绿色长寿道路工程"全国重点实验室和"公路养护技术"国家工程研究中心。1991年，他在学校第一个拿到国家自然科学基金项目，如今学校每年可以获得一百多项国家科学基金项目的立项，以及一大批国家重点项目，每年有几亿元的科研经费进校。

郑健龙非常注重对青年人才的培养。他于1993年获国务院政府特殊津贴，1996年被评为国家有突出贡献中青年专家。他是我国道路交通领域仅有的两位院士之一。在他的倾力栽培下，他的团队拥有了国家"杰青"、"万人"计划领军人才、长江学者、海外高层次人才等一大批国家级人才和省部级人才。他所带领的团队在道路工程领域处于全国领先水平，并于2021年获批"黄大年式教师团队"称号。

长沙理工大学"博学、力行、守正、拓新"的校训，是他提出的治校理念。一方面强调学以致用，"光学不行，不实践学识不可能变成真知识、变成真能力和高素质"。另一方面，强调守正和拓新相辅相成，"学术界同样有不正之风，特别是近年过于浮躁的学风，更应倡导守正，要坚持中国优秀传统道德观念，坚持中国知识分子那种风骨。只有在守正的基础上创新才是真正的创新"。

"在我当校长的十多年间，正是中国高等教育发展机遇期。从各个方面来看，我为学校的发展作出了自己应有的贡献，没有丢失这个机遇。主要功劳是大家的，靠全体教职工、靠领导班子成员共同努力。"

郑健龙用了几十年的时间见证并参与我国从交通大国到交通强国的跨时代发展。如今，已年近七旬的他依然对科研保持着一丝不苟、身体力行、立足实干的态度，带着一批博士、硕士研究生活跃在科研一线。"中国交通事业依旧还有很远的路要走，一方面要能够支撑起国家社会经济发展的整体需要，让广大百姓满意；另一方面，也需要更多的年轻人在国际上树立起中国交通强国的学术地位。"郑健龙志在千里、信心满怀。

🔍 相关链接

个人的三点体会

学生们也经常问我："这几十年的成长过程，你觉得最重要的是什么？你靠什么得到了今天的这一切？"

其实我个人的体会是勤奋一点、坚持不懈就好了，很简单的。

也许是因为最想读书的年龄被迫辍学，我这一辈子最大的爱好就是读书。

之前有媒体也报道过，说我"少年失学的遗憾转化为学习的兴趣和动力""如果两天没沾书，就像丢了魂似的"，这是真的。

我总觉得自己笨，而且少年失学，研究生毕业都32岁了。所以这么多年来，我一直要求自己比别人更勤奋些，更努力些。

记得研究生毕业没多久时，我加入著名教授张起森老师的课题组，3个"七五"期间国家组织的重点攻关项目，我们整整搞了5年。

当时学校只有20多台计算机，而我们课题的计算工作量又很大，我是常常等到深夜无人用电脑了，才一个人在机房同时操作20多台电脑，一干就是一个通宵。

也就是因为这份勤奋，1993年我申请到了当时最难申请的比利时博士后基金。

第二个体会是做事不要挑三拣四，干一行爱一行，干一行投入一行。不能说自己不喜欢就不干。

任何事，只要你努力做了，尽心尽责地做了，总会有收获的。

当工人时先是让我搞热处理，后来又让学化验，最后做翻砂工，按说这几个工种跨度不小，而且有难有易，有的特别受罪，比如翻砂工，但我都没讲半点价钱，并且为了做好这些工作主动报名读夜校——没有这一步，我能考上大学？做翻砂工叫苦偷懒，厂里能推荐我读中专？

我先后学习过机械、力学、道路工程专业，这些专业虽然有很大的差别，但是在日后的实际应用中其实是能够融会贯通的，不同的学科能不断地给予我新的思路和灵感。

第三个体会是要"吃得苦、霸得蛮"。

别人看到我笑哈哈的样子，问我这辈子有没有难事。当然，难事太多了。

比如，我们获得了国家科技进步奖一等奖的膨胀土治理，不说如何科研攻关什么的，也不说像民工一样转战在各个工地上，光是为了让施工方配合，我们就费尽了口舌。还有我们的国家工程实验室，更是在激烈的竞争中，依靠我们团队多年来通过顽强拼搏、刻苦攻关积累下来的科研成果与对社会的贡献才脱颖而出、申报成功的。许多人认为不可能的情况下，我们争取到了这个国家级平台。

中国有句老话，叫作"世上无难事，只怕有心人"。确实是这样，学习是这样，工作也是这样。

真心希望年青一代在国家兴旺强盛、社会持续进步、人民的物质条件与文化环境不断优化的新时代，珍惜大好时光，刻苦学习钻研，勤奋努力工作，用优异的成绩回报国家，回报社会，回报家庭，实现自己的人生价值。

院士寄语

任何一个环节，如果我带着情绪，人生道路可能就改变轨迹了。如果想走的方向走不下去，那就走好自己脚下能走的每一步路，只要稳步向前，总会有机会。

下篇

以科技之光筑梦，映照复兴之路

科技兴则民族兴，科技强则国家强。中国科学事业发展的艰难与梦想、奋斗与辉煌，离不开广大科技工作者的潜心科研、砥砺前行。百年沧桑，风雨兼程，在实现中华民族伟大复兴的追梦路上，科学家探索的脚步从未停歇。新时代新征程，广大科技工作者与时偕行，树立起一座座科技创新的丰碑，也铸就了独特的精神气质。

毛军发

建功时代，展现血性担当

邵阳"科星"小传

毛军发，1965 年 8 月出生，湖南省邵阳县人。工学博士，教授，中国科学院院士，电子学家。深圳大学校长，国务院学位委员会学科评议组成员，中国电子学会微波分会主任委员。

主要从事高速与射频集成电路研究，建立了认识互连信号完整性问题的特征法理论方法体系；设计实现了一种高速电互连，数据率超过 1Tbps，且不需调制解调；发现了碳纳米互连的一些重要电、热特性；提出了微波无源元件设计的一些新原理、新结构，发明了一系列可集成的无源元件和天线；提出了射频电子三维封装电、热、应力多物理特性协同分析设计新算法；合作研制出多种小型化、高性能射频收发组件。其科研成果用于国家一些重要装备研制。曾获得国家自然科学奖二等奖、国家技术发明奖二等奖、国家科技进步奖二等奖、何梁何利基金科学与技术创新奖、全国创新争先奖各 1 项，获国家教学成果二等奖 2 项，负责的成果入选中国高等学校十大科技进展。

科学家精神，指引着科技工作者追求真理、探究未知，服务于经济社会发展和广大人民群众。习近平总书记指出："凡事要有打破砂锅问到底的劲头，敢于质疑现有理论，勇于开拓新的方向，攻坚克难，追求卓越。"追求真理、严谨治学的求实精神是科技工作者不可或缺的精神，亦是对新时代科学家的基本要求。科学无止境，志在攀高峰。科研工作者应秉持追求真理、严谨治学的求实精神，在科学真理的世界探索前行。

"个体生命的全部境界格局，都来自所走过的路、所遇到的人和所坚持的事。"这是邵阳籍中国科学院院士、深圳大学校长毛军发送给广大青年的一句话，也是他自己的人生印证。

从他走过的路、做过的事中，我们可以解读出他既有邵阳人性格，又有科学家精神的个人特质：刚毅、坚韧、开放、包容、能吃苦、不服输、敢为人先、甘为人梯……而最令人动容的，就是他把骨子里对祖国、对人民的热爱化作了建功时代、服务社会的血性担当。

发奋读书，拿下学历天花板

1965 年，毛军发出生在湖南省邵阳县诸甲亭乡洪庙村。他从小酷爱读书，对未知世界充满强烈的好奇心，在邵阳县二中读高中时就是最让老师放心的尖子生。1981 年，16 岁的他以邵阳市全市第二名的高考成绩，考上国防科技大学，成为恢复高考后洪庙村的第一位大学生。

大学 4 年，他在应用物理系学习辐射物理。这所以国防技术著称的高等学府，随处可见各种尖端的设备、先进的技术，激发了他向现代科学技术前沿进军的豪情壮志。怀着对科学的浓厚兴趣，他把所有时间都用在学习上。

睿智的老师和充满求知欲的同学也深深影响着他，激励他不断奋发进取，为以后的科技创新打下了坚实的基础。

快毕业时，受到热播电视连续剧《上海滩》的感染，他萌生了到上海"闯荡"，读研、工作的想法。"小时候经常听大人讲英雄豪杰建功立业的故事，久而久之便有了为人必当有所追求、有所作为的冲动。"

1985年，毛军发如愿考入中国科学院上海原子核研究所读研，1988年，获得了实验核物理的硕士学位。随着研究不断深入，毛军发看到了国内在尖端科技领域与国际先进水平存在很大的差距。强烈的责任感和报效祖国的进取心，促使他继续深造，勇攀科学高峰。

1989年，24岁的毛军发进入上海交通大学电子工程系电磁场与微波技术专业攻读博士学位，师从导师李征帆，研究高速集成电路的信号完整性。从此，他和高速集成电路的研究结下了不解之缘。

20世纪八九十年代，集成电路的信号完整性问题的研究几乎空白。集成电路工作速度较低时，其电特性完全取决于电子元器件、单元电路以及其组合特性，互连只起着最基本的通电连接作用。但随着微电子技术的进步，工作速度不断提高，互连的信号完整性问题对电路性能有着至关重要的影响，成为制约集成电路发展的瓶颈因素。

在导师带领下，毛军发在上海交通大学攻读博士时，开始了相关研究。当时，集成电路的信号完整性问题尚未显山露水，不但在国内学术界不被认同，在实际设计芯片时也几乎不被考虑。也正因如此，团队面临经费短缺、没有专用实验室等难题。意气风发的毛军发不怕困难，不惧挑战，立志要填补国内在这一领域的空白。

因为研究过于超前，毛军发精心撰写的第一篇论文被国内刊物退稿了。"难道这是一个'不可能'的方向？"李征帆带领毛军发和其他学生反复分析，坚信随着电路速度提高，信号完整性问题一定会越来越重要，该项研究将来必有应用需求。尤其是数字信号的频谱即将进入微波甚至毫米波波段，也将需要电磁场微波学科的人员去研究。

在导师的鼓励和支持下，毛军发决心甘冒风险，坚持这一在国内暂无"用武之地"的超前方向走下去。之后，他将论文改投电子信息领域国际著名的 *IEEE Transactions*，竟很快被发表，也更加坚定了毛军发坚持研究方向的信心。

1992 年，毛军发完成了国内探究集成电路信号完整性问题方面的第一篇博士学位论文，其中部分内容随即被国际权威刊物转载。当年，他顺利获得了博士学位。

潜心钻研，挑战学术"不可能"

毛军发博士毕业后留在上海交大任讲师。由于敏锐地感觉到当时国内该领域的研究和国际领先的科研水平有较大差距，毛军发在导师李征帆的支持下，1994 年 5 月进入香港中文大学做博士后研究。

当时，毛军发虽然在上海交大做了讲师，但一个月的收入只有几百元，而到香港中文大学没几天，就收到了第一个月工资一万多港币。收入的差距和研究环境、生活环境的巨大反差，让毛军发理解了当时有人担心年轻人出去就不回来的顾虑。

一年后，毛军发受邀去美国加州大学伯克利分校做博士后研究。本来可以很便捷地从中国香港直接去美国，但为了履行按时回校的承诺，毛军发先回到了上海，又用 3 个月时间重新办理赴美手续。

加州气候宜人，研究条件也比较优越，收入是国内的 10 倍多，但毛军发时时铭记出国时暗下的决心，"梁园虽好，非久留之地"，祖国时刻在召唤自己。在美国工作一年后，毛军发如约回到了上海交大电信学院。

刚回国时，没有实验室，毛军发只能和导师李征帆一起，把旧教学楼里一个 10 平方米的走廊当作实验场所。夏天炎热潮湿，又没有空调，有时热得实在受不了，只好趁没人时打会儿赤膊。结婚时，没有婚房，他趁着同宿舍的同事出国了，借着"独享一间宿舍"的机会结了婚。"宿舍兼婚房"的窗户正对着学校食堂，每天早晨5点就能听到食堂开始剁菜的声音。

此时，毛军发在领域内渐渐有了名气，外界也常有高薪诱惑。但他仍在自己研究的领域埋头钻研，继续在充满"不可能"的研究之路上上下求索。1999年，他被教育部评为跨世纪优秀人才并获基金资助；2000年被评为教育部长江学者，并获得国家杰出青年基金资助。

2004年，毛军发和团队成员一起准备国家自然基金委创新群体的项目答辩。经历了连续多晚废寝忘食的精心准备，结果答辩却以失败告终。这已是毛军发团队第三次失利，前两次申报甚至连答辩资格都没有拿到。毛军发对课题研究方向一度萌生了改变之念。然而，在曾以为"不可能"的研究方向上潜心钻研了十余年，他已养成了难言放弃的习惯。

经反复分析和思考，毛军发仍然坚信自己选择的研究方向。他深信队伍在不断发展，成果在不断积累，只要坚定信心，持之以恒干下去，总有成功的那一天！于是毛军发激励团队振奋精神，改变思路，全身心投入，最终峰回路转。2004年底，团队成功斩获国家自然科学奖二等奖，这也是交大工科领域乃至我国集成电路分析设计领域的第一个国家自然科学奖二等奖。2005年，毛军发团队经过第四次申报，终于被评为上海交大第一个国家自然基金委创新群体。

毛军发认为，碳纳米管和石墨烯互连技术将是解决新一代集成电路信号完整性问题的重要方向之一，他带领团队再一次冒着"不可能"的风险，坚持进行大胆探索。现在，团队已小有成绩——研究成果先后被2009年、2011年、2013年的《国际半导体技术发展路线图（ITRS）》采用，2008年发表的论文一直是ESI高引用论文，他指导的博士生在澳大利亚召开的国际学术会议上获得了唯一青年科学家奖。

"不可能"就意味着可以创造"无限可能"！时至今日，毛军发团队还在"啃""信号完整性问题"这块"硬骨头"，只是研究目标已从单纯"分析"和"认识"信号完整性问题转为"解决"和"驾驭"信号完整性问题。

引领前沿，当选中国科学院院士

"眼界高，想大事；眼光远，谋大事；眼神毅，成大事。"这是毛军发的人生信条与追求。他以此激励自己，多年来一直专注于高速电路互连以及后来拓展的射频电子封装集成的研究，接连取得突破性创新成果。

他建立了认识互连信号完整性问题的特征法理论方法体系；设计实现了一种高速电互连，数据率超过 1Tbps，且不需调制解调；发现了碳纳米互连的一些重要电、热特性；提出了微波无源元件设计的一些新原理、新结构，发明了一系列可集成的无源元件和天线；提出了射频电子三维封装电、热、应力多物理特性协同分析设计新算法；合作研制出多种小型化、高性能射频收发组件，被广泛应用于国家一些重要的装备研制和产品研发。

2008 年，毛军发负责的项目"小型化高性能微波无源元件与天线"摘取了国家科技发明奖二等奖。2010 年，毛军发获得何梁何利基金科学与技术创新奖。2012 年，他负责的项目"射频电子系统的三维高密度封装技术及其应用"获得国家科学技术进步奖二等奖。

从最初的两个人发展到现在包括研究生在内的 100 多人，毛军发团队的研究成果凝聚了数代人的心血与汗水。毛军发和李征帆带领的团队先后获得国家自然科学基金 20 多个面上项目、5 个重点项目、3 个优秀青年基金项目、2 个杰出青年基金项目、2 次创新群体项目（含延续）、1 个基础科学中心项目、1 个"973"项目、1 个重点研发计划项目、2 个"863"项目的资助。2017 年他当选中国科学院院士。

"登高而招，臂非加长也，而见者远。"回顾挑战"不可能"的科研历程，毛军发体会到，选择研究方向时，眼光要远，目标要准，一旦选定了方向就要长期坚持。特别是基础研究选题更要有预见性，要选择将来会有重要且长久影响的方向。正可谓："登高望远，才能少走弯路。"

作为一名科研人员，晚上加班是毛军发的家常便饭。每每加班后拖着疲惫的身子回家，他都分外感受到，学术研究是项艰辛枯燥的工作，没有甘于寂寞的精神和坚强的毅力难以有所作为。"年轻人可以甘于寂寞，但不能甘于平庸，要瞄准目标、坚持不懈。当你为自己的梦想操心得睡不着觉的时候，梦想已经实现了一半。"每当有年轻人来询问"成功秘诀"，毛军发都这样道出自己的人生体会。

攀登科学高峰永无止境。在如今的大数据时代，超级计算机如何突破芯片上或芯片间的互连传输瓶颈？如何采用新的传输结构、传输材料、传输工艺，突破传统金属互连的速率极限？……在集成电路的信号完整性方向上跋涉30年并取得了一系列成果之后，毛军发又开始思考新的问题，寻求新的突破。2023年7月6日，他在2023世界人工智能大会上作主题演讲，指出摩尔定律正面临极限挑战，集成系统（Integrated System）将是绕道摩尔定律的重要路径之一。"过去60年是集成电路的时代，未来60年将会是集成系统的时代。"

建功教育，担任深圳大学校长

毛军发热爱教育事业，非常关心祖国人才的培养与成长。他于1997年获得霍英东教育基金会高等院校青年教师项目奖，2002年被教育部评为"高等学校优秀骨干教师"。2010年11月以来，他先后任上海交通大学电子信息与电气工程学院常务副院长、院长，上海交通大学党委常委、副校长。2022年2月起，他担任深圳大学校长。

毛军发团队以良好的科学研究成果和研究方法反哺教学水平的提升，认真完成本科与研究生教学工作。团队承担了"微波与天线""电磁场与电磁波"等大平台课程，培养了一大批优秀的博士与硕士研究生，获全国优秀博士论文 2 篇，全国优秀博士论文提名 3 篇，上海市优秀博士论文 3 篇，2005 年还获得了全校第一个研究生教学成果国家奖——国家教学成果二等奖。

在担任上海交大电子信息与电气工程学院院长期间，毛军发明确立德树人、教书育人是高校的首要职责，注重学生创新能力培养，着力培养具有国际视野和国际竞争力的人才。扎实的工科背景、丰富的课程体系、成熟的实验平台、完善的教学模式，为学生们打下了科技创新的良好基础。电子信息与电气工程学院的学子们在国内国际各种科技创新赛事上争金夺银。以电院计算机系为基础组建的交大 ACM 团队，多年来获得了 3 次全球总冠军，被称为"世界上最聪明的人"。

在 2017 年举行的第十五届"挑战杯"全国大学生课外学术科技作品竞赛中，上海交通大学打破赛事纪录，成为该项赛事首个连续 4 届夺冠的高校。其中，电子信息与电气工程学院以作品《基于视觉信号分解与融合的单屏多通道显示技术及应用》夺得信息技术组特等奖，助力交大以打破历史纪录的总分取得团体总分第一，学院也同时再次打破了自己创造的历史纪录，在连续 4 届"挑战杯"全国决赛中均获得特等奖。

在 2017 年美国国际大学生数学建模竞赛与交叉学科建模竞赛中，电子信息与电气工程学院计算机系高晓沨老师指导的学生共斩获 6 个特等奖（Outstanding Winner）及 1 个特等奖提名（Finalist）。另外，还获得了 A 题的 INFORMS 特别奖、C 题的 INFORMS 特别奖和 D 题的 Leonhard Euler 特别奖，助力交大在此次大赛中一举夺魁，创造了美赛 33 届历史上同一所大学获奖的最佳成绩。

毛军发还和同事们一起在上海交大创建了国际上第一个 IEEE 试点班，利用电子信息领域最有影响力的学术组织 IEEE 的教育理念和资源，并参照 MIT 等世界顶尖高校的课程体系，进行高标准国际化办学，提高学生培养质量。该试点班自开办以来受到了广大考生的欢迎，高考录取分数一直位居上海市高校各专业分数榜首，培养了大量的优秀人才，于 2018 年获得国家教学成果二等奖。

这一系列辉煌战绩的取得，与学院打造的学生创新氛围和创新平台建设密不可分。不管是从事学术研究还是教学管理，毛军发都是在认真做自己喜欢的事。他结合自己的成才经历告诫学生，做科研，要打下扎实的数理基础，要有宽广的知识面，要练就敏捷的思维，更重要的是，不要人云亦云，要做自己真正喜欢的事情，选准之后就要持之以恒。

毛军发曾多次在会议、论坛上提出自己对建设一流大学的看法。他坚持"一流大学是基础研究的主力军和重大科技突破的策源地，也是人才培养的主阵地、主战场"的信念，对建设一流大学的路径以及解决国家某些被"卡脖子"难题提出了自己的见解和建议。

担任深圳大学校长后，毛军发决心带领班子建设世界一流综合性大学。他表示，深大已制定了"三步走"的发展战略：到 2025 年，建成高水平综合性大学；到 2035 年，建成具有国际影响力的高水平综合性大学；到 21世纪中叶，建成世界一流综合性大学和新时代中国特色社会主义标杆大学。2022 年 11 月，深圳大学获批"射频异质异构集成全国重点实验室"，毛军发任实验室主任。这是深圳本土高校首个全国重点实验室，实现了零的突破。

深情寄语：用"血性"浇铸灵魂

"你们是实现中国梦的生力军，你在哪里，青春就在哪里！梦想就在哪里！"在 2022 年 4 月举行的深圳市成人礼活动中，毛军发以《你在哪里，青春就在哪里》为题致辞。

他说："青春不是挥霍的筹码，而是前行的力量。年轻人可以甘于寂寞，却不能甘于平庸，身处这样的城市、这样的国家、这样的百年变局，理当志存高远、咬定青山、不懈奋斗。"

他还说："年轻是一个自然阶段，青春才是一种生命状态。和你们相比，我当然不年轻，但青春仍然在我的生命里坚韧地驻扎。"

2022 年 7 月 2 日，毛军发在深圳大学 2022 年毕业典礼上以《时代呼唤血性》为题致辞。"在我们国家比以往任何时候都更接近实现民族复兴伟大梦想却又面临艰难险阻之时，今天的中国人，尤其是像你们这样的当代中国青年，也比以往任何时候都更加需要用'血性'来浇铸锻造自己的意志和灵魂！"

他认为，"血性"是刚性，是韧性，是率性，是感性；是"吃得苦、耐得烦、霸得蛮，不怕死"的精神；有"血性"者，个性上刚直不阿，事业上用肩膀说话，气质上勇健刚毅。他寄语每一位深大人，"只要我们有'血性'、有情怀、有担当，能拼搏、能奋斗、能胜利，我们的祖国、我们的深大就能千里奔涌，万壑归流"。

"奋斗的青春其乐无穷。人生所有的天时地利人和无一不在奋斗之中。"2022 年 9 月 17 日，毛军发首次在深圳大学开学典礼上致辞。他说："大变局中唯一不变的是变化，所有不确定中奋斗是唯一的确定。民族复兴路上，960 万平方千米的版图容不下一个拒绝奋斗的青春！""希望你们倾其一生成为自己的英雄，成为彼此的英雄，成为时代的英雄！"

2023 年，深圳大学本硕博毕业生首次突破 1 万人。7 月 2 日，在深大建校 40 年来最为声势浩大的毕业典礼上，毛军发以《成为能解决问题的人》为题致辞。他特别嘱咐，"希望你们努力成为一个能解决问题的人"，并奉上《孙子兵法》里的几句话，"其疾如风，其徐如林，侵掠如火，不动如山！"

毛军发解释道，"其疾如风"是战机，人生的疆场瞬息万变，要以这种状态时刻捕捉战机。"其徐如林"是战术，要求我们在学业、事业、生活上把握好节奏。

"侵掠如火"是战法，强调以满满的斗志和战力向着既定的目标前进。"下定决心要攻破一个难题、实现一个目标的时候，一定要学会高度聚焦，以一种针尖对麦芒和地球离了我就不能转的状态全身心投入，以最大的热情、最久的耐力、最密集的脑细胞与问题困难斗争，争取胜利。"

"不动如山"是战略定力，是信念力量。"如果我们的所作所为能够为家庭、为社会、为国家有所贡献，乃至与亿万同侪并肩战斗，为天地立心，为生民立命，为往圣继绝学，为万世开太平，那才真是气壮山河，不枉此生。"

毛军发也关心着家乡的建设、家乡的教育。他担任了邵阳县"夫夷引才大使"、乡村振兴教育培训顾问团团长，为家乡的发展建言献策、牵线搭桥。2023 年 5 月，他和同事联系爱心人士向诸甲亭乡洪庙小学捐赠了价值10 万元的助学物资，并在捐赠仪式上勉励学生们，"把知识学扎实，把做人的本领学扎实，把价值观树立端正，将来成为一个对社会发展有用之才，为家乡的建设作出更大的贡献"。他还亲自带头捐款修建学校校门。

"我相信一分耕耘一分收获的道理，能有多大成就，很多时候不是比聪明、比条件，而是比努力、比毅力。"言为心声，行为心使。毛军发的成功或许不可复制，但他的精神力量可以得到同频共振，可以激励更多人在中华民族伟大复兴的潮流中，唱出无数个美丽的、动人的光阴的故事。

🔍 相关链接

当代中国青年应有的十八岁

各位青年朋友：

上午好!

很高兴来到深圳中学，我们深圳大学和深圳中学同气连枝，都为深圳的建设发展作出了无愧于这个名字的重要贡献，我们有许多共同的校友在国家和城市发展的历史进程中驰骋青春梦想。今天，我们在这里隆重集会，庆祝年轻朋友们的人生跨入崭新阶段。希望你们多年以后，仍然能够记得这个遥远的上午，在一个以城市命名的中学，一位来自同名大学的校长，曾经代表全城长者，向你们致以最热烈的祝贺和最衷心的祝福！

今天，对你们来说是个终生难忘的日子。从今往后，你们在法律上、人格上、文化习俗上开始和我们平起平坐。值得庆贺，值得记忆，更值得思考：当代中国青年的十八岁应该是什么样子？

首先，强壮的体格应该成为普遍风尚。十八岁的青春血气方刚，从此往后的几年，你们将迎来一生中最巅峰的生理状态。在这个时候练就一副强壮的体格，将为你一辈子的奋斗奠定坚实的物理基础。由此进一步影响全社会健康生活的追求、审美情趣的涵养乃至国民气质的提振。希望你们为国撸铁，为爱健身，马甲与人鱼齐飞，皮肤共古铜一色，为美好明天奉上一个更强壮的自己！要记住一句口号：为祖国健康工作五十年！

其次，健全的人格应该成为共同追求。备考的岁月紧张忙碌、锤炼心智。通向成长的道路上更要时刻警惕、坚决抵制变成一个精致冷漠的刷分机器。十八岁的成人要懂得责任、懂得体谅、懂得爱。己欲立而立人，己欲达而达人，己所不欲，勿施于人。从你们迈入十八岁的这一刻起，就要以成年人的理性和成熟、热忱和温情来处理自己与他人、与社会的关系，也要与自己达成和解，减少精神内耗。希望你们终其一生不要让积弊流俗击穿人格底线。

最后，坚挺的国格应该成为一致捍卫。你们人生奋斗的主场注定在强国建设和民族复兴的征程上，你们所有的际遇和挑战都注定与世界百年未有之大变局纵横交错。身处这样的时空语境，你们的青春梦想必定与国家民族的命运深度交融、强烈共振。所以不论身处何方，所遇何事，都要记住自己是中国人，中国深圳人。你们站立在鹏城的土地上，大鹏一日同风起，扶摇直上九万里！前所未有的历史自信、历史自觉和历史主动，激荡在你们的青春岁月和人生征程。只要有你们在的地方，就要用自己青春的体魄和健全的人格筑起国格的长城！

年轻人，十八岁的青春充满诗情画意。一位深圳大学的校园诗人有首佳作："云在天空写下长诗，大地是最后一行，我们是中间行走的韵脚。"这也是我想对十八岁的你们所作的嘱托，少年心事当拿云，爱这土地很深沉，行健不息成年人！

明天就是中秋佳节。小时不识月，呼作白玉盘。但愿人长久，千里共婵娟。祝你们成长幸福，祝大家节日快乐！

院士寄语

年轻人可以甘于寂寞，却不能甘于平庸，要瞄准目标、坚持不懈。当你为自己的梦想操心得睡不着觉的时候，梦想已经实现了一半。

王赤

奔赴『空间科学』的星辰大海

邵阳"科星"小传

　　王赤，1967年2月出生于湖南省邵阳市区，祖籍湖南省隆回县。空间物理学家，中国科学院院士，中国科学院国家空间科学中心研究员、主任，空间天气学国家重点实验室主任，中国科学院大学地球与行星科学学院教授、博士生导师。

　　主要从事空间物理和空间天气研究，在太阳风大尺度结构和太阳风与地球磁层相互作用等国际科技前沿领域，做出一系列有原创性和国际影响的科研成果。先后获得留学回国人员成就奖（部委级）、Cluster卫星计划杰出贡献奖、中国青年科技奖、国际日球物理年（IHY）杰出贡献证奖、英国皇家航空学会团队金奖、国防科学技术进步奖特等奖、钱学森杰出贡献奖、国家科技进步奖特等奖等奖项。

"伟大事业都始于梦想，基于创新，成于实干。要实现高水平科技自立自强，必须在坚持自主创新的基础上，胸怀天下，加强高水平开放合作，更加积极融入全球科技创新网络，吸纳更多优质全球科技创新资源。"这是2023年中国航天公益形象大使、中国科学院院士王赤谈科技自立自强时说的一段话。

王赤是从邵阳走出来的空间物理学家，秉持敢于创新的科研精神，以中国科学院国家空间科学中心研究员、主任，中国探月工程四期首席科学家的身份，将中国人的传说高高写入苍穹，争来了民族的骄傲，赢得了海阔天空。

正如他所说："星空浩瀚，探索不止。新征程上，中国空间科学发展的脚步充满力量。我们将不断拓展人类认知边界，开辟新的发展疆域，树立人类探索太空的新丰碑。"地球只是宇宙中的一粒尘埃，跳出地球就是广阔天空。王赤的目标是奔赴空间科学的星辰大海。

快乐童年，爱上星星

1967年2月，王赤出生于邵阳市区，祖籍是隆回县七江镇鸟树下村。父母是邵阳市水利局的干部，经常赴各地修水库。因新宁麻林瑶族乡境内修建大圳水库，王赤跟随父母在那里长大，直到水库修好之后小学四年级才回到邵阳。

新宁山清水秀，民风淳朴，在大自然无拘无束的环抱里，王赤好奇、好胜、好玩的天性得到了舒展。他从小就调皮，加之天资聪颖，不费劲就能拿到好的学习成绩，所以玩起来更野。曾经拥有的快乐童年，让他至今回味无穷。

他就读的麻林小学门口有条小溪流，王赤被玩闹的同学推到溪流里，自己扑腾几下，居然就把游泳学会了。农村小学下午三四点钟就放学了。作业本就不多，利用在校的一个小时自习时间，他把一天的家庭作业全部做完了。放学后没啥事，他不走大道，喜欢沿着田埂、小溪流，玩到很晚才回家。

那个年代，中国家庭普遍比较穷。父母虽是国家干部，经济条件比其他人好点，但也并不富裕。看他穿凉鞋容易坏，父母特意多花点钱，用汽车轮胎做了皮凉鞋给他。结果穿新皮凉鞋第一天，被他放在溪流中的石头上，自己光顾着玩水、捉鱼，回头才发现鞋子不知被水冲到哪里去了。他光着脚回家，一路担心挨骂，心里非常懊悔。

农村稻田多，打完稻，一堆堆高高的稻草垛成了他和小伙伴捉迷藏最好的地方。玩累了，就躺在稻草垛上面，看浩渺的天空。那时的农村夜空，星星看得很清楚。年幼的王赤，一边欣赏满天繁星，一边从脑袋里冒出各种好奇的想法。他还记得 1970 年发射的"东方红一号"卫星划天而过的美丽画面。有一次，看到一颗流星划过，他心想：星星从哪儿来的？视觉效应让他觉得星星好像落在对面的大山里，就想着，是不是跑到山那边就可以把掉落的陨石找到。

从那以后，他对天上的星星特别感兴趣。后来他考进麻省理工学院，父亲写了篇文章《从麻林到麻省》，提到了这一趣事。

展露天赋，当上学霸

修完水库，父母回到市区，王赤转学进了三八亭小学。当时他还只是寄读生，没有学籍。不久，区里组织数学竞赛。数学老师在黑板上出题目，问同学们会不会做。王赤站出来说，都会做。老师让他上台一试，他用粉笔当场把题目全做出来了。老师赶紧向校领导推荐，说从农村来了一个数学很有天赋的孩子。校领导专门拿来一本数字竞赛辅导书，从中挑了几道题目，让他在自己办公室做。结果他又全做出来了，于是他被视为神童，吸收进学校的数学兴趣小组，后来参加区里的数学竞赛，得了第一名。

初中时，王赤进了邵阳市第二中学。生性调皮的他，延续了小学时的贪玩，虽然没怎么读书，但也开始懂得要读书了。初中时他的成绩在班上还行，在年级里则一般。学校邻近资江，禁止学生下河游泳。因为违反禁令，有一次他被老师逮住，让家长来领人。父母苦口婆心教育他，拿当时的谢彦波等几个神童的故事来激励他好好读书。

生于 1966 年的谢彦波是中国第一代被冠以"天才"的神童，是中国科学技术大学 78 级第一期少年班学生，也是唯一直接跳过整个中学直接上大学的孩子。王赤记得，父母经常跟他讲："你看人家跟你一样大，都读大学了，你还在读初中。"傲气的王赤暗地里记下了这些人的名字。

高中的时候，王赤仿佛幡然醒悟，开始用功读书了。高一当年就冲进了全年级前三名。别人惊讶，问他："你从哪个学校来的？"他说："我就是二中的啊。"人家还不信："之前没听说啊，怎么冒出来的？"从此以后，他在全年级不是第一就是第二。

1985 年，他以湖南省第三名的高考成绩，考入了中国科学技术大学。这么好的成绩记录，在邵阳市二中的高考历史上，之前没人创造，后来没人打破。

比起谢彦波，他晚了 6 年进入中国科学技术大学。因为从他那一届开始，初中和高中都由 2 年改成 3 年。而且，其他学校的本科为 4 年，中国科学技术大学的本科为 5 年。虽然不在乎多读书，但当时看起来好像路走得比别人长。如今王赤却深感其间的好处。

"一是为以后打下更好的基础，二是心智的成长很重要。人生还是一步一步走比较稳妥。"

找到热爱，放飞梦想

"一个人，有正确的学习态度、好的学习习惯，非常重要。"回忆高中阶段，他特别感谢两位老师。

一位是班主任聂昭续老师。聂老师教政治，班级管理抓得很严，对他也特别好。聂老师引导他树立远大的志向，培养良好的学习态度，这让他受益一辈子。高中以后，他的学习态度非常端正。大到为国家，小到为自己，他明白了读书的重要性。虽然所在班级并不是学校最好的班，班级成绩排名在年级里常靠后，但王赤的个人成绩总能拿到第一或第二。

他记得聂老师特别善于鼓励人。那时他喜欢踢球，放学以后不及时回家，在操场上和同学们玩。聂老师单独把他叫到办公室，"我知道你成绩好，对你不能要求太高。关键是你带其他同学玩，我对他们不放心。即使你一个人考上了北大清华，如果其他人没考上大学，我脸上照样无光"。王赤明白自己对同学们的未来也要有责任感，于是有意给同学们树立更好的榜样。至今，他还跟班上同学保持着良好的关系。

一位是教物理的唐老师。唐老师教学很有启发性，在她的培养下，拥有数学天赋和强烈好奇心的王赤，对物理特别感兴趣。记得第一次物理考试，全班平均成绩不及格，但是他拿了满分。唐老师告诉他，虽然给的是满分，但还存在一个小问题。"这次不扣分了。下次你一定要自己拿满分。"从此，王赤每次物理考试基本是满分，高考物理成绩也只丢了两分。

随着心智的成长，王赤上大学后更加努力地读书。"很多人以为考完大学就完成任务了，其实考完大学只是人生的第一步。我的眼睛不是高中时近视的，是进了大学之后近视的。大学5年，是决定我能否当上科学家的关键的时候。"

因为对天上的事感兴趣，王赤在选择专业时特意选择跟天相关的。"起初，我最想报天文学，研究天体、研究星星。可当时中国科大在湖南招生的专业里没有天文学，字面上最接近的就是地球与空间科学系的空间物理专业了。"

不同于天文学，空间物理研究的不是天体本身，而是地球大气层以上的太空，天体之间的环境。当了解到空间科学可以为人类在太空开疆辟土提供科学支撑时，王赤一下子萌生了对专业的热情。

在一次学术探讨中，王赤对天文和空间的区分，给出自己的观点。"空间，是人类航天器能够到达的地方，包括各种卫星、空间站的飞行区域，月球和深空探测的区域等。天文研究的则只能使用遥感手段，只能用望远镜看，是人类航天器到达不了的区域。"这一结论通俗易懂，所有人都能听明白。

大学 5 年，王赤的各项成绩在班上都特别好，毕业时还拿到了郭沫若奖学金。这个奖项每年只给一个毕业生，很难拿。1990 年 9 月至 1992 年 6 月，王赤在中国科学院空间科学与应用研究中心空间物理专业就读并获得硕士学位。1993 年 9 月，他进入美国麻省理工学院物理系攻读博士学位。

出国深造，追求卓越

王赤在美国待了 7 年：1993 年 9 月至 1998 年 2 月，就读于美国麻省理工学院物理系，获得博士学位；1998 年 2 月至 1999 年 12 月，在美国麻省理工学院物理系从事博士后研究；2000 年 1 月至 2000 年 12 月，担任美国麻省理工学院研究科学家。

"我的人生道路，在科大打下基础，在麻省则是追求卓越。"王赤说，在中国科大的时候，胡友秋教授在电磁学、电动力学方面给他的教诲颇深，既具理论性又有启发性，一辈子受益匪浅。在美国，他的博士生导师是美国"旅行者 2 号"（Voyager2）等离子体仪器的首席科学家，给他莫大的教益。因为这个契机，他接触到了美国航空航天局（NASA）有史以来最伟大的航天项目之一，让他学到了人类永不止步的探索精神、追求卓越的科学态度和精益求精的技术攻关。

麻省理工学院的严格要求，让他曾经通宵达旦地做作业，曾经在图书馆度过新年，曾经驱车百里去请教问题。他写的论文经常被美国的这位导师一稿退回、二稿退回，多的退了五六回。导师说："不是不给你改，你自己改对你帮助更多。""老师把住方向，在大方向正确的前提下，让学生自己去提升。"王赤觉得这是培养人的一种非常正确的方式。

利用"旅行者2号"传回的数据，王赤建立了新的外日球层多元太阳风模型，提出了确定太阳风在外日球空间减速的新方法，给出了星际介质中性原子密度，为美国新一代日球边界层探测器IBEX任务仿真提供了关键参数。

在课题研究中，王赤揭示了外日球空间太阳风的物理特征，其研究成果"太阳风在外日球空间的减速"成为不争的事实，被美国空间物理战略规划委员会列为外日球空间六大研究成果之一。

他揭示了日冕物质抛射事件从太阳到外日球空间的传播规律，理论预言了日球层顶对太阳风扰动的响应过程及不稳定性的新现象，并被观测数据证实，被列为美国行星际探索计划的重大研究成果，被收集在美国航空航天局为纪念旅行者飞船发射运行25周年的光盘上。

在美国科研工作做得顺风顺水之际，受时任中国科学院空间天气学开放研究实验室主任魏奉思的邀请，王赤决定回国。

谈及回国的原因时，王赤坦言，华裔在美国科研界遇到的"天花板"是其中之一。令他印象深刻的是，每当他到美国航空航天局下属的喷气推进实验室开会时，总要戴一块写着"escort"（护送）字样的标牌。这意味着他在该实验室活动时，不能独自行动，身边必须有其他美国人陪同。

"这给我的感觉是，在美国即使你科研做得再好，也只是个不被信任的高级打工仔。而回到培养我们的祖国，将个人事业融入祖国的发展之中，必将有更大的舞台。"王赤说道。

2000 年 12 月，王赤回国担任中国科学院空间科学与应用研究中心（以下简称"空间中心"）研究员，此后一直致力于我国空间科学的探索与发展。

心怀家国，情深意长

长期在外求学和工作，没有影响到王赤对家乡的热爱。2023 年 4 月，在武冈国防教育基地举行的"点亮梦想　筑梦苍穹"中国航天科普展上，一个硕大的月球仪引起不少人驻足观看，这是王赤特意为家乡人民带来的礼物。

2022 年，他担任中国探月工程四期首席科学家。另一位邵阳籍院士于登云担任中国探月工程四期总设计师。两位院士，一个负责科学，一个负责工程，将中国人的骄傲写在了月球上，也长了邵阳人的志气。"探月工程四期完成的话，邵阳人民肯定很骄傲。"

对于家乡，王赤始终心存感激，总想着要尽力回报。家乡有他挚爱的父母、师长、亲朋和同学。虽然没有过多的时间联系，但他一直关心着家乡的信息。父母前几年身体不好，他尽量抽时间回家看望。疫情期间回去不容易，他的同学和邵阳市科协的工作人员在他父母生病住院时帮了不少忙。

2021 年 4 月，他从北京回到母校新宁县麻林瑶族乡中心小学，为小学生进行航天知识科普，并为该校赠送了"月兔车"着陆器模型和学习用品。

2022 年 8 月，他和戴永久参加了湖南省领导在邵阳经开区、武冈经开区开展的调研，就邵阳的产业发展、科技创新、人才服务等献智出力。

2022 年 7 月，他回到母校邵阳市二中，以《星辰大海，扬帆远航》为题，开展"科普进校园"院士公益讲座，鼓励学子们从小树立投身建设世界科技强国的远大志向，勤奋学习，刻苦钻研，敢于创新，发奋成才，勇攀科学高峰。

2023 年 4 月，他和戴永久、于登云参加在邵阳举行的航天科普系列活动，并到邵阳学院为师生们作题为《月宫探秘——月球探索的前沿科学问题》的科普讲座。

对家乡的发展，王赤建言，邵阳的交通还要进一步改善，乘高铁或是从长沙机场到邵阳市区，需要更顺畅更便捷。邵阳的教育要有更长远的发展规划，特别是高等教育要加强。"建设邵阳的人才，指望从外面引进很难，更多的是本土培养。要多想办法，提高办学育人的能力。"他认为，邵阳的产业发展还缺乏在全国有影响力的大企业，邵阳的崀山风景虽好，但是交通、管理、接待条件不够好。"其实，湘窖和崀山都有潜力成为国家名片。"

王赤表示，希望多听到家乡的好消息，希望大家一起努力，把邵阳建设得更加美好。作为在外的邵阳人，只要家乡有需要他的地方，他将积极提供助力。他还特意将自己给青年人的回信《从孤独里找到一束光》和《在2023 年空间中心毕业典礼上的致辞》分享给家乡的青少年，勉励大家在成事的道路上和孤独共同成长，不放弃梦想，不放弃使命，不放弃原则，坚持科学，坚持创新，坚持乐观，创造出属于自己的精彩人生。

硬核报国，重器风范

科技的发展离不开创新，勇攀高峰、敢为人先的创新精神，是追求科学与真理的必要条件。习近平总书记指出："从实践看，凡是取得突出成就的科学家都是凭借执着的好奇心、事业心，终身探索成就事业的。"只有敢于提出新理论、开辟新领域、探索新路径，在独创独有上下功夫，才能经过长期探索而在某个领域形成优势。

空间中心的前身是为研制我国第一颗人造卫星"东方红一号"而创建的"中国科学院 581 组"。当年躺在邵阳农村稻草垛上望着"东方红一号"心生遐想的小男孩，如今已在空间中心工作了23年，参与了"子午工程""空间科学先导专项""嫦娥四号"和"天问一号"等国之重器的研制和发射。这与他立志报效祖国、探索浩瀚宇宙的梦想密切相关。

"善学者尽其理，善行者究其难。"科学以探究真理、发现新知为使命，在勇攀高峰的科学道路上，王赤留下的是创新的足迹、专注的身影、奋斗的汗水。

王赤先后担任了中国科学院空间科学（二期）先导专项负责人、"太阳风—磁层相互作用全景成像卫星计划"（SMILE计划）中方首席科学家、"嫦娥四号"工程副总设计师、"嫦娥五号"和火星探测有效载荷负责人等要职，2018年担任中国科学院国家空间科学中心主任，2019年当选中国科学院院士。

王赤说，近20年是中国发展最快的时期，也是中国空间科学快速起步期，和空间科学快速发展同进步，令他倍感自豪。

空间中心牵头发起和实施了空间科学卫星系列，"悟空""墨子""慧眼""实践十号""太极一号""怀柔一号"等科学卫星不断取得重大发现。2022年10月，"夸父一号"开启了我国综合性太阳探测时代。空间中心研制的有效载荷，在探月探火、载人空间站、风云海洋系列卫星等任务中都作出了关键贡献。大国重器——"子午工程"运行与建设取得了双丰收……

在见证和参与我国空间科学快速发展的同时，王赤带领团队，在太阳风、空间天气数值预报领域取得了一项项重要进展。

他们对太阳风和地球磁层的相互作用进行了深入研究，和中国科大团队合作建立了三维的全球磁层磁流体力学模型，使我国成为国际上少数拥有能自洽描述太阳风—磁层—电离层耦合系统数值能力的国家之一。

在长期对空间物理过程、预报模式等开展研究的基础上，王赤带领团队初步构建了中国空间天气数值预报模式，可以为我国载人航天、探月工程等提供空间天气预报服务，为重大航天任务保驾护航。

由王赤担任中方首席科学家的"太阳风—磁层相互作用全景成像卫星计划"，从 13 个竞争项目中脱颖而出，成为中欧双方继 2003 年"双星计划"合作之后的又一大型联合空间科学探测项目。"SMILE 计划预计将在 2025 年实施，如果获得成功，将是人类首次对地球磁层全景成像。"

"感恩、责任、珍惜。"这是王赤 2019 当选中国科学院院士时的感言，也是他的工作誓言。在空间中心主任岗位上，王赤肩负了更多科研管理责任，推动我国空间科学事业和空间中心的发展。他还担任了中国空间科学学会空间物理专业委员会主任、中国地球物理学会常务理事、国际空间研究协会（COSPAR）执委、国际日地物理科学委员会（SCOSTEP）执委、《深空探测学报》编委会副主任、《中国空间科学学报》副主编等多个学术职务。

王赤说，我国的空间科学目前仍处于起步阶段，尽管在一些点上取得突破，但整体而言，和美国、欧洲等相比还有较大差距。"新的时期，中国科学院扛起了发展中国空间科学的大旗。我们不能够忘记自己的初心，要肩负起建设航天强国、空间科学强国的责任担当。期待通过不懈奋斗，到 2050 年，我们能实现空间强国梦。"

🔍 相关链接

从孤独里找到一束光

年轻人：

你们好！我是一名空间物理学家。当看到那么多年轻人在留言中诉说自己的孤独感，我的内心也十分感慨。因为在我近 30 年的空间科学研究过程中，最常陪伴我的，就是孤独。

1993 年，我 26 岁，告别家人，孤身一人远赴美国麻省理工学院（MIT）深造读博士。当时还没有国际互联网，联系基本上是靠写信，因为打国际长途电话非常昂贵。当飞机从首都机场起飞时，我也感到一丝孤独和彷徨。目的地波士顿只是在书上见过的名字，但我是抱着梦想去一个未知的地方，飞机在波士顿上空即将降落时，看到灯火通明的城市，我的心反而放下了，因为我知道我将要在这个陌生的城市开始我人生新的阶段。

非常幸运的是，我的博士生导师是美国"旅行者2号"（Voya-ger2）等离子体仪器的首席科学家，因为这个契机，我接触到了美国航空航天局（NASA）有史以来最伟大的航天项目，让我学到了人类永不止步的探索精神，追求卓越的科学态度和精益求精的技术攻关。

攻读博士的过程是痛苦和孤独的，麻省理工学院的严格要求，让我曾经通宵达旦地做作业，曾经在图书馆度过新年，曾经驱车百里去请教问题。但实现理想就是孤独中的那束光，让我觉得永远有希望。

然而，正当我觉得已经融入这个社会，如鱼得水的时候，有一件事，一件更重大的事让我感到了一种更大的孤独。

每次去NASA的喷气推进实验室（JPL）开会时，提前很久就要申请安全许可，开会当天进入实验室时都要戴着一块写有"escort"字样的牌子。

意思是，只要我在实验室活动，身边一定得有美国人的"陪同"，我不能单独活动。内心的孤独感和挫败感此时此刻油然而生。

刚好，中国科学院有一个人才引进计划，空间天气学开放研究实验室主任魏奉思先生联系到我，问我要不要回来。我当时刚转为麻省理工学院的研究科学家，工资比博士后时期翻了一倍，这在当时是很丰厚的报酬了。

一边是回国几乎要从零起步但给你无限大的科研空间，一边是高薪但充满限制的工作，思考之后，我选择回国。

当时我夫人有过短暂的犹豫，但我在内心已经想好了：我认准了空间科学，我的目标就是在不被限制的前提下专心搞好科研，为我国空间科学事业的发展添砖加瓦。我相信我的工作有价值，我相信我作出了正确的选择。

21世纪初的中国，空间科学水平在国际上差得太远了，这个领域当时没有第一手的观测数据，更多的是利用国外的数据来做研究，你可以想象我们做的事，"别人把肉都吃完了，你去啃啃骨头"。

现在回过头来看，虽已经是"知天命"的年纪，但当你选择了一条自己喜欢的路，很多时候这样的选择并不被周围人理解或支持，甚至要坐"冷板凳"，所有事只能自己扛，只能自己一个人咬着牙往前走。

在我看来，个人的成就和整个国家在这一领域的发展是密切相关的，这个领域整体不好，你个人的发展也好不到哪去。如今20年过去了，再回头看，我当时的确是做了一个非常正确的决定。

我赶上了一个伟大的时代，能将个人的发展融入我们国家空间科学事业的快速发展之中，共同进步，我感到非常幸运，也非常自豪。

与此同时，这些年的经历也让我深刻地领悟到，一个人要想做成一件事，孤独几乎是难以避免的。异国他乡的漂泊，浩瀚宇宙中对真理的求索，在科研中失去方向的迷茫，这些都是我在年轻时经历并克服过的。

也正是因为这样，我才对此刻阅读这封信的你们更有信心，因为我知道，现在的你们，一定比当年的我条件更好，道路更广，所以就应该更加勇敢、更加自信，如果我能克服，你们也一定行。

我会把我克服孤独的3条经验告诉大家，希望能对你们有一点点的帮助。

第一，接纳"孤独"。所谓万事开头难，越难越容易感到孤独。当初我刚刚回国，面对庞大的领域空白，再大的雄心壮志都被磨掉一大半。孤独是人生的常态，当你认清这就是现状时，你也就接纳了这种真实的境遇，并想办法从"0"到"1"开始搭建一个新的"模块"。

第二，学会和"孤独"相处，并借此认清自己内心真正想要的东西。

小时候，在湖南乡村的一个水库旁，我经常躺在田野里仰望星空，漫天繁星吸引我，让我恨不得飞上去看看那里面有什么秘密。那是我第一次立志要研究星星。后来当我真正参与到"旅行者2号"的任务中时，我被宇宙的浩瀚震撼了，更加坚定了我对空间科学这个领域的兴趣。

你要坚定地相信，上天送给你的孤独时刻，一定是让你和自己对话的最好机会，别错过。

最后，请相信，当你朝着梦想笃定前行时，一定会有越来越多的人开始理解你、支持你。获得"院士"荣誉的那天，我曾经用"感恩、责任、珍惜"来表达自己的心情。我感恩养育我的父母、陪伴我的家人、培养我的学校、提携我的恩师和朋友，以及支持我的单位，是他们为我的科研之路打开了全新的可能。如果没有他们，很难想象后来的我能有机会参与"子午工程""空间科学先导专项""嫦娥四号"和"天问一号"这些国家重大任务，这样具有开创性的国之重器。

时至今日，我和你一样，仍然时而感受到一些孤独。毕竟，中国空间科学还处于起步阶段，未来要走的路还有很长。愿我们都可以与孤独共同成长，从孤独里找到属于自己的那一束光。

院士寄语

你要坚定地相信，上天送给你的孤独时刻，一定是让你和自己对话的最好机会，别错过。

刘少军

以农夫的身姿干出了

鲲鹏的事业

邵阳"科星"小传

刘少军，1962 年出生于湖南省长沙市，祖籍湖南省武冈市。中国工程院院士，博士，湖南师范大学教授、博士生导师。省部共建淡水鱼类发育生物学国家重点实验室主任，*Reproduction and Breeding* 英文期刊主编，湖南省科协副主席，国家大宗淡水鱼产业技术体系育种技术与方法岗位科学家。国家杰出青年科学基金获得者、全国五一劳动奖章获得者，还获得"全国优秀教师""全国优秀科技工作者""湖南省科技领军人才"等荣誉称号。

他领导团队长期从事鱼类遗传育种研究。在鱼类远缘杂交研究领域的理论—技术—产品方面作出了创新成绩，在该研究领域处于领先水平；攻克了种间生殖隔离难关，探索出鱼类远缘杂交的主要遗传和繁殖规律；建立了一步法和多步法鱼类杂交关键育种技术；创建了一批源于远缘杂交的四倍体和二倍体鱼可育品系和优质鱼类；首次证明鲤—鲫—金鱼杂交演化途径；主持研制的5 个优质鱼类新品种获国家级水产新品种证书；倡导鱼类良种良养良销体系建立及应用，倡导实施"高地＋基地＋农户"运行体制；以第一完成人获国家科技进步奖二等奖（2 项）、全国创新争先奖状、湖南省科技进步奖一等奖、湖南省技术发明奖一等奖、湖南光召科技奖、大北农科技奖等。获国家发明专利 34 项；撰写了 *Fish Distant Hybridization*、《鱼类远缘杂交》专著；以第一作者或通信作者在 *Genome Research*、*PNAS*、*BMC Biology* 等期刊发表论文200 余篇；主持培养了 37 名博士和 108 名硕士。为我国水产事业作出了杰出贡献。

"创新是引领发展的第一动力。"科技是国之利器，国家赖之以强，企业赖之以赢，人民生活赖之以好。正因为如此，习近平总书记多次强调，惟创新者进，惟创新者强，惟创新者胜。

对于创新，刘少军是这样认为的："实现高水平科技自立自强，要大胆创新，多做从'0'到'1'的工作。"

"我们叫它花鲫，非常漂亮，丰富多彩。你看那条，尾巴和金鱼一样是双尾的……"2023 年 7 月 11 日，在武冈市水西门街道玉屏村的刘少军院士工作室——雪峰山鱼种繁殖谷，刘少军指着鱼池里欢快畅游的鱼苗，一脸慈父般温柔、欣喜而生动的笑容。

这种五彩斑斓的鲫鱼是刘少军团队培育的又一个新品系，世上独一无二。从事鱼类育种研究三十余年，驻足国内外无数研究基地的刘少军，给武冈这个基地打出了最高分："世界水产看中国，我认为目前这是中国最好的也是世界最好的鱼类育种基地！"

缘分是很奇妙的。刘少军的父亲刘筠籍贯武冈，出生于双峰，毕业于武冈二中。父子双院士都是研究淡水鱼类育种繁殖的专家。刘筠突破了我国草鱼等四大家鱼（青、草、鲢、鳙）人工繁殖技术，为解决当时人民"吃鱼难"的问题作出了重要贡献，"中国人的餐桌因他多了一条鱼"。刘少军则带领团队在淡水鱼远缘杂交领域的理论—技术—产品方面作出了创新成绩，为让人们"吃好鱼、吃放心鱼"作出了贡献。以父亲为榜样，刘少军带领团队奋战省内外十多个实验基地，不断探索推动建立生态优质的鱼类良种良养良销体系，为中国人的"餐桌革命"和科技赋能乡村振兴作出"鱼院士"的新贡献。

爱鱼、养鱼、研究鱼，两代院士一样情

1962 年 7 月，刘少军出生于湖南省长沙市，是家里的第三子。父亲刘筠当时在湖南师范学院（今湖南师范大学）任教，正致力于四大家鱼的繁殖生理学及人工繁殖技术研究。

20 世纪 60 年代初，受我国科研技术水平的限制，很难将河、湖里的鱼苗成功转移到池塘里面繁殖。以解决百姓"吃鱼难"问题为己任，刚从中国科学院进修回来的刘筠主动请缨，带领学生经过无数次艰苦的对比实验，经过长期的系统研究，终于获得了以草鱼为代表的四大家鱼（青、草、鲢、鳙）人工催产排卵研制工作的成功，为解决百姓"吃鱼难"问题作出了杰出贡献。

为鱼入痴、工作成狂的刘筠，将家里的日常、孩子的养育放手交给了夫人，却对孩子们的取名独揽其权。1959 年，大女儿出生，刘筠正在进行鲢鱼人工繁殖研究，为铭记这一刻，他为孩子取名刘白鲢。次年，老二出生，刘筠正在研究草鱼（又称鲩鱼），他便为二儿子取名刘鲩。到第三个孩子出生时，刘筠还想取个带鱼的名字，同在学校任教的夫人坚决反对："家里已经有了两条鱼，不能一家都是鱼。"最后，这个唯一没有以鱼取名的孩子刘少军反而跟父亲一样，成了毕生以鱼为伴，爱鱼、养鱼、研究鱼的"鱼院士"，还在微信等社交平台给自己取名"Fishfarmer"。

从小受父亲影响，刘少军对鱼情有独钟。他记得，那时搞科研，各方面条件有限，家里没有钱请保姆，爸爸妈妈到渔场搞科研，3 个小孩就跟着他们跑。上幼儿园、小学期间，到了周六放假，父亲就用板车拉着一家人去渔场做事。在渔场，父亲忙实验，他就在岸边用罐头瓶装水将不要的小鱼养起来，就这样认识了草鱼、鲤鱼、鲫鱼……

养鱼基地多在郊区及偏远地方，生活条件很艰苦。父亲在池塘里搞科研，他玩累了，就睡在草垛上。草垛里，虫蝇很多，一觉醒来，身上早已被

虫子咬得伤痕累累。就是那段难忘的年少岁月，不仅让刘少军对鱼产生了浓厚的兴趣，更从父亲的言传身教中体会到了科研的艰苦和坚持的可贵。很多个春节，父亲都是在实验室度过，"只有大年三十晚上在家过年，初一又回到实验室去了。青年时代这么做，他老了仍然这么做，让年轻人回家过年，自己一个人留在那里。"谈及父亲，刘少军满是深情和敬意。

紧随父亲脚步，刘少军把对鱼的爱好做成了职业乃至奋斗一生的事业。1989 年他留校在湖南师范大学生命科学学院任教，选择了淡水鱼遗传育种研究作为自己的学术方向。1998 年至 1999 年他曾赴法国从事鱼类分子生物学研究工作，2007 年获国家杰出青年科学基金资助，2019 年当选中国工程院院士。父亲研究鱼一辈子，他迄今也是研究了 30 多年的"Fishfarmer"。他在父亲开创建立的实验室接力前行，带领团队成功获批了淡水鱼类发育生物学国家重点实验室（省部共建）并担任实险室主任。

2015 年 1 月 21 日刘筠去世后，刘少军每年都会在年初写一封信致父亲，用这种经典但可一直保留的方式，来表达并记载对父亲的怀念之情。在2022 年写的第七封信中，他写道："还是从您非常关心的实验室说起吧，我清楚地记得您在病重之际，特别嘱咐我要把实验室建设好。向您汇报，您开创建立的实验室成为淡水鱼类发育生物学国家重点实验室（省部共建）已有 5 个年头。该实验室已成为我国淡水鱼类遗传育种的重要国家级平台之一……"3000 字的信只用百来字汇报家人安好、表达怀念之情，其余皆是关于实验室的建设、团队的科研成果、正在推进的良种良养良销、实验室人才培养和刘筠生前捐资 100 万元建立的"刘筠奖学金"助学成绩等情况。在2023 年写的第八封信中，同样是大段大段地向父亲汇报了团队在鱼类育种研究成果、人才队伍建设、承担国家重大项目、期刊建设、良种良养良销全产业建设、校内基地、望城基地、武冈基地的建设进展等成绩。真是"知父莫若子"，父子两代之至情至性、大仁大爱，感人肺腑、令人泪目。

坚持，坚持，再坚持，远缘杂交"创"新鱼

凌晨时分，湖南师范大学鱼类育种基地，几个人影在晃动。池塘里颇不平静，有公鱼正在追赶母鱼。"追尾了，抓紧！"这一声轻呼，意味着他们没白熬夜，也意味着可以"挤"鱼卵了。

这不是一般的鱼卵，而是红鲫和团头鲂（俗称鳊鱼）杂交、再自交产生的后代——世界上独一无二的同源四倍体鲫。3 天后，小鱼苗破卵而出。凌晨观察鱼类产卵这件事，刘少军已经带头干了 30 余年。每年 3 月到 6 月的某些天凌晨，这片基地，这样的诞生，持续上演……

根据传统的观点，不同种属的鱼存在生殖隔离，杂交后代难以存活或不可育。中国科学家用几十年的努力，打破了教科书上的这一"铁律"，在世界上确立了"鱼类远缘杂交可育"的崭新结论。

20 世纪 90 年代初，刘筠带领团队培育出世界首例异源四倍体鲫鲤品系，这是由双亲染色体相同的鲫鱼和鲤鱼杂交获得的。当时学界认为，这只是个案，鱼类远缘杂交的普遍规律还有待探索。那么，双亲染色体不同的鱼进行杂交，能产生可育的后代吗？刘少军决定试一下。

这一试，就是 5 年。历经反复筛选，刘少军发现，红鲫和团头鲂是理想的杂交组合，并成功培育出存活的杂交鱼苗。

精心呵护之下，杂交一代又喂了两年，终于等到性成熟！刘少军却发现，母鱼卵子极少，公鱼的精液稀薄到跟水一样。多年实验的结果，几乎被判"无效"——不育。

刘少军没有轻言放弃，他把水样的精液放到显微镜下，发现了精子。"不是不育，而是少精症！"对此，刘少军做了一件打破常规的事。他决定，带领团队把杂交一代极少的卵子和精子收集起来，进行人工育种。

这个过程并不容易，需要极强的团队协作。

鱼捞上来浑身是水，拿一条干毛巾把鱼先擦干，紧接着进入工作环

节——挤鱼。一人端盆子，盛放挤出来的卵子和精液，拿一根羽毛在盆里搅混。人工授精的鱼胚胎被铺在培养皿中，再注入干净的水，让胚胎开始孵化。

十几个人，围着几百个培养皿打转。培养皿的水一小时一换，没能存活的受精卵会发霉，影响到其他正常发育的受精卵，一颗颗都要及时挑出来。

最终，从这些受精卵里，刘少军团队培育出 6 条同源四倍体鱼。

"1 万颗卵里才能出 1 条四倍体鱼。"刘少军说，拼了命也要把这"宝鱼"养大。

经过两年连续培育，6 条"宝鱼"的后代达到性成熟，并成功产下几十条四倍体鱼，为杂交二代。再经过一年，杂交三代培育出了几百条四倍体鱼。

鱼，终于变成了鱼群。

育鱼是一生的事业，需要无数个日夜的心血浇灌。用刘少军的话说，"像养崽一样，天天看着"。事实上，他对鱼比对自己的孩子更细心，陪伴鱼的时间比陪伴亲人的时间多。

2008 年春节，50 年一遇的低温，暴雪突袭长沙，当地电力、交通、通信一时全部中断。

那段时间，增氧机停电，鱼群在挨冻。

"鱼是无价之宝，如果一次冰灾全死了，十几年工夫就白费了，从头再来的代价太大！"

时间紧迫，他要带头破冰。

天寒地冻，一声一声破冰的声音，在湖南师范大学校内的基地回荡。

在他亲自带动下，博士们拿铁棍敲冰，一敲就是 30 天。手磨破，全然不顾；滑倒了，爬起来！几个人日夜坚守在池塘边。

"不惜一切代价，我们咬着牙挺过来了。十几种鱼基本保住了。"冰灾过后，刘少军团队回到实验室，为了鱼群能走向更广阔的水域，继续忙碌着。

目前这个宝贵的同源四倍体鱼品系经过十多年连续扩群，已经达到了几万尾规模，形成了极其宝贵的四倍体鱼种质资源。以其为亲本开展的自交、回交、杂交、雌核发育等实验，培育出了十几种新型鱼类。

育好鱼、养好鱼，良种创制无止境

"为我国鱼类遗传育种和健康养殖提供系统的理论基础和技术支撑；研制一批优良鱼类品种；推动实现湖南千亿渔业产值目标，促进湖南乃至全国现代渔业的可持续发展。"这是刘少军的初心，也是他带领团队追寻的梦想。

30多年来，刘少军带领团队做了40多个远缘杂交组合，在染色体水平揭示了鱼类远缘杂交的主要遗传和繁殖规律，培育了一系列可育品系和优质新品种，打破了鱼类远缘杂交不可育的认知藩篱，让我国鱼类远缘杂交研究走在世界前列。

刘少军现在担任主任的省部共建淡水鱼类发育生物学国家重点实验室，是国内唯一以淡水鱼类命名的国家重点实险室。历经两代人努力，该团队已获得合方鲫、合方鲫2号、湘云鲫2号等8个国家级水产新品种证书。目前主推的新品种合方鲫2号，已在全国各地养殖。

刘少军主持研制出源于远缘杂交的同源四倍体鱼品系、改良异源四倍体鱼品系、同源二倍体鱼品系和异源二倍体鱼品系等可育品系，并作为新的种质资源，进一步研制了在生产上有重要应用价值的一系列优良三倍体鱼和二倍体鱼。

其中，同源四倍体鲫是世界首例亲本染色体数目不同的四倍体鱼品系，也是世界上第一条源于母本基因组的"纯"鲫鱼。利用该同源四倍体鱼与合方鲫2号交配，研制出了具有不育、体形美观、肉质鲜嫩、抗逆性强、生长速度快等优点的优良三倍体鱼。

每一个新型鱼类的出现都是一大奇迹。科研除了勤奋及坚持，没有捷径可走。正是因为有刘少军带领团队精心设计、坚持不懈的勤奋攻关，才揭示出远缘杂交的相关遗传和繁殖规律，为在国际上首次建立起适合鱼类远缘和近缘杂交的一步法育种技术和多步法共性育种技术等奠定了重要基础。

刘少军领衔的"淡水鱼类远缘杂交关键技术及应用"项目获 2018 年度国家科技进步奖二等奖。他先后两次获得国家科技进步奖二等奖，领衔"淡水鱼类发育生物学团队"获"全国专业技术人才先进集体"称号，领衔"淡水鱼类遗传育种研究创新团队"获湖南省科学技术创新团队奖，以第一完成人获得湖南省科技进步奖一等奖和湖南省技术发明奖一等奖。

科研的目的是服务社会。他们在选择远缘杂交研究亲本时，往往以鲫鱼、鲤鱼、团头鲂、鲌鱼、草鱼等非常普遍的大众经济鱼类为主。这些鱼更容易出现在人们的食物谱系里，刘少军希望能够从这些"亲民"鱼种中取得更大突破，让更多好鱼"游"上老百姓的餐桌。

刘少军介绍，他们研究出来的一种鱼叫鲂鲌杂交，突破了远缘杂交难以形成可育品系难关，从它的第一代、第二代一直到第六代，他们连续做了12 年，建立了可育品系及新的种质资源。利用这个种质资源，进一步研制了一系列优质鱼类，其中包括湘军鳊（合方鳊），其肉质非常好，红烧合方鳊非常可口。另外，"合鲂鲫 2 号与豆腐一起煮的话，鱼汤特别鲜"。这些优质鱼类深受大众欢迎。

围绕让百姓"吃好鱼"，刘少军团队做科研的一个重要目的就是解决鱼的品质问题、生长速度问题等。比如说，要让百姓吃到放心鱼，就需要提高鱼的抗病能力，从而少用药，乃至不用药。刘少军介绍，经过两代人的努力，他们的重点实验室已经培养出抗病草鱼，使得在不用药的情况下草鱼养殖的存活率大大提高。

早出晚归，寒来暑往，刘少军和他的团队一次次从成百上千条杂交鱼里收集珍贵的精液、卵子，小心翼翼地放进培养皿里守候，只为培育出一条好鱼，一个新鱼种。"鱼类的良种创制是无止境的。让渔民养好鱼，让百姓吃好鱼，是我们为之奋斗的目标。"刘少军如是说。

良种良养兴良业，科技赋能促振兴

2020年，刘少军院士工作室——雪峰山鱼种繁殖谷落户武冈市水西门街道玉屏村。这是一个青山绿水、干净安静而又充满生机的小山村。刘少军看中这里水质特别好，是天然的育种场。武冈市委市政府更是如获至宝，敞开怀抱。

之前一个污染环境的养鹅场经大力整治以后，变身占地110亩、投资七千多万元的科研基地。2021年4月，刘少军团队8名博士、硕士入驻中心，开展鱼苗育种与科研。2022年4月15日，时任国务院副总理胡春华到繁殖基地考察，对该基地建设工作给予高度评价。

刘少军介绍，他们在全国有14个基地，相比其他基地，这里水质好些，在望城基地搞科研做不出的新型鱼类，在这里能做出来。另外，在温度偏低的山泉水中生长的鱼类，其繁殖期更长些，"一般这个时候不做育种研究了，但现在这里7月还在做，非常好"。目前刘少军团队培育的大众淡水鱼和特色淡水鱼品种，这个基地都有。

"好山好水出好鱼。把我们的种业和这里很多的山塘、稻鱼种养结合起来，做到有种有业，武冈是一个很好的典范。"刘少军说，武冈人吃好鱼原来需从外省外市进口。现在种业做起来，大家把鱼养起来，就可以让更多的乡亲吃到优质的鱼、放心的鱼。"做好典范不容易，但是不去做就实现不了。现在一点一滴做起来，一年一年有进步。"

如今，刘少军团队在武冈育种基地已成功孵化出合方鲫、合方鲫2号、翘嘴鲂、湘军鳊、湘军鲌、抗病草鱼、鳜鱼、鲈鱼等优质鱼苗。养殖户总体评价是，这些鱼成活率高、生长速度快、抗逆性强、肉质鲜美、投入产出比高，市场前景广阔。

2023 年，他们在武冈基地全面进行优质鱼苗孵化与养殖，已孵化鱼苗6500 万尾，辐射全市 300 亩鱼苗培育基地、5100 亩稻鱼综合种养示范区、3 万亩稻鱼综合种养推广区、4600 亩村集体精养山塘，总共可实现产值 1.7 亿元。

该基地提供的优质鱼种及鱼类养殖新技术，带动武冈市水资源较好的村、千余渔业养殖大户、万余养殖户增收。该基地正常运行后，每年可供应优质淡水鱼苗 8 亿尾以上，5 年内渔业产值预计可达 10 亿元，将成为武冈市乡村振兴的重点支柱产业。

"把产业做起来，乡村振兴才能真正做到实处。"刘少军说，许多科技成果需要走出实验室，而乡村振兴需要插上科技翅膀。武冈的育种中心可以辐射邵阳、怀化等地区，能养鱼的水域，在保护生态环境的前提下，都可以利用起来。建设山塘的时候，把美丽乡村建设结合起来。山区的山塘有限，还要跟水稻种植结合起来，"稻鱼综合种养是国家倡导的重要生态种养模式"。

刘少军说，该基地以科研高地加基地的形式运营，推行良种良养良销，实现"米满仓、鱼满舱，鱼米满满仓"。怎么让优质稻、优质鱼走上百姓餐桌，怎么让生态种养的农户挣钱并始终保持产品品质，怎么在发展产业的同时保护好生态环境，是他们一直在思考的问题。目前他们正探索以科研团队和政府合作开办公司的模式，实现科技成果转化，推动产业良性发展。

因为生态种养很辛苦，成本相对要高，刘少军特别提醒："这个过程不要急。刚开始亏，亏也要做。慢慢做起来，坚持下去就能赚到钱了。"刘少军说，打通"最后一公里"，把放心产品送到百姓餐桌上，还要把品牌建设做起来。"要保护好产品品质，不要盲目追求产量，绝对不能以次充好，拿别的产品来顶替。"

刘少军说，我国水产量排世界第一，占世界水产量的近 70%，而人口只占世界总人口的 20%。水产品便宜，很少涨价，现在要解决吃好鱼的问题。对于消费者来说，要选对的，不选贵的，要有敬畏心理，不要猎奇，尽量吃本地产品。海鲜运到内陆不能完全保证新鲜，并不一定适合我们吃。他自己去餐厅时，就总是点本地的鲫鱼及草鱼。

有情有义有担当，一片丹心无边爱

眼前的雪峰山鱼种繁殖谷，拥有鱼苗繁育科研中心、鱼苗主体培育区、管理和生活服务区、鱼苗孵化区等四大功能区域及配套设施。山风掠过水塘而来，格外凉爽，抬头可见白云绕青山，低头可见水里鱼儿欢游。

这里山清水秀、风景秀丽，淳朴的百姓也自觉地维护好周边卫生和生态环境，守护着这方科研高地的宁静和安全。刘少军说，平常他有空就来，重要的繁殖季节也来，至少每个季度来一次。"湖南有十多个基地，别的地方很少住，但来这里会住下，冬天也住基地。"

为什么对这里情有独钟？

因为他时刻关心着这里的科研进展，关心着驻守这里的科研团队。团队中有他带的硕士、博士、博士后。他们除了搞学术研究，还要下塘捕鱼、摄影摄像搜集资料、调研探索产业化发展。地方虽好，但待得住不容易，到了晚上就黑灯瞎火。学生们都盼着他来，把他来基地当作过节般欢迎。而他除了做学术指导，也希望能以身作则，鼓励团队成员在这"好山好水好寂寞"的乡村坚守。

武冈是他父亲刘筠心心念念的故乡，也是他的深情所寄。天时地利人和让武冈建成了世界上最好的鱼类育种基地。他希望以种业带动产业，助力武冈插上腾飞的翅膀，推动乡村振兴、带动农民增收，提高百姓饮食质量，助力美丽乡村建设和生态环境保护。

近三十年来，刘少军一直坚持在教学一线，承担了多项专业课程教学任务，为我国水产研究领域培养了一大批优秀人才。他一步步手把手地带领学生多读、多看、多做、多想。每当发现学生在学习、生活等方面有困难，都尽力想办法予以解决。很多原来基础较差的学生，不但专业水平、英文水平得到很大提高，而且能够做出原创性的科研成绩，并在国际英文期刊上发表文章。

刘少军说，父亲教会他勤奋和坚持，他也把这成功秘诀教给了学生。"干一行爱一行，很重要。勤奋和坚持是两个概念，坚持是朝着一个方向勤奋，执着的勤奋就是坚持。没有一个持续的方向做不成大事。看准了，就一定要坚持。要沉得住气，多做从'0'到'1'的工作。"

父亲生前主动捐出 100 万元作为助学基金，而今他接过了父亲的接力棒。在 2023 年写给父亲的信里，他这样写道："最近学校组织完成了以您名字冠名的第 14 届刘筠奖学金评审工作；该奖学金目前已经资助了 140 位贫困优秀学生，其中，70 位硕士生，70 位博士生。我们一定继承您的高尚品德，把这个很有意义的公益性事业进一步做大、做强，让更多贫困优秀学生受益，为青年人才的培养贡献我们的力量。"

他还在信里写道："家里人都好，请您放心。近 92 岁的母亲身体状态还好。母亲经常在'家'微信群（这个群建立有六年左右了）中发布很多信息，提醒大家做这个，注意那个，精神状态一直很好。我们一定会继续把母亲照顾好，请您放心。您的重孙女快 5 岁了，非常可爱，是大家的开心果……"

当年刘少军出国深造，有留在法国的机会。父亲刘筠每次写信、打电话，都要求他一定要回来为祖国服务，甚至"威胁"说，如果他不回来，那小孙子也不准带出去。而今这个"小孙子"在国外学生物，轮到刘少军叮嘱儿子一定要回国。"在外是帮别人做事，回来为中国做事，产生的效益和荣誉高得多。现在国家条件也很好，回国工作前景是很好的。"

扎根祖国大地，搞科研、育人才、兴产业、利人民，刘少军以农夫的身姿干出了鲲鹏的事业，交出了为人民服务的最美答卷。

相关链接

脚踏实地、探索创新、持之以恒、水到渠成

亲爱的同学们：

　　你们好！

　　我作为湖南师范大学的一名老师，首先热烈祝贺和热烈欢迎2022年新入学的研究生，包括博士研究生和硕士研究生，来到依山傍水的美丽湖南师范大学进行进一步的深造；同时向同学们提出几点建议，与大家共勉。

　　今年湖南师范大学招收了四千余名硕士研究生和三百余名博士研究生；40年以来我们学校已经培养毕业了四万多名硕士和博士研究生，为我们国家培养了一大批高端人才。你们新进来的这批研究生在学校的大力支持下，在导师的栽培下，通过自己的努力，也必将成为国家的栋梁之材。

　　大学的主要任务有三个，即科学研究、人才培养和服务社会。研究生的培养过程贯穿了这三大任务。每一个研究生的成长和提高，不仅使得每一个研究生学有所成，对个人发展起到非常重要的作用。同时，对研究生群体的培养也在整体上促进了国家的科学研究、人才培养和社会服务，促进了学校的整体发展。研究生培养和学校发展是互相支持、相辅相成的。正因为如此，学校和老师们都一直高度重视研究生培养，以前是这么做的，以后也会继续保持下去。同时，我希望同学们倍加珍惜来之不易的机会，努力学习，努力科研，早日成为国家的栋梁之材。

作为一名研究生导师，我希望新入学的研究生们，注意身体健康。虽然你们都很年轻，身体状况一般很好，但是保持身体健康是你们生活、学习及科研工作的基础和本钱；希望你们多参加体育活动，这样不但可以增强体质，还可以结识很多不同研究领域的朋友。体育锻炼是你们研究生阶段不可缺少的重要活动。

另外，我作为省部共建淡水鱼类发育生物学国家重点实验室主任，在专业研究方面，想借此机会把实验室的实训向大家介绍一下，与大家共勉。这个实训为 16 个字，它们是：脚踏实地、探索创新、持之以恒、水到渠成。

希望同学们在研究工作中脚踏实地，认真学好研究生期间的专业课程，同时广泛学习各类相关课程，积极参加各类学术活动，具备扎实的专业知识和广泛的辅助知识；在导师指导下，面向科学前沿，面向国家重大需求，选择合适的研究课题。我要提醒大家的是，你们刚进入实验室时，不要急于选定科研课题，需要在一定广度范围内对有关学科领域的知识和实验室已有的相关研究基础有较好的了解之后，再确定选题。有时候选择比努力更重要，这句话在此是适用的。

希望同学们在研究工作中不断探索创新，多做无人区的研究工作，不跟风；注重书本知识，但不唯书只唯实；在前人工作的基础上，既注重吸收他人的科研成果，更注重做更有创新意义的工作。只有对创新的主题不断探索，形成有特色的工作成绩，才能可持续发展。

希望同学们在研究工作中，能持之以恒。不能持之以恒地工作是难以出成果的。大家要有坐"冷板凳"的思想准备，要有"把冷板凳坐热"的决心和"十年磨一剑"的意志；要耐得住寂寞，在寂寞中成长和成熟，在寂寞的工作环境中脱颖而出。我相信你们通过长期的学习积累，一定会获得滴水穿石的功效。

亲爱的同学们，你们是早晨八九点钟的太阳，是祖国的未来。因为你们年轻，你们会有美好的未来；也正因为你们年轻，还需要不断地努力工作，不断充实自己，使自己成为国家的栋梁之材。

在此，我再次欢迎大家进入湖南师范大学这个温馨的大家庭；衷心祝愿大家在研究生学习期间身体健康、学习进步、工作愉快、阖家幸福！

刘少军

2022 年 10 月 10 日

院士寄语

干一行爱一行，很重要。勤奋和坚持是两个概念，坚持是朝着一个方向勤奋，执着的勤奋就是坚持。没有一个持续的方向做不成大事。看准了，就一定要坚持。要沉得住气，多做从"0"到"1"的工作。

谢道昕

生命科学见『道心』

邵阳"科星"小传

　　谢道昕，1963 年 1 月出生，湖南省新邵县人。清华大学教授、中国科学院院士，清华大学学术委员会副主任、科技伦理委员会主任、学风道德建设委员会主任，中国植物学会副理事长、党委副书记，国家农业转基因生物安全委员会副主任，国际种业科学家联合体副主席。

　　谢道昕在植物激素研究中作出了开创性贡献，发现了植物抗性激素茉莉素的受体感知机制，揭示了茉莉素调控植物抗性和育性的信号传导机制；阐明了植物分枝激素独脚金内酯的受体感知机制，研究成果入选 2016 年中国生命科学十大进展、中国高校十大科技进展和国际生物信号传导领域重要突破。

习近平总书记指出："爱国主义是我们民族精神的核心，是中国人民和中华民族同心同德、自强不息的精神纽带。"对每一个中国人来说，爱国是本分，也是职责，是心之所系、情之所归。科学家"胸怀祖国、服务人民的爱国精神"，是立身之本、成才之基。

爱国是最高的道德，报国是最大的成功。谢道昕曾是新邵贫困农村的放牛娃，而今他是清华大学教授，中国科学院院士。他说："'感恩'两个字一直铭刻在我的心灵深处。感恩祖国的护佑、感恩父母乡亲的养育、感恩老师的教诲、感恩朋友的帮扶。"

"道者，一立而万物生矣。"在生命科学的道路上，谢道昕将一生追求与祖国需要紧紧联系在一起，凭着真诚的感恩之心、高度的责任之心、强烈的担当精神、切实的报国之举，成就了出彩人生，向世人展现了当代中国科学家的为人之道、科研之道、报国之道。

知恩守正，童年磨砺铺就生命底色

1963 年，谢道昕出生于新邵县小塘镇马埠江村（原言栗公社马埠江大队第六生产队）一个农民家庭。农村的艰辛劳动和淳朴生活，让他从小就锻炼了吃苦耐劳、坚韧不拔的精神，养成了善良谦和、知恩图报、尽责担当的品性。

谢道昕的爸爸上过私塾，性格豪爽耿直。妈妈不识字，宽容、贤惠、能干。他有一个大他 15 岁的姐姐和一个大他 7 岁的哥哥，姐姐哥哥很小的时候就辍学干农活，为父母分担了生活的重担。勤劳善良的亲人们，在艰苦的环境中一直倾尽全力呵护着年幼的他，给了他安稳而温暖的童年时光。

那时的家乡还很贫穷。特别是到了青黄不接的时候，如何让一家人吃饱饭，是大多数家庭伤脑筋的事。他们通常一天吃两顿饭，有时只吃一顿。主粮不够吃了就会在饭里加一些红薯等杂粮。米缸空了，下顿饭实在没着落了，就去走亲戚，在亲戚家吃一顿饱饭。

虽然亲戚朋友都不富裕，但大家互相接济，共渡难关。"无论去谁家，亲友们都会把家里最好吃的东西拿出来。无论他们家里多么困难，亲友们也会设法让我吃饱。"这是谢道昕记忆犹新的事，不论走多远，他始终记得并珍惜来自乡亲的那份人情温暖。

谢道昕6岁时，家里开始让他上学。在那个讲究成分的年代，尽管谢道昕的爸爸被定为贫农，但爷爷却被定为全村成分最高的富农，大人小孩多少受到影响。为了让他有个好的成长环境，母亲安排他到已出嫁的姐姐家寄住。姐姐嫁在几千米外的小塘公社涟田大队。

姐夫的家庭成分为贫农，还是抗美援朝老兵、共产党员，性格温和，人好心实，长期隐居大山之中守卫和维护军用器械等国家战略物资，每个月只能回家一两次。姐姐很能干，既要照顾刚生下的孩子，又要在生产队干农活挣工分，还经常回到马埠江为娘家排忧解难。姐夫、姐姐平时省吃俭用，却想方设法为谢道昕提供最好的生活条件。

1970年，谢道昕在离姐姐家一墙之隔的涟田上小学。为了让姐姐安心去做农活，他一边上学，一边照料一岁的小外甥，通常是背上背着小外甥、手里提着书包。学校还特意请老师安排他坐在教室最后一排靠门口的座位，小外甥一哭闹，谢道昕就赶紧离开教室到门外去哄。涟田小学的老师知道他姐家的情况，非常照顾他，让他享受到读书的无穷乐趣。

在涟田小学读了3年小学后，谢道昕回到了家，在言栗公社小学继续上学。那时候，农村孩子干农活是第一位的，上学是次要的。他与其他农家孩子一样，清早起来先放牛，放完牛才能去上学，常常来不及吃饭，就把母亲事先准备好的饭团子带在路上，一边走一边吃。学校离家较远，要穿过几个山沟，走40多分钟。路不好走，逢雨雪更加泥泞难行，但这所"远得不得了"的学校却是他最愿意去的地方。下午放学后，要先干完农活才能吃晚饭，所有的作业必须在学校完成。后来再长大一点，他开始晚上学习。但村子还没有通电，一到夜晚山沟里就黑漆漆的。为了节省煤油，同村的几个同龄小朋友联合起来形成学习小组，小伙伴们晚上围着一张方桌（右图），共用一盏煤油灯，一起学习。

谢道昕小学自学用过的四方桌

在那样艰苦的环境中，热爱学习的谢道昕一有时间就学习。干活、走路、放牛时，他都会背书。上学的路上，经常一路走一路背，遇到记不起来的内容，等到了平整的路面，站在路边再把书拿出来看看，这样可以不影响后面人赶路。这个经验他后来也传授给其他学生。

虽然是家里被照顾得最好的，但懂事孝顺的谢道昕分担家庭负担毫不含糊。小学和初中放牛、扯猪草，高中时给家里挣工分，挑河沙、送公粮……啥活都干。每年"双抢"，凌晨三四点起床，摸黑走到田里，拔秧、插秧，八九点去上学，放学回来继续插秧。大太阳底下干活，背部会晒脱一层皮。送公粮的路很远，扁担挑在肩上，几乎齐肩高的两个箩筐时不时地碰撞地面。累到几乎迈不开腿了，他仍然咬紧牙关，坚持跟上生产队送公粮的队伍。

年少的这些经历，成为谢道昕的人生财富，不仅培养了他对学习的无比热爱之情和孜孜不倦的求学精神，更磨炼了他的坚强毅力，使他不论在什么环境下，都能保持感恩惜福、积极阳光、温暖宽容的心态，不怕吃苦、不计私利、勇于担当、乐于奉献。"经过儿童少年时期的艰辛磨炼，在后来的成长道路上，无论遇到多少挫折，碰到何种艰难，都可以坦然轻松地应对。"谢道昕如是说。

感恩奋进，勤勉求学提升生命能量

小学毕业时，年满 11 岁的谢道昕本以为没有机会继续上学了，因为那时读中学需要大队和生产队推荐，而家庭出身则是一个重要的衡量因素。然而，让他感动的是，淳朴的乡亲们给了他机会，推荐他升入言栗公社中学。1976 年至 1979 年，他在言栗中学读了两年初中、两年高中。他深刻感受到老师对学生真心的好，也深深体会到同学之间的真挚情谊。这些都让他心怀感恩，更加发奋读书。

尽管少儿时代的物质生活比较贫乏，但精神生活却是非常充实的。村里有一位非常和善、睿智的桂叔，有文化并非常善于讲故事，《三侠五义》中的人物故事被桂叔描述得活灵活现，使谢道昕非常着迷。"桂叔很会寓教于乐，常常通过书中的人物故事教导做人应该有担当、侠义、仗义、正义的道理。"由于每天听故事的时间有限，谢道昕希望向桂叔借小说自己回家看。桂叔考虑到《三侠五义》在当时属于绝对不能外传的"禁书"，只好借给他另一本小说《钢铁是怎样炼成的》。通过阅读这本书，他知道了保尔如何为了革命理想，忍受残疾和失明的巨大痛苦、磨炼钢铁般的意志和顽强奋斗的品质，从一个普通工人子弟成长为无产阶级革命英雄的非凡过程。"少儿时期无意中获得的一本小说，非常巧合地成为我少儿时代的精神支柱。更加巧合的是，在我以后的成长历程中，我收到两位重量级人物在不同的年代送给我的珍贵礼物——都是《钢铁是怎样炼成的》这本书：著名的分子生物学家范云六先生（苏联留学博士）在我考上博士研究生时（20 世纪 80 年代末）赠送，中国农业科学院原副院长王韧先生在我获聘研究员和资深科学家时（21 世纪初）赠送。保尔精神鼓舞了一代又一代青年不畏艰险、追求理想、不懈奋斗，也深深地影响着我的人生之路。"

中学时正赶上国家恢复高考。以为"能上高中，这一辈子就够了"的谢道昕，以平常做家庭作业的平静心态参加了 1979 年高考，却意外地取得了超过全国重点大学录取线的高考成绩。他成了言栗中学直接培养的第一位，也是迄今唯一的大学生。

填报志愿时，任何一场考试都没有紧张过的谢道昕，反倒紧张起来。老师告诉他："家庭出身不好，可能会影响大学录取；志愿不要填高了，只要跳出农门，吃国家粮就可以了；你最好填报城里人不愿报的学校和专业，例如，常年奔波在崇山峻岭找矿采矿的湖南矿冶学院（现为中南大学），常年工作在田间地头播种打药的湖南农学院（现为湖南农业大学）。"他从小就经历过农村的艰苦，更期待自己以后有能力改变这种贫困。于是，他只填报了湖南农学院，第一专业选择了农学系的植保专业。

哥哥就在村里当植保员，得知他上了大学还是学植保，非常惊讶："好不容易考上大学，你还报洒农药打虫的专业干吗呢？我现在就是生产队的植保员，负责洒药打虫。你最好换一个学开车的专业。"谢道昕笑笑说："能被录取已经不错了。以后打虫的专业学会了，回来帮你打虫，你也可以更轻松点啊。"

1979 年 9 月，谢道昕第一次踏足"大城市"新邵县城，按照姐夫的精心安排搭乘前往长沙拉货的顺风车，怀着首次乘车的好奇和激动，站在卡车的无篷车厢里经历了数小时令人兴奋的旅程，来到了位于省城长沙的湖南农学院。

4 年的学习经历是他学术生涯的起点，也是他提高综合素质，励志成长，形成正确的人生观和价值观的关键时期。"在这里，我开始领悟人生的真谛，学会了感恩和奉献；在这里，我收获了知识和学问，懂得了思考和探索。"与当初那个只想着考上大学能吃国家粮的农村少年相比，他不仅提升了学识水平和各方面能力，还懂得了做人做事的道理，树立了个人的前途应该与国家的命运紧密相连的信念。

谢道昕认为，准确了解自身优势对于职业规划是非常重要的。"我的定位，就是踏踏实实做一个专业技术人员。我沉默寡言，善于思考，能够沉下心持之以恒地做某件事情。"

1983年7月，年满19岁的谢道昕来到位于常德德山的湖南棉花研究所，从事科研工作。单位领导和老师对来所工作的大学毕业生很看重、很关心，不仅在工作中给了很多锻炼成长的机会，还在生活上给予诸多照顾。"细心的单位领导和老师担心我这个来自邵阳的孩子不能适应常德的生活，还让他们正在读中小学的孩子们常来陪伴我这个大哥哥。"为了帮助年轻人成长，所领导在国家文件规定"原则上大学毕业工作两年后方可报考研究生"的情况下，想方设法为参加工作不满一年的青年人创造条件、提供考研的机会。谢道昕没有辜负这份善待，1984年7月，他顺利考上了中国农科院研究生院植物保护研究所的硕士研究生。在常德工作的时光虽然非常短暂，却提升了他的社会适应能力，"棉科所是我永生铭记、心怀感恩的人生驿站"。

1987年研究生毕业后，谢道昕申请进入范云六先生的实验室从事生物技术研究。范云六研究员是中国农业生物技术开拓者之一，1997年当选中国工程院院士。范先生和中国农业科学院研究生院的老师们当时克服了重重困难把谢道昕的档案从外地调到北京，为他以后从事农业生物的前沿科学研究提供了关键帮助。

谢道昕读研究生时的照片

对于自己的求学之路，谢道昕一直记得，当时中小学学费是由人民公社免除的，一两元的书本费也靠家乡亲友资助，上大学不需要交学费，住宿免费，国家每月还发十余元的助学金，后来读硕士研究生和读博士研究生，国家每个月都发给固定的助学金。"国家的助学金支撑了我大学和研究生学习期间所有的生活开支。上大学后，我才有了均衡的食物营养，身体才能正常发育：我高中毕业时已年满15岁，身高不足1.45米，19岁大学毕业时身高长到1.72米，23岁研究生毕业时身高为1.76米。我能够健康成长，能够上大学并完成硕士研究生和博士研究生学业，得益于家乡人们的关爱，得益于祖国的护佑，得益于改革开放的政策，得益于老师们的辛勤培养。"

谢道昕特别珍惜所得到的帮助和机遇，一直勤勉，未曾松懈。他喜欢用"笨鸟先飞"来形容自己的学术生涯。在他看来，勤勉是高于天赋的素质。在研究生学习时期，他总是每天很早到实验室，很晚才离开，周六、周日也基本如此，几乎没有节假日。就连当年和女朋友约会，也基本上在实验室，他做实验，她则在一旁观看，或在自习室看书。这种日子就像一颗不起眼的种子在土里生根发芽，为他赢得了不负韶华的精彩无限。

报国图强，聚焦前沿绽放生命色彩

从新邵到长沙，从常德到北京，谢道昕从一名稚嫩的农村少年成长为学富五车的博士，他深深感恩国家和时代，感恩朋友和乡亲，感恩所有的老师，并决心以实际行动，把感恩报恩当作奋进的坚强动力。

研究生毕业后，正赶上出国潮。国门打开，很多人争先恐后想出国留学。谢道昕也想出国深造。他找到导师范云六："先生，比我先到实验室的学长都出国学习了，同时来实验室的同事都出国了，比我后来的，也有许多人出国了。现在，我这里有一个机会，已拿到签证材料和全额奖学金，可以去美国大学攻读博士学位。"

导师告诉他，实验室刚刚承担了国家的一个重要项目，事关国家生物技术发展的战略性布局。"这是国家重大任务，由我们承担，很希望你留下来实施这个项目课题。你能否留下？"

"好的！先生，您如果觉得我留在实验室对项目实施能有帮助，那我就不出国读博了。"谢道昕一口答应。就这样，他放弃了去美国读博的机会，在范云六先生指导下开展转 Bt 基因抗虫棉的研究。因为棉铃虫对棉花生产造成毁灭性危害，当时的防虫方法是使用农药，但高毒高残留农药的施用却造成了人畜大量伤亡。抗虫棉的研究项目，就是在棉花中表达 Bt 蛋白，这是一种已经具有半个世纪安全应用历史、对人畜无害且能专一毒杀棉铃虫的蛋白。转 Bt 基因抗虫棉的研究和应用，可以大幅度降低农药的使用，产生巨大的经济效益、社会效益、生态效益。

1990 年，谢道昕获得博士学位后，以自费公派的形式前往英国剑桥大学作物育种研究所迈克·盖尔（英国皇家学会院士、中国工程院外籍院士）教授实验室从事小麦遗传图谱的研究工作，该研究所后来整合并入世界著名的英国 John Innes 研究所。

谢道昕在英国遇到了一批杰出的中国科研工作者。大家聚在一起时，常常讨论中国的科研在管理和技术水平上与英国相比有哪些差距，怎么才能把国家的科学技术发展起来。"一大批在英国留学和访问的中国学者，如马庆生（曾任广西壮族自治区政协主席）、唐纪良（曾任广西大学校长）、薛勇彪、罗达、谭华荣，以及后来成为中国科学院院士的许智宏（曾任北京大学校长）、洪国藩、饶子和（曾任南开大学校长）、高福（曾任中国疾病预防控制中心主任、国家自然科学基金委员会副主任）、邓子新、韩斌、曹晓风，都具有深厚的家国情怀，他们都早早回到祖国，为国家科学教育事业作出了巨大贡献，是我学习的榜样和敬仰的楷模。"受到这些杰出科学家的影响和熏陶，谢道昕也一心想着要勇攀科学高峰，学有所成，为祖国繁荣昌盛出一把力。

　　两年后，谢道昕按期回国。过了一段时间，范云六先生说："我们现在科研项目已经有人接下来了，工作进展顺利，你还需要到国外开阔科学视野、得到更多的锻炼，以后才能更好地成长，才有能力为国家科学事业作贡献。"谢道昕重新出国从事博士后工作，并于1999年在新加坡国立大学农业分子生物研究院，作为资深科学家，建立了自己的研究团队。

　　2000年，他和几位教授讨论起我们国家的科研管理需要跟国际接轨，要在管理体制、人才机制上进行大的改革，科学技术水平才能实现跨越式发展。怎么做？先建一个示范区。他和丁守伟（现为国家"千人计划"杰出人才、美国加州大学河边分校教授、美国微生物科学院院士）、李蓬（现为中国科学院院士、郑州大学校长）、林圣彩（现为中国科学院院士、厦门大学教授）、彭金荣（现为浙江大学教授、曾任浙江大学动物科学学院和生命科学学院两院院长）、温子龙（现为南方科技大学教授）等6位科学家，通过中国驻新加坡原大使张九桓和原参赞赵大铜（现任国家卫星气象中心副主任、党委副书记）向国家领导人提出建议，建议成立国家生命科学研究院，按照科学规律和国际惯例进行科技管理，为我国生命科学实现跨越式发展探索成功之道。这一倡议很快得到国家领导人的高度重视。

　　在国家相关部委和同行专家的领导和支持下，"北京生命科学研究所"的筹建工作顺利启动，研究所大楼很快在距离清华大学、北京大学数千米外的京郊地区拔地而起。6位学者与建筑设计团队反复商讨并规划好研究所大楼，使大楼的布局能够适合开展科学实验。他们制定了按照科学规律和国际惯例进行科技管理的相关规章制度。研究所将招聘国际一流的杰出人才，提供接近欧美发达国家水准的年薪待遇，破除任职终身制，采用国际同行评议进行学术评价，实行优胜劣汰的科技人才管理制度。一石激起千层浪，该举措在中央组织部、国家发展改革委、科技部、教育部、财政部、国家自然科学基金委员会、北京市等多个部委的领导和支持下得到顺利实施，这对我国科技制度改革、人才制度改革、科学技术的发展起到了重大的推进作用。

薪火相续，甘为人梯奉献生命价值

从始至终，谢道昕都抱定了"学成必归，报效祖国"的信念和决心。在国外时，谢道昕时刻关注祖国生命科学的发展。听清华大学一些学者向他介绍尚处于起步阶段的清华大学生命学科，以及学校对于生命科学的重视和宏远规划蓝图，他深受感染。他期待自己能够到清华大学为祖国生命科学的发展添砖加瓦。

"我所接触的老一辈科学家都具有深厚的爱国奉献的情怀，只要能发挥专业特长，无论戈壁大漠或深山峻岭，只要在祖国广袤的大地上，哪里需要他们就扎根在哪里。爱国奉献的情怀，深深灌注在他们这代人的灵魂里。""前辈科学家是我们的楷模，是我们的榜样。做好一颗'螺丝钉'，为祖国科学事业的发展和人才培养尽微薄之力，是自己的责任、义务和荣耀！"

2006 年至今，谢道昕任清华大学生命科学学院教授以来，先后兼任生命学院博士后管委会主席、离退休工作小组组长、教代会组长、关心下一代工作委员会主任、工会主席、党委副书记、植物学研究所所长，清华大学—北京大学生命科学联合中心博士后管委会主席，现任清华大学学术委员会副主任、科技伦理委员会主任、学风道德建设委员会主任，中国植物学会副理事长、党委副书记，国家农业转基因生物安全委员会副主任，国际种业科学家联合体副主席。他是"发展中国家科学院农业科学奖""中国植物生理与植物分子生物学学会杰出成就奖"的获得者。2005 年获得国家杰出青年科学基金资助、入选教育部"长江学者奖励计划"特聘教授，2019 年当选中国科学院院士。

在生命科学领域，谢道昕带领团队主要从事植物激素的研究。植物激素调控植物的繁衍生息，与生态环境和农业生产密切相关；阐明植物激素的受体感知机制，对于揭示植物生命活动的本质、改善生态环境和保障粮食安全具有重要意义。在九大类经典植物激素中，谢道昕团队发现两类重要激素的受体感知机制。其中，茉莉素作为抗性激素主要调控植物抗性和育性，而独脚金内酯则主要调控植物分枝。其研究工作曾入选中国生命科学十大进展、中国高等学校十大科技进展和国际生物信号传导领域重要突破。

在人才培养方面，谢道昕甘为人梯，以身作则，在传授专业知识的同时，特别注重培养他们深厚的家国情怀、无私的奉献精神、严谨务实的科学态度。"我很希望学生们能有为国家、为社会做一番事业的情怀和理想。现在的学生面对的诱惑很多，如果失去了这种情怀，即使暂时取得一点成绩，在人生道路的某个节点上也容易迷失方向。"

"热爱祖国、爱护学生、严谨求实"，这是学生汪姣姣对谢道昕的评价。她说："谢老师培养学生非常开明。他的办公室对所有学生都是开放的，我们有他办公室的钥匙。他让我们感觉到学生是实验室的主人，是课题第一负责人。而他一直在背后默默为我们提供好的平台和条件，帮助我们解决问题。""看学生论文时，谢老师会逐一跟我们讨论，甚至写出十几页的意见回复。接连几天晚上 11 点给我们发一版修改意见，凌晨三四点又有一版。"

关心和支持家乡的发展，是他始终不变的情怀。他和水稻专家中国农业大学孙传清教授是同乡好友，两人经常在一起探讨水稻科研工作和家乡农业科技的发展。"杂交水稻之父"袁隆平院士勇攀高峰的科学精神、脚踏实地的追梦精神一直激励着他要为国家、为家乡多作贡献。

2022 年，谢道昕在母校湖南农业大学青年人才座谈会上，深情鼓励学弟学妹们："一定要对标国家需求，瞄准国际前沿，持之以恒地努力；在工作中要做到'心中有梦想、始终有激情'，保持积极心态，弘扬正能量。"而这正是他已走过、正在走、将要走，并将带动更多人走下去的路。

相关链接

谢道昕寄语湘农学子

要将个人的前途与祖国的命运紧密相连

2023 年 10 月，在湖南农业大学建校 120 周年高质量发展大会上，谢道昕深情回忆了在母校学习、生活的时光，他寄语湘农学子要将个人的前途与祖国的命运紧密相连，胸怀强农报国信念，获取广博的学识、磨炼坚强的意志、形成高尚的品格、锻炼健康的身体、早日成才，在国家富强民族振兴的征途上展示靓丽风采，留下青春足迹。

院士寄语

前辈科学家是我们的楷模，是我们的榜样。做好一颗"螺丝钉"，为祖国科学事业的发展和人才培养尽微薄之力，是自己的责任、义务和荣耀！

戴永久

忠毅拙诚，气象报国

邵阳"科星"小传

　　戴永久，1964 年 11 月出生，湖南省武冈市人。气象学家，中国科学院院士，中山大学大气科学学院教授、博士生导师。1987年获吉林大学数学系力学专业学士学位，1995 年于中国科学院大气物理研究所获博士学位。曾任北京师范大学地理学与遥感科学学院院长。现兼任数个国内外学术期刊编辑和专业委员会委员。2001年入选教育部"长江学者奖励计划"特聘教授，2002 年获国家杰出青年基金，2014 年获何梁何利基金科学与技术进步奖气象学奖。2019 年当选中国科学院院士。

　　戴永久长期致力于陆面过程和数值模式研究，在数值天气、气候和地球系统模式的陆面过程模式领域作出了系统性和开创性贡献。研发了在国际上具有重要影响和广泛应用的陆面过程模式，研发了集模式、资料、参数优化、高性能计算等为一体的陆面模拟系统，为陆面过程机理、陆地表层格局变化等提供了综合的数值模拟研究平台。其研究成果在气象、水文、生态环境等领域均得到广泛应用，并有重要影响。

淡泊名利、潜心研究的奉献精神，是新时代科学家精神的重要内涵。其崇高使命是不断探索真理、追求真理。诚如马克思所言："在科学上没有平坦的大道，只有不畏劳苦沿着陡峭山路攀登的人，才有希望达到光辉的顶点。"

对中国科学院院士戴永久而言，艰苦枯燥的专业研究，从没有减缓他追索科学真理的脚步，更没有磨灭他为祖国奉献终生的信念。几十年来，他一直坚持做好一件事——数值天气、气候、地球系统模式的陆面模式研究。他说："我在科研中最大的感想就是一定要坚持，静下心来投入到自己想要做的领域，往世界顶尖的地位不断靠近，方能有所收获。"这是戴永久多年科研生涯的真实写照。

从山村起步，读书改变命运

"湖南人'吃得苦、霸得蛮'的品性以及取得的成就，首先归功于我们伟大的湖南母亲们。可以说，正是伟大的湖南母亲们成就了湖南的儿女……我能走到今天，能有一点小成就，最需告慰的是我的母亲。"

玉屏村是一个山清水秀、民风淳朴的小山村。

戴永久的父亲出身中农，是 20 世纪 40 年代农村少有的高中生。父亲在怀化沅陵一中读的书，曾在邵东县当过小学教师，在玉屏村当过小学教师和赤脚医生。外公是当时公社医院有名的乡医，母亲初中文化。

1964 年戴永久在玉屏村出生，上面有两个姐姐。家里按永字辈给他取名，希望他活得长长久久。那个年代，村里相对封闭，老百姓务农为生，生活艰辛。

儿时印象中，母亲家里家外辛劳操持，什么苦都能吃。为人老实的父亲常被母亲数落没出息。在母亲的影响下，戴永久自小培养了勤奋刻苦、刚强进取的性格。"她给了我一种环境：你要奋斗！"

5岁时，戴永久就开始放牛、砍柴。虽然个子不算高，但他肯花力气，又善动脑筋，砍柴功夫从不输于同龄人，上大学前，14年来家里做饭、煮猪食的柴火都是他一个人承包。

1976年，戴永久入玉屏村初中班，初中二年级正逢中断了多年的中国高考制度得以恢复。他受一位语文老师的影响，感受到了读书改变命运的春潮，觉得应该好好读书了。

这位老师叫肖体刚，是一位被下放的知识青年，正准备参加高考。1978年，老师和学生同进高考和中专考场，肖体刚老师考取邵阳师专，戴永久中专落榜，改读高中。当时家里有些书籍，虽是些线装中医旧书，平常翻翻看看，也算是受了熏陶，启蒙较早。上初中的时候，他脑子特别好使，整本书看一个星期左右就能全背下来。师生一起做数学题，戴永久甚至超过他的数学老师，展现出良好的数学天赋。

高考制度的恢复给了戴永久改变命运的机会。他暗下决心，一定要考上大学。在武冈湾头桥区高中就读一个学期后，通过武冈二中的插班考试转学到了武冈二中。入武冈二中后，他学习极为拼命，周末和寒暑假别人放假回家，他基本待在学校抓紧学习。当时戴永久成绩中等偏上。那时伙食差，加上学习太拼命，身体出现严重营养不良症，1980年高考失利。

但他没有放弃上大学的目标，承受心理和身体上的巨大考验，选择继续复读。1983年，他终于考上了吉林大学，就读于数学系力学专业。回忆圆梦大学，戴永久说："我是一个非常平凡的农村孩子，跟所有人一样，靠一股劲读书。母亲给了我一个信念，自己鼓励自己，天生我材必有用，一定要努力改变命运！"

力争上游，步入科学殿堂

那时上大学，国家承担学费，还补贴生活费。尽管他家里很穷，但上学已没有后顾之忧。

伙食好起来，身体慢慢恢复了，学习也跟上了。眼看一切都渐渐好起来，母亲却在他读大一第二学期的时候因病去世，这对他造成重大打击。从那以后，他仅回过家乡一次，其余时间都在东北长春度过。他把对母亲的思念转化为前行的动力，把更多的时间投入到学习当中。读完本科，成绩优秀的他获得免试读研的资格。此时，他内心的声音告诉他：一定要往更高的地方走。中国科学院——中国科学最高殿堂，一定要去那里！面对学校的挽留，他委婉地说："我想去外面试一试，不行来年再来考本校。"结果他如愿考上了中国科学院，以优异的成绩步入中国最高的科学殿堂。

特别幸运的是，他的导师是曾庆存。曾庆存在 1980 年便当选中国科学院学部委员（后称院士），1984 年担任中国科学院大气物理研究所所长，2019 年获国家最高科技奖。他把戴永久带入了大气物理研究领域，给了戴永久悉心的教导和足够的空间，为他指点了一生的研究方向。

1987 年，戴永久进入中国科学院，1992 年留院担任中国科学院大气物理研究所助理研究员，用他擅长的数学，跟着导师研究数值天气预报。他对导师说："你给我时间，我绝对要做出世界上最好的。"为了这个"最好"，他自己跟自己较上了劲，直到 1995 年才完成论文答辩，获得博士学位。

"湖南人，'吃得苦、霸得蛮'，别的不要了，就把那个弄好。"人家读三到五年，他耐住寂寞，博士整整读了八年，其间的压力"一般人是顶不住的"。他记得，博士论文答辩前，导师一笔一笔批改论文，就连上台怎么鞠躬都演示，论文答辩时，中国气象界在北京的全部院士都来当评委。答辩完成，举座震惊，戴永久寒窗苦读，赢得学界高度认可。

放眼国际，勇立科研潮头

戴永久在导师曾庆存的大力推荐下，很快获得了出国工作的机会。1997年8月至2000年2月，他在美国亚利桑那大学担任助理研究科学家。2000年3月至2003年6月，在美国佐治亚理工学院担任研究科学家。

初到美国，虽然英语不是很好，但戴永久干得不错，刚去3个月就接到一项任务，作为项目首席，领导来自美国数所著名大学和研究机构的科学家做一个项目研究。直到现在，美国在这个领域做的事，还是以他的研究成果为基础。

在美期间，戴永久遇到生命中的又一个贵人——他在美国的导师Robert Dickinson。他是国际地球科学领域的牛人，美国国家科学院院士、国家工程院院士和中国科学院外籍院士，把地球科学领域能得到的全世界的最高级别奖项全部得到了。他对戴永久很欣赏也很信任。尽管语言有障碍，但两人属于"你一开口我就能明白"的那种，心有灵犀一点通。

2001年，受国际著名卫星遥感学家、中国科学院院士李小文邀请，戴永久入选教育部"长江学者奖励计划"特聘教授。2002年获"国家杰出青年基金"项目资助，加盟北京师范大学。

2002年6月，戴永久在北京师范大学担任教授。2004年至2008年担任北京师范大学地理学与遥感科学学院院长。2009年受聘为北京师范大学全球变化与地球系统科学研究院首席科学家。2015年10月，中山大学大气科学学院成立，戴永久应邀于2016年2月到该学院担任教授至今。

在气象科学领域，戴永久一直坚持做好一件事——数值天气、气候、地球系统模式的陆面模式研究。这项研究要用极其复杂的数学物理模式、数值来描述地球陆地表面的物理、化学、生物、水文等的所有过程。这些模式和数据，与天气预报、气候预测的准确性息息相关。

让戴永久引以为傲的是，他和团队关于高分辨率陆面过程模式的研究，其模式和数据被中国科学院、哈佛大学、剑桥大学、NASA 等国内外知名高校、科研机构、政府部门、国际组织等广泛采用，并产生了一系列发表在《自然》《科学》等权威期刊上的高影响因子的论文以及一系列重要创新成果。研究成果为我国目前自主研发的天气预报气候预测系统进行精准预测提供了重要支撑。

久久为功，勇攀高峰。戴永久在数值天气、气候和地球系统模式的陆面过程模式研究领域作出了系统性和开创性贡献。继 2014 年获得何梁何利基金科学与技术进步奖后，2019 年 11 月，他当选中国科学院院士。

永远奋斗，书写人生担当

"坚持，砥砺前行，永远奋斗，这就是我当选院士的体会。"2020 年，他先后获得中国工业与应用数学学会终身最高荣誉称号——"首届中国工业与应用数学学会会士"，中国地理科学领域终身最高荣誉称号——"首届中国地理学会会士"。2021 年，当选国际欧亚科学院院士。2022 年，他获得中国运筹学会终身最高荣誉称号——"首届中国运筹学会会士"。

目前，戴永久仍在开展地球系统模式陆面过程模式研制。尽管工作很忙，但他坚持自己动手编计算机程序。他说："要真正到科研第一线去。不亲自去干，心里就发毛。"

2022 年 6 月 17 日，海南省三沙市戴永久院士工作站在位于西沙群岛的永兴岛揭牌。这是我国目前站址选点最南的院士工作站，已在三沙市永兴岛建成了涵盖多项观测内容的环境气象探测体系，实现了对三沙市行政中心区域各项环境气象要素的立体监测，为接下来实现全海区监测探索提供了行之有效的方法手段。除三沙市已有的气象观测设备，我国最大的海洋综合科考实习船"中山大学"号、中山大学国家超级计算广州中心等，也将为戴永久院士工作站提供强力支持。

南海拥有独特的地理位置和水热条件，每年在这里生成、发展起来的台风、暴雨等极端灾害性天气常常对我国东南沿海尤其是广东地区的经济社会发展造成极大影响和破坏。该工作站聚焦海洋、陆地、大气等多个领域，对提高南海区域海洋气象监测预报服务能力、提高防灾减灾科技支撑能力具有重要意义。

戴永久说，自然灾害 70% 来自极端的天气气候事件，如极端暴雨、台风、洪涝、干旱等，我国的气象预报处于国际先进水平。这是一个系统工程，不是一个人干的，每人做一部分，功劳属于集体。他勉励年轻学生们，当下科学研究迎来了一个好时代，要珍惜这个奋进的环境，心怀感恩。"无论做任何事情，选择了，就一定要坚持下去，做到世界顶端。"

承担科研攻关的同时，戴永久在中山大学大气学科、数学学科和生态学科教书育人。他还兼任 JAMES-AGU 和《气候与环境研究》期刊副主编，《气象学报》《大气科学》《高原气象》和《大气科学学报》等期刊编委，中国气象学会数值预报专业委员会委员、城市气象专业委员会委员，中国工业与应用数学学会气候与环境数学专业委员会副主任委员。

不仅如此，他还于 2022 年当选广东省党外知识分子联谊会第四届理事会会长，于 2023 年 1 月当选中国人民政治协商会议第十四届全国委员会委员，在更广阔的领域为国家发展和社会进步承担责任、贡献力量。

忠毅拙诚，解读做人底色

从武冈山村出发，戴永久将自己的成长与成就首先归功于自己的母亲。他一直说自己是平凡的农村男孩，之所以有今天，靠的是父母的养育以及机遇、为人和努力。

他很赞同曾国藩提出的"拙诚"，"只有对事业特别拙诚，才能把事做得特别精"。对人也一样，他把初中老师肖体刚、中国科学院导师曾庆存和在美国深造时的导师 Robert Dickinson，当作人生的三个贵人。对于导师，他"拙诚"相敬，彼此建立了相互信任、形同父子般的亲密关系。

因此，他也常常教导学生，为人要善良，对工作要拙诚，对社会要作贡献。鼓励他们不要计较眼前利益，不要想着荣华富贵，"眼光要远，要把自己放在更大范围"。鼓励学子不要指望天上掉馅饼，做研究要专，要特别勤奋，坚持到底。

家乡是戴永久一直牵挂的远方。他说："不知道是不是年纪大了，静静的山峦、清澈的小溪、门前屋后的果树，还有那闲逛的黄狗，时常浮现在脑海中。"在北京，他与邵阳籍院士王赤和于登云关系要好。3 位研究"天上文章"的邵阳老乡常聚共叙邵阳乡情。

2023 年，戴永久回到武冈，参加了邵阳市举行的航天科普系列活动暨武冈国防教育基地启动仪式。对于家乡青少年的培养，戴永久特别给出建议："要让孩子真正想读书，就得给他们营造一个有书的环境。乡村要建些图书馆，对孩子的成长更有利。"未来，他想要推动这个事，切实为家乡做一些好事善事，也要回家乡和母校看看。

🔍 相关链接

志存高远，坚韧勤奋

尊敬的姜治莹书记、张希校长，尊敬的母校老师们，2023 级学弟、学妹们：

大家上午好！

非常感谢张希校长的邀请，回到母校参加 2023 年新生开学典礼并代表校友发言。

此时此刻，我不禁回忆起 40 年前，也就是 1983 年的这个季节，我从老家湖南武冈一个美丽的小山村来到长春。当年，我是我们数学系第一个来校报到的学生。从此，我在吉大开启了崭新的求学生涯，开启了不一样的人生。在此，我要特别感谢和感恩母校4年的培养！

今天，我想与学弟、学妹们分享三方面的感悟。

首先是分享我的求学和科研工作经历。我于1983年来到吉林大学数学系力学专业进行本科阶段学习，本科毕业后考入中国科学院大气物理研究所攻读研究生。我自认为自己是一个很平凡但很积极上进的青年。经过3次高考，才考入大学；博士阶段又攻读了8年。我的求学历程是漫长的。当时虽不是班级最聪明的学生，但我一直坚持专注求学。

回顾求学之路，我非常感谢母校吉林大学帮助我打下了较好的教育基础，特别是数理基础，帮助我有了较好的"敲门砖"。吉林大学一直有"厚基础、重实践、严要求"的教学传统。以我当年学习的数学力学（应用数学）专业为例，我们系统学习了《数学分析》《线性代数》《解析几何》《常微分方程》《实变函数》《复变函数》《数学物理方法》《理论力学》《结构力学》《流体力学》《弹塑性力学》《普通物理学》和《矩阵分析》《数值逼近》《微分方程数值解》等多门课程。这些课程的教材都是数学系的老师经过多年积累精心编制的，这些课程也是数学系最好的老师亲自讲授。正是在数学、力学等方面基础课程的扎实学习，为我之后考取中国科学院大气物理研究所研究生并开启相关领域的研究打下了坚实基础。

我所从事的科研领域，尽管属于气象学领域，但严格来讲应该是"应用数学物理"，涉及的学科包括数学、物理学、生物地球化学、水文学、生态学、地球系统科学、计算科学等。我在所从事的研究领域取得的一些成果，主要是得益于我在吉大本科阶段学习时打下的良好基础。我所作出的主要科研贡献有两个方面：一是创建了陆面过程数学物理方程体系，构成了当前世界陆面物理过程模式的核心；二是建立了不同尺度陆面过程的统计动力学表达。相关研究成果在多个学科领域研究和数值气象业务方面均得到广泛应用，并有重要影响。目前，我们正在开展高分辨率海－陆－气耦合的地球系统模式研制，开展精细化天气、气候、生态、水文预报预测业务应用研究，以提升我国海洋、气象、生态、水文预报预测的精准度，支撑我国防灾减灾和极端事件应对处理。

我在讲授《地球系统》课程的时候，经常告诉学生"尽管学科有不同的分类，我们从事的研究也有不同的着重点，但我们思考问题的时候，一定要具有全局和系统观念。我们现在看到的任何一个现象，比如某个城市的气象改变，从全球的角度来看，可能就会有一个全球的效应"。因此，当我们思考问题和学习的时候，不仅要把我们所有的课程学好，同时也要从系统全面的角度来思考问题。

第二是分享我从事交叉科学研究的一点感悟。当今科学研究越来越交叉和互利，当代知识生产和学科发展已步入多学科交叉融合的时代，单一学科的研究范式与思维模式已经难以实现科技创新和解决复杂的重大问题，需要多学科交叉合作。我从事的研究正是属于交叉科学。基于我的经验，不论是人工智能、气象学，还是航空航天工程、医学等，都需要不断加强学科基础课程（基本理论、基本知识、基本技术）的学习。比如应用数学专业，我们至少要对《数学分析》《代数》《实变函数》《复变函数》《数学物理方法》等课程有比较深入的了解，做到融会贯通。基础课程学习的厚度决定将来交叉学科跨越的广度和科研成就的高度。因此，良好的学科基础是我们事业的基石和"敲门砖"。

第三是分享我个人成长的心路历程。在我的成长道路上，我始终恪守"志存高远、正心、拙诚、坚忍、勤奋"的为人做事之道。

我本人是从山村考入大学的，初入大学时，由于眼界不够开阔、见识不多，从思考问题到生活习惯都有很多缺点。我也曾迷茫过、悲观过。但在老师的引导下，我逐步认识到要积极把自己融入一个大的集体，特别是把个人理想融入国家的事业中，通过不懈的坚持与奋斗，人生才会有意义。无论从事哪一个职业，只要不断坚持和钻研，就一定能够成功！

同时，从我自身学习和成长的经验来看，我建议学弟、学妹们一定要加强基础课程的学习。要坚持"志不求易，事不避难"，把握关键知识点，积极思考，努力攻克难关。要坚持"吃得苦、霸得蛮"，要志存高远，脚踏实地，认准目标后，就要坚持不懈地为之努力。

希望大家常悟"大学之道"。大学（"大人之学"）的宗旨，在于弘扬光明正大的品德，在于使人弃旧向新，在于使人的道德达到最完善的境界。知道应达到的境界才能够志向坚定；志向坚定才能够沉静；沉静才能够心神安定；心神安定才能够思虑周详；思虑周详才能够有所收获。每样东西都有根本、有枝末，每件事情都有始有终。明白了这本末始终的道理，就接近认识事物发展的规律了。与大家共勉。

最后，衷心祝愿学弟、学妹们身体健康、学业有成！祝愿老师们身体健康、学业有成！祝愿母校吉林大学人才辈出、蒸蒸日上！

谢谢大家！

🖌 院士寄语

我在科研中最大的感想就是一定要坚持，静下心来投入到自己想要做的领域，往世界顶尖的地位不断靠近，方能有所收获。

于登云

登云步月，探梦航天

2020中国航天大会
2020 CHINA SPACE CONFERENCE

邵阳"科星"小传

于登云，1961年11月出生，湖南省绥宁县人。工学博士，研究员，中国科学院院士，国际宇航科学院院士，空间飞行器系统工程、动力学与控制专家，深空探测和高轨道高分辨率遥感卫星领域领军者之一，国家跨世纪学术与技术带头人，首批"百千万人才工程"国家级人选，省部级有突出贡献专家，1993年起享受国务院政府特殊津贴，国际宇航联合会"名人堂"成员。现任中国探月工程（四期）总设计师、中国航天科技集团有限公司科学技术委员会副主任、国际宇航联合会卫星商业应用专门委员会主席等。

长期从事航天系统工程、动力学与控制技术研究与应用及总体管理工作，为中国探月工程、载人航天、高分辨率对地观测等国家重大工程的顺利实施作出了杰出贡献。获国家科学技术进步奖特等奖2项、一等奖1项、三等奖1项，省部级科学技术进步奖一等奖2项、二等奖7项、三等奖1项，国防技术发明奖二等奖1项，第七届中国青年科技奖，中国航天基金会"钱学森杰出贡献奖"，英国皇家航空学会金奖，美国航天基金会金奖，国际宇航联合会"名人堂"奖，国际宇航联合会最高奖"世界航天奖"等。发明专利26项，出版著作5部，撰写技术报告40余篇，在国内外学术刊物及会议上发表论文100余篇。

当今中国，无论是追求科技进步，还是推动高质量发展，都要最大限度地激发创新活力、最大限度地发挥创新精神。"嫦娥"奔月，"祝融"探火，"羲和"逐日，"天眼"望星河……一个个骄人的科技创新成果，背后是无数科技工作者为成就梦想的无懈坚持，为跨越星河而书写的浪漫诗篇。

作为我国和世界航天的优秀代表，于登云是深空探测和高轨道高分辨率遥感卫星公认的开拓者和领军者之一，是载人航天、探月工程、高分辨率对地观测工程的重要参与者、推动者和规划者之一，也是一位令我们感到骄傲的邵阳人。

求学不辍，终圆航天梦

1961年，于登云出生在绥宁县李熙桥镇李熙村一个普通的农家。从大姐到小弟，兄弟姐妹共6人，大致每三岁一个，一女一男交替而生，凑成3个"好"字。于登云排行第四。在那个物资匮乏的年代，父母养育他们实属不易，至今他还记得父亲发奋开荒、母亲找邻居借粮食的情景。

于家的祖上是明清时从山东迁来的被称为统领的武官。父亲刚正不阿，崇尚读书，曾是土改时期国家干部，后来回乡务农。写得一手好字，对孩子们也是既取名又取字。于登云在其家谱中还有一个名字叫于定高，定高便是他的字。因为父亲给兄弟姐妹取名时都共用了一个"云"字，而母亲生他时，按现在说法远超预产期，因此，其有文才的父亲给他取名登云，其中"登"意为果子熟透了自然掉下来，即"瓜熟蒂落"。只是他父亲直到去世也没看到他家这一朵熟登了的"云"，成了以后的探月之登云。

于登云天性聪明，自小读书不在话下，13岁就已初中毕业。当时，正赶上学校由春季招生改为秋季招生。初中延长的半年时间里，他所在的学校开办了农机班、农医班、财会班供学生选择。喜欢动脑筋的于登云选择了财会班。半年学习结束初中毕业，因"文革"高中需保送，大队以"年龄小"为由没保送他上高中，却让他当上了生产队的会计，俨然成了队里的"大人"，算盘拨拉得哗啦响，账也算得明明白白。

1977年，国家恢复了高考制度。惦记着这棵读书的好苗子，于登云的初中老师找到于登云，劝他作为社会青年考高中继续把书读下去。虽然于登云的初中课本都已遗失了，但考试对他来说并非什么难事。16岁的他听从老师的教诲，轻松考上了镇上的高中。

命运似乎知道于登云以后会担当大任而有意苦其心志。刚上高一不到一学期，他就因病休学，在家整整休养了一年。病好后，他原来所在的镇高中因故取消，一切只得重新开始。1979年，年满17岁的于登云再次报考高中，但这次考上的已是县里的重点中学绥宁一中。

高考前，于登云面临人生的第一次选择。当时，他崇拜两种职业，一是军人，一是科学家。小时候他和小伙伴们经常手持木头枪，在村里巡逻。当时在湖南，需在全国统一高考前约2个月参加全省预考，只有预考胜出的人，才能参加高考。高考前，蚌埠坦克学院的老师也曾到他所在的学校招生，而且对通过预考的应届毕业生开出了"只要报名批准和体检合格，不需再参加全国高考即可录取"的优惠条件。于登云动过上军校的念头，而且报了名。但学校通盘考虑，动员他撤销报名申请，参加全国高考，并要立志"过长江（考华工或武大）、跨黄河（考清华或北大）"。他无奈地服从了学校的安排。

1981年，于登云从绥宁一中毕业，以县里第一的成绩考上武汉华中工学院（今华中科技大学）。填志愿时，他选择的是机械系和电子系，但学校的录取老师看到他的数学成绩非常出色，就把他转到了力学系。命运的齿轮这一转动，为他后来从事卫星工程动力学与控制研究设计打下了基础。

1984 年暑期，于登云即将大学毕业，面临人生第二次重要选择。他响应关于"开发大西北、建设大西北"的号召，作为系里唯一学生代表，参加了学校组织的学生考察团赴陕西、甘肃、青海等地考察，感受到当地对人才的渴望，一腔热血想到西北去。此时，恰巧赶上庆祝中华人民共和国成立 35 周年。阅兵式上，展示先进卫星和导弹的方阵威风凛凛地从天安门前通过。这一盛况令他心潮澎湃，渴望加入国防大军的梦想再次点燃。获悉哈尔滨工业大学是当时航天部唯一的重点大学时，他毫不犹豫报考了该校的研究生，并以优异成绩被录取。在哈工大，他不仅学习成绩突出，还担任了班长、党支部书记、研究生会主席等职务，展现出优秀的组织才能和担当精神。

1988 年初，于登云即将研究生毕业。心向航天的他，把自己的简历送到中国空间技术研究院 501 部人事处。似乎是命中注定，又像是水到渠成，不久，501 部有关领导向哈工大招人，学校推荐的优秀学生正是向 501 部送过简历的于登云。就这样，于登云终于圆了航天梦。

献身理想，甘做"微波炉"

1988 年 4 月，于登云如愿进入航天 501 部四室卫星动力学与控制组从事相关技术研究与应用。时逢我国正大力发展新一代卫星事业，而他所在的 501 部就是专门从事我国卫星总体设计的单位。

我国卫星研制的起步比发达国家起码晚了 10 年，难以满足国家建设的各种需求。每当听到我国租用国外卫星的消息，于登云就感到不安与心痛。一种从未有过的使命感、责任感坚定了他献身祖国卫星事业的信念。

那时候，航天系统技术人员收入普遍比较低，社会上流传着"搞导弹的不如卖茶叶蛋的"的说法。他所在的单位地处中关村核心地区，薪金的差异、职位的变化以及出国的机会，种种诱惑使 501 部流失了不少人才。面对名利，于登云没有浮躁，更没有迷失，而是保持一颗平常心，更加努力、踏实地投身到工作中。

刚工作，于登云就承担了与新一代卫星研制密切相关的柔性结构振动与轨道姿态耦合课题的研究。新一代卫星是长寿命高精度卫星，能源依赖于太阳能。太阳能的获取是依靠卫星上翅膀一样的太阳电池阵。他要研究的这个课题，通俗点说，就是研究大型太阳电池阵展开时和锁定后的动力学特性及其对卫星轨道与姿态的耦合影响，以支撑卫星总体设计和控制系统设计，确保卫星长期在轨运行的稳定性和安全性。

这是新一代卫星设计中的关键点之一，也是当时国内没有的设计先例。国外资料有限，大多保密。"当时的联邦德国 MBB 公司开发了一款'动力学分析软件系统'，能满足应用需求。我方愿以 600 万马克的高价购买，但德方不肯提供。"于登云说，在当时月工资不到人民币 100 元的航天人眼里，这简直是一个天文数字。

国外买不来，国内又没有，怎么办？问题解决不好，还会直接影响卫星后续多项设计工作。"焦虑经常有，特别是遇到困难想不出办法的时候。"于登云坦言，当时感到了前所未有的压力与责任。

一向不服输的他，誓言要啃下这块"硬骨头"，让梦想的种子破土而出。而路径，就是发挥他爱动脑、善学习、勤钻研的特长，埋头下苦功夫，不达目的不罢休。每天行走于宿舍、办公室两点一线，生活简单得近乎刻板，但思想的星空却因越来越多的知识光芒汇聚和无数次头脑风暴闪现的灵感，日显浩瀚而深邃。

课题研究中，需要一边推导公式模型，一边进行大量的数据运算。现在的计算机几分钟就能解决的问题，那时则需要一天甚至更长的时间。当时，中国空间技术研究院最好的计算机是一台带着 40 个终端的 VAX780 计算机，内存总共只有 1 兆。为了得到一个数据，于登云经常是一大早上班，将编制好的程序输入计算机，并在边上注明"正在计算"。到了晚上八九点钟，才得到结果，再做定性和定量分析。

"过程很痛苦，但苦中有乐。不断克服困难后，出来的成果影响很大，也令人快慰。"凭着湖南人这股独有的"吃得苦、霸得蛮"的韧劲，经过数不清的定性与定量分析、计算，于登云用了两年多时间创造性地完成了相关课题，满足了设计要求，填补了国内空白，打破了国外封锁。

1992 年，于登云所做的课题获原航空航天部科技进步奖一等奖，1993 年获得国家科技进步奖三等奖。

为了将研究成果让更多的年轻人了解，更广泛地应用于卫星设计工程中，他又毫无保留地将分析软件的源程序及相关资料移交给其他技术人员，让他们继续进行二次开发和更多应用。

在于登云看来，时间是公平的，对搞科研来说，重要的是行动而不是夸夸其谈。"只有通过行动才能发现、把握理想和现实的契合点。""要学做'微波炉'，虽然看不见火，但能很快把饭菜做熟。"

1994 年，他承担了一项国家自然基金课题——航天器空间交会对接动力学理论与方法研究。虽然研制费只有 3.6 万元，不算大课题，但于登云认真对待、仔细研究。这一成果解决了载人飞船留轨舱作为交会对接目标的可行性问题，得到了载人航天工程首任总设计师王永志的高度评价。他说："如果是这样，交会对接试验至少可以省 3 艘船。"

"做好小事，才能去做大事，才能有机会去做大事。一个人要想在事业上有一番成就，一定要从一点一滴的小事做起，小事不愿做，大事又做不好，眼高手低只能害了自己。"于登云如是说。

不移不懈，深耕成大器

因为工作出色，荣誉接踵而来。

1991 年，于登云被破格评为高级工程师，1993 年获得中国空间技术研究院"十佳科技青年"称号，并获得国务院政府特殊津贴；1995 年破格晋升为中国空间技术研究院研究员，并成为首批"百千万人才工程"国家级人选之一；1996 年，获得"航天十大杰出青年"荣誉称号，并被授予"国家跨世纪学术与技术带头人""省部级有突出贡献专家"称号。于登云知道这是组织对他的厚爱，也是对他的鞭策，决心做出更多的成绩回报国家。

1994 年起，于登云先后担任 501 部研究室副主任、主任，501 部常务副主任（第一责任人）、神舟飞船指挥、东方红四号卫星大平台指挥、总体专业技术部部长。2003 年起，历任中国空间技术研究院院长助理、总工程师、副院长，中国东方红卫星公司总经理。2008 年，他获得北京航空航天大学博士学位，9 月任中国探月工程副总设计师。2021 年他当选中国科学院院士。2022 年 8 月任中国探月工程（四期）总设计师。

从单纯的技术研究到综合管理，角色变了、担子重了、责任重了，他要站在更高的层次把握全局的发展方向，这对于登云是更高的挑战。他说："航天工作细节决定成败，一旦发射出现问题是不可逆的，每一个螺丝钉都是关键，每一个细节都不可放过。"这不仅是对管理艺术的巨大挑战，还要承受身心压力，如履薄冰。"强迫症肯定是有的。"

1998 年，36 岁的他出任神舟飞船总指挥，被誉为"航天少帅"。面对庞大复杂的系统工程和上万人的队伍，他运用系统工程思想，强调分层管理、逐级负责、责权挂钩，要求每一项工作都要做到"三有一检查"，即"做前有策划，做时有依据，做后有记录，一切经得起检查"。通过周到、细致、系统的管理，确保了举世瞩目的神舟系列载人飞船万无一失。

作为国家"863"计划专家组组长，他率先提出"数字化航天器"新概念，主持完成了"数字化航天器设计与仿真柔性系统""空间实验室综合演示验证系统"等国家重大项目的研制，并撰写了《数字化航天器系统工程设计》。这不仅大幅度实现了我国卫星、飞船等航天器设计制造的降本增效，也为加快建设数字中国、全面建成中国空间站打下了坚实的基础。

作为国际首个高轨道高分辨率遥感卫星工程的首任总设计师，他解决了高质量成像等一系列关键技术难题，在国际上首次实现了距地球 36000 千米轨道卫星对地成像分辨率从百米级到十米级的跨越，并可实时形成视频图像。这不仅使我国具备了对海陆空动态目标持续监视的能力，也使我国应对大范围自然灾害的时效性由天级提升至小时级。德国气象学家蒂尔曼·莫尔认为"具有里程碑式的意义。"

由于美国的霸权压制，中国航天长期遭受海外的技术封锁和不公正对待。2014 年，在加拿大多伦多举行的第 65 届国际宇航大会上，于登云在不利的国际形势下，凭借极强的国际航天界影响力，通过差额选举当选国际宇航联合会副主席，成为第九位当选此重要职务的中国人。这确保了我国在该国际航天最高组织管理层的话语权，极大地推动了中国与世界各国开展航天交流与合作。

建功探月，获得航天奖

2007 年 10 月 24 日，中国成功发射了"嫦娥一号"月球探测器，向世界宣告了中国探月梦不再是一个梦。

2004 年，中国正式开展月球探测工程，即中国探月工程，又称"嫦娥工程"。整体可分为"探""登""驻"三大步骤，概称"大三步"，分别指无人探月、载人登月、长久驻月。其中"探"月部分便是"中国探月工程"，分为"绕""落""回"3 个期段，统称"小三步"。

2008 年，于登云出任中国探月工程副总设计师，主持探测器和运载火箭的研制。他加快了自己追梦的步伐，中国探月工程随后接连取得实质性、突破性进展，让他两获国家科技进步奖特等奖。

探测器登月风险极大，即便探月经验丰富的苏联和美国，都是在失败多次后才成功的。"要保证做到登上月球万无一失，我们就必须在地面尽可能做到设计、分析和验证有效充分。"于登云说。探月工程科研团队建立了包括月表地形地貌模型、月尘模型在内的多个模型，并通过系统仿真进行初步分析与设计，然后再进行制造和试验。他们还在西北沙漠和吉林火山岩洞中找到力学特性和电磁特性接近月球表面的沙子和火山灰，开展着陆器着陆和月球车巡视移动的相关试验。

无数心血所筑，探月工程捷报频传：

2010年10月1日，中国在西昌卫星发射中心发射了"嫦娥二号"月球探测器，获得世界首幅分辨率为7米的全月图，为"嫦娥三号"验证了部分关键技术。

2013年12月2日，"嫦娥三号"月球探测器由"长征三号"乙运载火箭从西昌卫星发射中心发射，2013年12月14日它成功软着陆于月球雨海西北部虹湾区域，登月任务获得成功。这是我国发射的第一个地外软着陆探测器和巡视器，也是在1976年苏联"月球24号"探测器登陆月球后第一个重返月球的人类探测器。

2018年12月8日，我国在西昌卫星发射中心用"长征三号"乙运载火箭成功发射"嫦娥四号"探测器，通过已在使命轨道运行的鹊桥中继星，实现月球背面与地球之间的中继通信，开启了月球探测新旅程。

2019年1月3日，"嫦娥四号"探测器成功自主着陆在月球背面南极—艾特肯盆地内的冯·卡门撞击坑内。这是人类首个在月球背面着陆探测的航天器，填补了月球探测的空白，"到了一个人类从未去过的地方"，揭开了古老月背的神秘面纱。时任美国航空航天局局长吉姆·布里登斯廷破天荒地发来了贺电："这开创了人类的一个先河，是非常令人瞩目的成就！"

2020年11月24日，"长征五号"遥五运载火箭在中国文昌航天发射场点火升空，托举"嫦娥五号"向月球飞去。2020年12月17日凌晨，"嫦娥五号"返回器携带月球样品，在内蒙古四子王旗预定区域安全着陆。"嫦娥五号"的返回标志着自苏联1976年"月球24号"无人探测任务以来首次获得了新的月壤样品。

一路走来，于登云参加或主持了我国通信卫星、遥感卫星、导航卫星、载人航天工程、探月工程等 30 余个航天器研制，解决了多项航天器系统工程、动力学与控制关键性问题，曾多次获得国家科技进步奖、航天部和国防科工委科技进步奖。

2020 年 6 月，国际宇航联合会最高奖——"世界航天奖"揭晓，包括于登云在内的三位中国科学家获得 2020 年度该奖项。这是国际宇航联合会创立以来，首次将这一奖项授予中国科学家。

谈及获得世界航天奖，于登云说："这个奖来自大家一起做的事，是整个团队共同努力的结果。我认为这体现了中国航天的进步，作为中国人我感到很自豪，这是中国能力的证明。"

中国航天元勋张履谦院士向他赠字"飞天揽月，唯楚有才"。这幅字挂在他的办公室里，昭示着他生生不息的"探月梦""航天梦"。

中国探月之梦，牵动全球。据悉，2030 年左右，我国将通过两次火箭发射任务，实现载人登月这一目标。

百炼成钢，亦有绕指柔

一切成就和荣耀都不是那么容易就得来的。

于登云用金属学中的"调质处理"来形容自己的经历。在武汉上大学是"加热"，在哈尔滨读研究生是"淬火"，在北京搞科研是"回火"。不同时期的锤炼，成就了一块"优质钢"。

中国航天任务密集、繁重，由于工作忙，于登云几乎放弃了所有的爱好。"干自己喜欢的事，就是最大的爱好、最好的休息。"每天回家已经非常疲劳，能在电视机前看看电视或是闭目养神，是他认为最好的消除疲劳的方式。偶尔他也喜欢唱唱歌，放松心情。

于登云觉得，"吃得苦、霸得蛮"的"湖湘性格"，跟"特别能吃苦、特别能战斗、特别能攻关、特别能奉献"的"载人航天精神"，契合度非常高。

他说，做航天人，一要具备相应的知识和技能，打好基础。"某个专业必须强，才好触类旁通。"二要有团队精神。"航天任务牵涉方方面面，需要做到平衡优化，不能出现短板，需要众人拾柴火焰高，不能有个人英雄主义。"三要有家国情怀。"做航天人，要吃得了苦，坐得住冷板凳。任务是第一位的，国家使命高于一切，没有信念是不行的。"

于登云说，现在航天人的待遇比以前好多了，但与美国和国内一些外企比还有差距。"尽管收入低些，可是我们不能只拿一个手指跟别人比，我们得拿五个手指比。收入只是其中一个手指，我们还有其他的几个手指是去美国或国内一些外企工作比不了的，比如你为国家做事父母感到骄傲，你为国家作贡献你有自豪感、别人有羡慕感，你为国家工作你有主人翁感，等等。"

"自古忠孝难两全。"谈及父母，于登云难忍心痛。他说，父母本分、正直，与人为善，对他言传身教，告诉他"做人要本分，千万不要说昧良心的话、做昧良心的事，否则，是要遭天打雷劈的"，让他"把吃亏当作自己的财富"，要"不怕吃苦"。母亲第一次来北京时，同他去商场，看到旁边有乞讨的老人，即让他给钱，并叮嘱他，"以后见到有人需要你帮助，都要尽力帮，就等于是帮我"。参加工作后，于登云年休假从没休过，探亲假四年一次，跟父母见面的日子屈指可数。

第一次回乡是1988年携新婚妻子见父母。第二次回乡是1995年为父奔丧。本来他已计划年底回家探亲，未料接到电话，父亲因病去世。毫无思想准备的他，号啕大哭。第三次回乡是2002年为母奔丧。那时他刚搬到新家，母亲本想趁十一长假来北京，他担心人太多，路上不安全。未料母亲却在家里出了意外，从此天人永隔。这些回忆成为他心里永远的痛。

2010 年和 2015 年回乡扫墓后，最近一次回乡是 2023 年春天，他参加中国航天科技集团有限公司科技委在家乡主办的"科普讲解团进校园""航天科普展"等系列科普公益活动。他以《我国深空探测发展现状与展望》为题在武冈市委党校作科普报告，以《仰望星空，脚踏实地——与绥宁一中同学从深空探测谈起》为题在绥宁一中作科普讲座。他还想办法促成了航天集团下属单位为武冈国防教育基地带来空间站核心舱缩比模型和交互式体验的太空模拟设备仪器，并向绥宁一中赠送了"天问一号火星探测器"模型。

在讲座中，于登云讲解了什么是深空探测、深空探测的意义，世界发展态势，我国"嫦娥四号""嫦娥五号""天问一号"等的探测历程以及取得的一系列空间技术突破和空间科学成果等，分享了自己投身航天事业的艰辛和喜悦，勉励在场学生大力弘扬航天精神、科学家精神、创新精神，敢于有梦、勇于追梦，努力成长为建设科技强国的有用之才。

我国是发展中国家，未来的科技创新之路还很长，除了月球探测和火星探测，还规划了木星探测、小行星探测、太阳系边际探测等。"中国越发展，我们越要为人类作出更大的贡献、跟国家实力和发展相衬的贡献。要做到这点，我们还要潜心钻研，不断攀登科技高峰。"于登云如是说。

在于登云身上，我们看到了中国科学家心怀"国之大者"，矢志"国之重器"的崇高风范。随着中国航天事业的加快发展，作为中国探月工程（四期）总设计师的他，也必将在月球上、在深空里写出更美的人生论文。

🔍 **相关链接**

致华中科技大学 2022 年本科生毕业典礼

我叫于登云，现在中国航天科技集团公司工作。1981 年，我怀揣工程师的理想，如愿来到了华中科大学习。在这里，我度过了人生中最美好、最珍贵的大学生活。

经过学校的培养，毕业生们满载知识和技能，就要奔赴四面八方、各行各业了。此时此刻，我作为华中大 85 届学子，向克服疫情和学习双重压力、顺利完成学业的学弟学妹们，表示最热烈的祝贺。同时，也借此机会分享几点人生体会。

一是打好基础至关重要。基础不牢，地动山摇。大学就读期间，学校的严格管理、重视基础，让我记忆犹新、受益匪浅。忘不了学校定期搞作业展览评比，每周日安排的班会团会；忘不了学校对标国际名校，物理课、数学课使用其英文教材，老师上课板书用英文，学生做作业用英文；忘不了对于力学系的学生，学校不仅安排了很多数学力学课程，而且安排了不少机械和电子基础课程；忘不了学校不仅安排了唐诗宋词、书法、管理概论等第二课堂，还定期组织拔草栽树、建设青年园等活动。毕业近 40 年，我越来越感受到，如果没有在校期间打下的全方位基础，就不可能有今天的收获。

二是做好角色转变至关重要。毕业离校或工作或深造，都将面临新的环境、新的生活，面临角色的转变，包括从学生到职工的转变、从以学习知识为主到以解决问题为主的转变、从身处相对单纯的学校到直面相对复杂的社会的转变。其间，可能会遇到诸多不适应，面临诸多社会竞争。

是理性对待、主动适应，还是整天抱怨、被动接受，最后结果是截然不同的。前者通过主动学习、主动交流、主动请教，使自己快速适应新角色，就能在新环境中赢得先机，得到较好发展。后者整天闷闷不乐、怨天尤人，结果只会表现平平，甚至被迫辞职或调离。因为整天抱怨解决不了任何问题，只会成为阻隔成功的"防火墙"。知识不等于能力，学校不同于社会。离开学校，意味着将担当新的角色。希望你们都能快速做好角色转变，在新环境中脱颖而出。

三是永葆真诚至关重要。真诚既是为人之本，也是成事之基。尤其到一个新单位、新环境，给人的第一印象非常重要。如果你能第一时间给人留下待人诚恳、做事认真的印象，相信你就能给自己营造一个好的工作生活环境。

记得刚工作时，一个老专家将其建立的一个数学模型，让我写成软件。我并没有照搬照做，而是先仔细推导，结果发现这个模型只在特例下适用，如果加上一个转换矩阵则更具通用性。我硬着头皮跟老专家汇报，没想到不仅没挨批，而且得到了赏识。大学毕业仅 10 年，我就成为单位首个破格的研究员，跟这不无关系。精诚所至，金石为开。只要我们诚实做人、认真做事，就没有克服不了的困难，就一定能够到达理想的彼岸。

四是树立系统思维至关重要。古人云："不谋万世者，不足谋一时；不谋全局者，不足谋一域。"系统思维既是世界观，也是方法论。坚持系统思维，就是要把任何一项工作看成一个系统，既把握其内部和外部因素，又把握其整体与部分之间的相互关系，追求整体最优。我国航天事业成功发展的重要法宝之一就是坚持系统思维。希望你们将来无论做什么，都能树立系统的观念和全局的意识。这对于事半功倍地做好事情，是十分有益的。

五是学会坚持至关重要。做任何事情都不是一帆风顺的。"没有比脚更长的路，没有比人更高的山。"一旦选定目标，只有坚持才能胜利。走路是如此，爬山是如此，工作也是如此。每当我遇到困难，百思不得其解，甚至想放弃时，就会想起"世上无难事，只要肯登攀"的豪言和抗美援朝英雄杨根思的"三不相信"誓言。

现在想来，我参加工作 30 多年，无论是基础研究还是载人航天和探月工程，如果没有直面困难的勇气和不服输的精神，在探索中坚持，就不可能作出自己应有的贡献。你们走出校园，将面临更加复杂的生存环境，也将面临更加艰巨的困难挑战。只要踔厉奋发，笃行不息，就一定能沿着通往梦想的道路，创造属于你们的奇迹。

院士寄语

　　尽管收入低些，可是我们不能只拿一个手指跟别人比，我们得拿五个手指比。收入只是其中一个手指，我们还有其他的几个手指是去美国或国内一些外企工作比不了的，比如你为国家做事父母感到骄傲，你为国家作贡献你有自豪感、别人有羡慕感，你为国家工作你有主人翁感，等等。

蒋建新

军医强盾立功勋

邵阳"科星"小传

　　蒋建新，1962 年 12 月出生于湖南省新化县，祖籍湖南省新宁县。中国工程院院士，创伤与野战外科学专家，少将军衔，一级教授，陆军军医大学陆军特色医学中心战创伤医学中心主任，创伤与化学中毒全国重点实验室主任。

　　主要从事战创伤领域高爆武器伤与创伤感染救治研究。开启了现代爆炸性武器伤和创伤脓毒症分子遗传学研究，建立了现代爆炸性武器致伤理论，破解了爆炸冲击波致伤机制与防护难题，实现了爆炸伤的能防可治，提出了创伤感染病原学新理论，揭示了内源性感染是危重伤并发感染的重要途径以及病原菌免疫逃逸感染机制，提出了创伤脓毒症易感"创伤增敏"、分子遗传学等新机制，建立了创伤感染诊治新的技术体系。

殷殷爱国情，拳拳赤子心。爱国主义是中华民族精神的核心。厚植胸怀祖国、服务人民的爱国精神，是科技工作者的立德之源、立功之本。

2021 年 11 月 18 日，备受关注的 2021 年两院院士增选结果正式揭晓，中国人民解放军陆军军医大学蒋建新教授当选中国工程院院士。2021 年 11 月 29 日，《三亚日报》刊发了一篇散文《妈妈，我要向您报喜！》。这是哥哥蒋斯乔为弟弟当选中国工程院院士喜极而泣写下的岁月回忆。

在新宁农村长大，背负年幼失母的心灵创伤而不失顽强进取精神，更不失报国为民的赤子之心，蒋建新在逆境中成长为一名军队科学家，以战创伤领域高爆武器伤与创伤感染救治研究为生命护航，为国防铸盾。

"箩筐里长大的弟弟"

1962 年 12 月，蒋建新出生于湖南省新化县。父亲蒋良举是新宁县金石镇白公渡蒋家人，孤儿，中华人民共和国成立后参军，然后转业到地方工作。母亲邓玉英是金石镇水头村茶园头人，地主家庭出身，后来读书参加工作。

父母原本都是国家干部，在新化工作，后调到冷水江。20 世纪 60 年代，国家推行"精兵简政"，要求精简机关工作人员。母亲正好在被精简机关人员之列。于是，母亲被下放到父亲参加土改的农村当农民。

当年，母亲带着 6 岁的大儿子蒋斯乔和半岁的小儿子蒋建新来到新宁县城下游的藕塘村。一个年轻的母亲拖着两个小孩在农村劳动，其艰难可想而知。父亲准备辞职与母亲一道回农村同甘共苦，被母亲真诚劝阻。

一家人被分隔两地，父亲一年难得回几趟家，20 多岁的母亲成了家中的"顶梁柱"。在陌生的农村，自幼家境优渥没有干过重体力活的母亲，既要承担繁重的农村生产劳动，又要照顾两个年幼的儿子，身边也没有一个亲人帮衬，其艰难困苦无以言表。

"弟弟的童年是苦涩的。在他幼年成长的岁月里，生命的年轮上沾满了山道上的露珠和田野里的泥土。弟弟是在母亲挑动的箩筐中慢慢长大的。"蒋斯乔曾以《箩筐里长大的弟弟》为题，记录了他陪伴弟弟蒋建新成长的童年时光。

兄弟俩由干部子弟变成了地地道道的农村娃。母亲下地干活的时候，总是挑着一担箩筐出工，一头挑着半岁的弟弟，一头挑着各种农肥或劳动工具。母亲干活的时候，让哥哥在田埂上守护箩筐里的弟弟，母亲还会抓两只青蛙或几只蚱蜢让兄弟俩打发漫长而无聊的等待时间。野外烈日暴晒，母亲就在箩筐上用衣服给小儿子支上一个简易的凉棚，给大儿子戴一个竹斗笠。孩子们哭了闹了睡了也没办法，直到收工，才能带着被虫蚁咬得红一块肿一块的兄弟俩回家。有次在离家很远的地方出工，一家三口被暴雨浇透，尽管到家后母亲给兄弟俩熬姜汤洗澡驱寒，弟弟还是 3 天高烧不退，哥哥也重感冒。

弟弟一岁多断奶后，母亲不再带兄弟俩出工，让哥哥在家照看弟弟。每天出工前，母亲熬好一碗米糊糊备用，嘱咐哥哥在弟弟饿了的时候喂给他吃。在蒋斯乔 7 岁上学之前，几乎每一天都是这样守着弟弟蒋建新度过的。弟弟两岁多一点，才学会说话走路，此前母亲误以为弟弟是个哑巴，还带着他四处求医问药。

兄弟俩渐大后，家中又添了个妹妹。母亲带着 3 个孩子艰难度日，在那个饥荒年代，红薯、糠饼、野菜是重要的食物来源。米饭里总要拌许多红薯充饥。孩子们都不喜欢红薯，母亲就吃浮在上面的红薯，每一次母亲总是把仅有的一点白米饭都留给孩子们吃。一天劳累结束后，母亲还要坐在煤油灯下忙针线活。一边给孩子们缝衣做鞋，一边辅导孩子们学习。有文化有见识有思想的母亲常常教育孩子们，要自强自立，不要怕吃苦，不能半途而废。母亲对孩子们说得最多的两句话是："万般皆下品，唯有读书高"；"能吃苦中苦，方为人上人"。在母亲经年累月的熏陶中，兄弟俩从小就明白这样的道理：做人要自立自强，发奋学习，坚韧向上，要读好书，才能成为对社会有用的人。所以，儿时的蒋建新就有了长大要当科学家的愿望。

然而，猝不及防的变故突然降临。在那个动乱的年代，母亲因地主子弟的身份，不仅成了大小运动中挨批斗的对象，还备受少数邻里的欺凌。1974年9月9日，母亲终于承受不住心灵的伤痛，撇下3个儿女，含恨驾鹤西去，时年39岁。那时，蒋斯乔刚高中毕业，17岁；蒋建新上初中，11岁；妹妹才5岁。母亲英年早逝，孩子们感到天塌了。母亲的突然离去，给兄弟俩带来了无尽的悲痛，但母亲生前的谆谆教诲，却成了兄弟俩相依为命、相互帮扶、共渡难关的精神力量，也是兄弟俩一生勇毅前行、追求卓越的力量源泉。

一门同出两个研究生

母亲走了，父亲又不在身边，刚走出高中校门的长子蒋斯乔挑起了家中的重担。他学着母亲的样子，养鸡养猪养鸭，种自留地，风雨无阻出集体工，把弟弟妹妹的生活照顾得井井有条。父亲续弦后，在城里和继母生活在一起。

由于蒋家在当地没有人脉关系，蒋斯乔蒋建新兄弟俩既不能参加招工招干，也不能当兵，只能当农民。面对如此命运，蒋斯乔带领弟妹依然没有放弃学习。为了尽可能为弟妹提供一个较好的学习、生活条件，蒋斯乔离开弟妹，来到十分偏僻的麻林瑶族乡养路班做合同养路工，这样每月可以挣三十几元的收入，除上交生产队二十几元，剩下部分可以供弟弟妹妹生活学习。

1979年，蒋建新参加高考，考试成绩仅上了部属中专分数线。他觉得应该多读书，才可能有更大的作为；一个人应该有更高的目标，方能成为国家栋梁之材。于是，他决定放弃上中专，再复读一年考大学。他的想法得到哥哥的大力支持，却遭到了父亲的强烈反对。父亲说："高考能考上多不容易，能上中专也不错呀，中专毕业你就有工作了。复读一年你就能保证考上大学吗？我不同意你复读。如果你坚持要复读，那以后我就不管你了。何去何从，你自己看着办吧。"很快，复读班开学了。蒋建新不敢向父亲要钱，是哥哥给他送来了学费和生活费用。

复读生活异常艰苦，蒋建新每天坚持走读上学。因哥哥蒋斯乔去了离家三十多千米外的麻林养路班当合同制养路工人，蒋建新一个人生活在农村。他只能自己照顾自己。为了能在次年顺利考上大学，他每天除了学习还是学习。晚上困了，就把电灯支在户外，用凉水洗洗脸，继续学习。为了挤出更多的时间学习，蒋建新常常在中午做一顿饭，供一天食用。早晨和晚上就凑合着吃凉的。看到儿子为了上大学如此拼命，父亲最终不忍心，每月拿出5元钱作为蒋建新的生活费。这一笔"巨资"，对于蒋建新来说非常舍不得花。他尽可能将这些钱积攒下来，购买宝贵的复习资料。为了解决生活上的困难，蒋建新就找一些好心的邻居讨要一些蔬菜种子，在自家的自留地里种些菜。为了有足够的钱买学习资料，蒋建新还常常把自己种的菜，好的拿到城里去卖钱，不好的部分则留下来自己吃。别人家废弃的南瓜藤也曾是蒋建新的"美味"，实在没菜吃了，就凑合着用盐水汤泡饭。那段时间里，因为营养不良、学习繁重，他面黄肌瘦，脸无血色。为了解决弟弟生火做饭问题，哥哥蒋斯乔就从他工作的地方麻林山上每月砍些柴给弟弟送回来，给了弟弟很大的支持和莫大的鼓舞。

功夫不负有心人，次年高考，蒋建新不仅考上了大学，分数还明显高于重点本科线。在填写志愿时，看到在学校墙上张贴的第三军医大学招生广告，蒋建新毫不犹豫首选了第三军医大学（现更名为陆军军医大学）。从军学医是他从小就很向往的，因为离他家不远的一家人就出了一位军医，村里上上下下都很羡慕这一家人。另一个重要的原因是，上军校不用担心经济上的负担，可以踏踏实实专心学习。

有心人天不负。没多久，第三军医大学的入学通知书就来了。入学前，兄弟二人来到母亲坟前，长跪不起，告慰母亲的在天之灵。

哥哥蒋斯乔当年也参加了高考，却只考上了中专。他不愿意就读。也许是受弟弟的影响，送走弟弟后，他也下定决心，辞去了养路班的合同工工作，脱产复习。经过一年的复读，蒋斯乔考上了湖南师范大学中文系。

大学期间，兄弟俩都十分珍惜来之不易的学习机会，无论是周一至周五晚上，还是周末，教室里、图书馆里，总能见到兄弟俩潜心学习的身影。母亲当年的教诲时时刻刻激励着他们踔厉奋发，勇攀高峰。蒋建新上的是军医大学，学制5年。蒋斯乔读的是本科4年。兄弟俩正好同年大学毕业。为了将来能在事业上有更大作为，兄弟俩大学毕业时都未选择马上工作，而是不约而同地选择报考研究生，筑牢自己的学识根基。巧的是，兄弟俩同年都考上了研究生。哥哥考取了郑州大学的研究生，蒋建新考上了本校研究生。

蒋建新选择了"冷门"的"野战外科学"。野战外科学是研究战伤发生发展规律，以及野战条件下救治伤员的理论、技术和组织方法的一门学科。野战外科学看似"冷门"，是因为国内从事本专业的人比较少，但它却是维护部队战斗力、支撑强军建设不可或缺的支撑性学科。在蒋建新看来，作为一名军事医学工作者，能在保家卫国的战场上挥洒青春，建功立业，这是人生之幸事，人生之荣耀。研究生毕业时，一些临床科室主任主动抛出橄榄枝，希望蒋建新能去临床科室工作。当时，他也为之心动过，因为做医生是所有学医人的本心。在这一人生决策的关键时刻，他坚信，胸怀国之大者，才能行稳致远，成就更大的事业。为此，1988年硕士研究生毕业后，他毅然选择了留在研究所工作，继续从事野战外科学研究工作。

1991—1993年，受欧洲休克主席Gutter Schlag教授的邀请，蒋建新赴奥地利维也纳路德维希·玻尔兹曼创伤研究所做访问学者，开展创伤后肠源性感染方面的客座研究。他勤奋的工作态度，出色的科研水平，给国际同行留下了极其深刻的印象，Schlag 曾力荐蒋建新到美国 Deitch 教授实验室继续从事创伤后肠源性感染研究。由于出国审批的时间是 2 年，蒋建新婉谢了 Schlag 教授的推荐和 Deitch 教授的邀请，按时回国，并在回国同年考取了野战外科学的博士研究生。1995 年底蒋建新以优异的成绩提前获得博士学位。

"梅花香自苦寒来"。对于蒋建新来说，"勤奋"早已融入血脉、化作基因，实验室也早已成为他"最温暖的家"。数十年来，他以实验室为家，每天一早就到实验室，开启一天忙碌的工作，深夜才拖着疲惫的身体回到家。日复一日，年复一年，无论是周末，还是节假日，都是如此。大学毕业以来，休假似乎也与他无关。即使平时外出开会，他也要随身携带各种"工作任务"，走到哪，"工作"就到哪。蒋建新常常对他的学生说，任何成功一定是无止境勤奋努力的积累。历经几十年的奋斗，蒋建新在野战外科学领域取得了系列从"0"到"1"的原创性突破，先后荣获 4 项国家科技进步二等奖，成为我国战创伤领域新一代领军专家，曾被推选为全国、全军战创伤领域的主任委员。2021 年，蒋建新当选中国工程院医药卫生学部院士。

铸牢国家安全"防护盾"

世间万物，相生相克。如果说高爆武器是战场上尖锐的"矛"，那么，防护工程就是那面坚固的"盾"。30 多年来，蒋建新及其团队致力于研究爆炸冲击伤与创伤感染的防治，创研出能够抵抗爆炸冲击波致伤的新型材料和抗感染系列防治新措施，为国家铸就了坚固的"防护盾"。

"我热爱身上的军装，成为一名军队科学家和国防铸盾人是我从军的初心与使命。"在军医大学特殊氛围的熏陶下，蒋建新以军人、军医的标准严格要求自己。1985 年，蒋建新大学毕业留校攻读研究生，师从我国著名野战外科医学专家陆熙昶教授、陈惠苏教授、王正国院士、朱佩芳教授。

在老师们的悉心教导下，自称"悟性不高"的蒋建新养成了勤奋、认真、执着、求实、求新、求精的工作习惯。他秉承王正国院士等老一辈军事医学家开拓的战创伤研究领域，弘扬老一辈科学家坚定信仰、百折不挠、勇攀高峰、毕生报国的崇高科学家精神，勇闯科技创新"无人区"、勇破核心技术难关，为现代高科技武器致伤筑起了一道"防护墙"。

20世纪90年代发生的海湾战争、科索沃战争标志着人类战争已从机械化战争进入了现代化战争时代。现代化战争最重要的特征之一，就是各种高科技武器的远程精准打击成为新的作战样式，爆炸伤因而成为现代战争的主要伤类。针对现代战争战伤伤类变化及其现代战伤卫勤保障新需求，从20世纪90年代始，蒋建新及其团队开辟我国现代高爆武器伤救治研究。通过野外现场试验、实验室研究和临床救治的紧密结合，系统明确了现代高爆武器生物杀伤效应与致伤规律，尤其是特殊环境下爆炸伤的伤情特点与规律。冲击波是爆炸性武器的重要致伤因素，冲击伤是主要死因之一。冲击波致伤机制一直是未解的世界性难题，是爆炸冲击伤难防难治的症结所在。基于大量现场试验数据，创新研制出能精准模拟爆炸冲击波不同波段的生物激波管，破解能分段研究冲击波致伤作用的技术瓶颈难题，利用该先进装置，在国际上首次明确冲击波是通过减压和负压的过速过度牵拉导致组织的损伤，提出"过牵效应"理论。据此理论，创制衰减冲击波、减弱过牵效应的多结构复合材料。"这种材料对爆炸冲击波致伤的防护级别是目前国际上最高的，可以达到450千帕，而国际上的防护级别在350千帕左右。"提及最新的研究成果，蒋建新非常自豪。此外，蒋建新带领团队还系统建立了战场早期诊断、群体伤临床诊疗、危重伤综合救治的爆炸伤诊治技术体系，使爆炸伤难防难治变成了能防可治。

感染是所有战创伤患者最常见的并发症和后期的主要死因之一。蒋建新牵头全国多中心创伤感染病原生物学研究。揭示创伤感染病原菌演变规律和生物学特征，提出战创伤后肠源性感染、内毒素移位、病原菌免疫逃逸等感染新机制。较早从基因组水平研究创伤后脓毒症的个体差异性，发现基因背景是决定脓毒症易感性的关键因素，提出战创伤脓毒症分子遗传学等新机制，创建脓毒症遗传预警诊断技术，实现了脓毒症的早期预测和精准防治，使我国危重伤脓毒症防治水平达到国际先进水平。

从青春年少到两鬓染霜，数十年来，蒋建新把个人的追求和理想紧密地融入国家和民族复兴的伟业之中，把对国家和军队的热爱之情融汇在平凡的工作岗位上，将毕生的精力投入到野战外科学国之重点学科领域。正如哥哥蒋斯乔在文中所写："妈妈，您知道吗？弟弟这些年在事业上很拼，他每天满脑子只有科研、课题和他带的学生。没有星期天，没有节假日，到国内国外出差开会，从不去游山玩水，过年过节也带着电脑在身边，稍有空闲就忙他的科研工作。几十年默默地付出，几十年孜孜不倦地努力探求，他在战创伤领域取得了累累硕果。"

一路走来，蒋建新先后主持完成国家"973"计划、军队重大专项等30余项科研项目；以第一作者或通信作者发表论文339篇，其中在CNS子刊等发表SCI论文130余篇；获国家发明专利15项；主编《创伤感染学》等6部专著；获国家科技进步奖二等奖4项，省部级自然科学和科技进步奖一等奖4项。为国家杰出青年基金获得者，曾被评为原总后"科技银星"、"科技新星"、军队优秀博士研究生、重庆市英才优秀科学家、重庆市首席医学专家、军队高层次科技创新人才工程人选学科领军人才等。入选新世纪国家"百千万人才工程"、军队高层次科技创新人才工程、重庆市百名杰出科技领军人才计划等。荣获何梁何利基金科学与技术进步奖、吴阶平医药创新奖、军队杰出专业技术人才奖、重庆市英才科学家奖、中国科协西部开发突出贡献奖、王正国创伤医学基金终身成就奖、中华医学会创伤医学突出贡献奖等。先后当选为中国工程院院士、中国医学科学院学部委员、中国中医科学院学部委员。

对于这位全军杰出青年科学家，《科技日报》发文称："蒋建新是中国创伤与野战外科学学科带头人，在爆炸伤防治、危重伤感染、内脏修复等战创伤领域取得多项重大成果，作出了突出贡献。"中国军网上评论，"蒋建新专注于战伤救治与并发症防治，为构建解放军打胜仗的卫勤保障体系作出了突出贡献"。当选中国工程院医药卫生学部院士，既是他多年来科研实力和成果的集中体现，也是他带领团队不断攻坚克难、实现突破，为国为民铸造"守护之盾"的新起点。

🔍 相关链接

做有情怀的医生和科学家

对广大医生而言，临床与科研的关系，是一个由来已久的话题。

蒋建新认为，这不是辩论题，是一道必答题。现代医学发展势必注重科研工作与临床工作相结合，科研从临床需求出发，亦是临床的凝练与升华；与此同时，临床学科想要更具特色、更有优势，必定需要创新成果来支撑发展。

驱动之双轮，两者相辅相成、辩证统一，其中的核心在于人才。

蒋建新建议，医院要强化人才培养，选择一批青年骨干进行打磨，以省级人才库、国家级人才库为目标，让年轻人知道努力的方向，怀着初心学习，矢志在专科建设和医院发展中担起责任，立志于专业领域中有所作为，做有情怀的医生和科学家。

院士寄语

　　我热爱并珍惜身上这身军装，成为一名军队科学家和国防铸盾人是我从军的初心，我将矢志不渝为之奋斗终生！

卿凤翎

安静心灵，不凡反应

邵阳"科星"小传

卿凤翎，1964 年 3 月出生，湖南省新邵县人。中国科学院院士，中国科学院上海有机化学研究所研究员，中国科学院上海有机化学研究所先进氟氮材料重点实验室主任。

长期致力于有机氟化学基础研究和新型有机氟材料创制。作为第一完成人获 2019 年国家自然科学奖二等奖、2019 年军队科学技术进步奖一等奖、2017 年上海市自然科学奖一等奖、2014 年中国化学会黄维垣氟化学奖、2013 年中华全国工商业联合会科技进步奖一等奖。

在中华民族伟大复兴的征程上，一代又一代科学家心系祖国和人民，不畏艰难，无私奉献。习近平总书记指出："长期以来，广大院士胸怀报国为民的理想追求，发扬不懈创新的科学精神，秉持淡泊名利的品德风范，聚焦国家战略需求，勇攀科学技术高峰，创造了举世瞩目的成就，为提高我国自主创新能力、增强我国综合国力，为推动我国科技进步、经济发展、人民生活水平提高、国防建设和优化国家决策作出了重大贡献。"

淡泊名利、潜心研究的奉献精神，来自对某个科研领域的满腔热爱及对祖国的无比忠诚。只有将祖国和人民举过头顶，把淡泊名利厚植于内心，才能目光如炬，认准目标，心无旁骛，耐得住寂寞，刻苦钻研，不断攻克科技难题。新近当选的中国科学院院士、中国科学院上海有机化学研究所研究员卿凤翎就是如此。卿凤翎从小在新邵农村长大，曾远赴美国留学，如今在上海从事有机氟化学前沿科学技术研究，他以自己的人生实践告诉我们，读书人的路可以走多远，一颗安静的灵魂怎样才能产生不凡的反应。

成长之道：教养润心，读书成才

1964年3月，卿凤翎出生于新邵县新田铺镇。父亲和母亲都读过书，因历史原因，他们只好从邵阳城里回到乡下老家。小时候，他得到家人的温暖呵护和良好的家庭教养，淳朴善良的乡亲在艰难时期对他们一家也都给予了善待。虽然经历过夏天打赤脚、天冷才有鞋穿的贫穷生活，但卿凤翎的人生基调是暖色的，"没有什么太伤心的事"。

在卿凤翎的印象中，父亲是一个"有点性格、不太安分"的人。他长得高大帅气，又有文化，在乡下是一个另类的存在。父亲懂点英文，多年以后卿凤翎在美国留学，收到父亲寄来的信，信封上的英文地址就是他自己写的。日子再穷他也讲究，每天洗澡，裤子要叠放在枕头底下压出缝来……父亲对他寄予厚望，格外钟爱，哪怕是干农活、挑水，也要抱在手里或背在肩上，甚至为了带他而放弃挣工分，母亲因此还多次跟父亲吵过架。

卿凤翎的母亲是一个"很有主见、很有能力、很能吃苦的人"。在家里没有钱的情况下，也一定要想方设法供儿子读书。为此，她白天到田里劳作，晚上给别人做衣服。哪怕再穷再累，也要追求一种有品质的生活，让孩子们有良好的成长环境和生活条件。在卿凤翎的印象中，他们家的床单、被子、衣服都是洗得干干净净的，当地农民大多从缸里直接舀生水喝，而他们家都保持每天烧开水、用杯子喝水。农村孩子经常在地上打滚儿，而他从不跪坐或蹲在地上，一直保持着身上洁净。他也从来不会讲脏话，"到现在为止我都没讲过脏话，也没跟人吵过架、打过架"。

慈父严母给了卿凤翎良好的养成教育，也影响了他的性格形成。他说自己继承母亲的性格多一点，比较安分，有韧性，能专注而持久地把一件事情做好，同时也继承了父亲的开朗、豁达，对什么事都看得开，不与人斤斤计较。在后来艰苦而又寂寞的科研道路上，他能淡泊名利，安静坚守，几十年如一日心无旁骛地刻苦学习、奋力攻关，与父母的教育和养成的秉性不无关系。

卿凤翎从小喜欢读书。他是初中班唯一一位考上新邵一中的学生，"在新邵一中，大家奔着高考，读书都很刻苦"。1980年，他高中毕业，高考成绩上了本科线，被湖南师范学院涟源分院（1983年更名为娄底师范专科学校，现为湖南人文科技学院）录取。本来已打算去复读，但是听说"如果录取了不去读，就不能再参加高考"，于是服从了命运的安排。

卿凤翎小时候就憧憬着未来要干一番事业。娄底师专毕业后只能去当中小学教师，他不甘心，认为自己高考没考好，唯一能改变命运的途径是考研，"只有考上研究生了，才能更好地干一番事业"。这一想法得到了母亲的赞同。1983 年从娄底师专毕业后，他在新邵三中教了两年书。1985 年，他考入位于重庆的西南师范大学（现为西南大学），在化学系有机化学专业读研。自称"从来不给自己定目标，走到哪儿算哪儿"的他，笑称这是人生当中唯一一次给自己确定的目标。

1988 年获得硕士学位后，卿凤翎于当年入读中国科学院上海有机化学研究所有机氟化学专业。在高水平的学术环境中，他奠定了坚实的科研基础和未来的发展方向，1990 年获博士学位。

回首读书生涯，他说自己最大的长处就是勤奋，从小书不离手，直到现在每天都在看书，在学习新知识，在思考新东西。"家长看一个小孩能不能念书，一个很明显的判别标志，就是看这个小孩是否能拿着一本书看，舍不得放手。只要他喜欢看书，这个小孩就是有出息的。如果这个小孩就是贪玩，你要逼着他念书，肯定念不出来的。"

卿凤翎认为，读书主要靠自己，学习方法也很重要。特别是研究工作中好多东西都是没有学过的，而且每年都在变，因此自我学习能力很重要。他说，念书跟做研究，也是两回事，学习是掌握已有知识，研究是发现新知识，前者被动地把知识记下来，强调记忆力，后者需要创造，思维的敏锐性、联想性更重要。

科研之道：天道酬勤，春华秋实

1991 年 1 月，卿凤翎留在中国科学院上海有机化学研究所担任助理研究员，1992 年被破格晋升为副研究员，1997 年被破格晋升为研究员。

1992 年 11 月至 1995 年 4 月，他在美国纽约 Wyeth Research 从事药物化学博士后研究。去美国之前，他在所里领到的月工资是 250 元人民币，到美国的第一个月工资就拿到了 3000 美金。出国前置办物资，还找人借了钱，后来从美国寄钱还债。当时，中美的经济收入相差如此之大，许多人去了美国就不想回来。但是他接到老所长的电话，毫不犹豫地就带着妻子回国了。

出国之前老所长就跟他讲过，希望他在美国待几年能够回国，因为中国因"文化大革命"出现人才断层。别人对他回国颇感惊讶，而他认为理所当然，"答应了的事情就要办到"，至于其他，没考虑那么多。"我这个人对物质生活、对自己的前途没有什么规划，根本没想过回来以后到底好还是不好。"

回国那年，他记得，上海的天空灰蒙蒙的，苏州河的水有臭味，他的两个大拇指起疹发痒，全部脱了一层皮。拿到的月工资是 800 元，所里分了一间几十平方米的房子给他，生活设施更没有美国方便，家人有些不习惯。但卿凤翎很想得开，"比起中国普通老百姓，我们的生活水准高多了"。"而且我这个人很单纯，看书或做研究让我陶醉其中，不会去想要得到什么。"

以一颗感恩知足和淡泊安静的心，卿凤翎在科研道路上潜心钻研、踏石留印。1999 年 10 月到 2009 年 1 月，他担任中国科学院有机氟化学重点实验室第一任主任。2000 年，应东华大学邀请，他一边承担所里的研究工作，一边到东华大学兼职任教。2004 年，他在东华大学领衔成立生物科学与技术研究所并任所长。该研究所后与化学化工学院合并成化学化工与生物工程学院，他担任院长。2013 年起，他担任东华大学校长助理、民用航空复合材料东华大学协同创新中心主任。2016 年 1 月到 2023 年 2 月，他担任东华大学副校长。2023 年 3 月，他担任中国科学院上海有机化学研究所先进氟氮材料重点实验室主任。

肩挑重担，硕果累累，荣誉接踵而至。2001 年，卿凤翎被聘为教育部"长江学者奖励计划"特聘教授，2003 年获国家杰出青年科学基金，2004 年入选上海市优秀学科带头人计划，2005 年入选上海市领军人才计划和教育部创新团队带头人，2007 年获中国科学院－Bayer 青年科学家奖，2008 年获东华大学校长奖，2014 年获中国化学会黄维垣氟化学奖，2014 年入选国家自然科学基金委创新研究群体学术带头人，2022 年当选中国化学会会士，

2023 年 11 月当选为中国科学院院士。

卿凤翎主要从事有机氟化学和有机含氟材料研究。迄今他已发表研究论文 310 余篇，授权中国发明专利 26 件，出版了国内氟化学第一本专著《有机氟化学》，在国际氟化学和有机氟材料学术会议上作邀请报告 80 余次。2000 年起，任国际刊物 *Journal of Fluorine Chemistry* 编委、国家氟化学执行委员会委员和国际 Moissan 氟化学奖评委。

围绕氟烷基高效引入这一挑战性课题，他提出了"氧化氟烷基化反应"的新概念，发展了一系列氧化三氟甲基化、氧化三氟甲硫基化和二氟亚甲基化等反应。"氧化三氟甲基化反应"在国际上被称为"卿氟化反应"。卿凤翎作为第一完成人的"氧化氟烷基化反应"项目，获得 2017 年上海市自然科学奖一等奖和 2019 年国家自然科学奖二等奖。

卿凤翎以国家需求为己任，攻坚克难，久久为功，终于研制出耐极端环境氟醚橡胶、低凝固点氟溴醚油，研发出耐空间环境有机热控材料，这些有机氟材料在航空航天等高新技术产业中得到应用，为国家建设作出了突出贡献。"低凝固点高稳定氟溴醚油"获 2019 年军队科学技术进步奖一等奖。

对于自己取得的科研成就，卿凤翎谦逊地说："你几十年坚持干一件事情，总是会成功的。我每天没有其他什么事情，周末、晚上都在干活、看书、想事情。一个人把一件事情天天这么干，工作总是要有点成绩的。我研究有机氟化学，从 1988 年到现在，已经 35 年了，如果还干不成功，那就是个笨蛋。"

他一直保持安静的心态、勤勉的身姿，即使在东华大学担任行政领导职务，也没有放弃过自己的研究。经常是上午把行政事情处理完，下午赶回实验室做研究，如果下午要开会，晚上也要赶到实验室。三天两头跑，上下班路上要花 3 个小时，即使在地铁上，脑袋里也琢磨科研的事。他说，做菜、写文章、种田等都一样，"做任何事情，你坚持感兴趣，一直坚持、坚持，你反复在摸索，总是要成功，总是会干得比人家要好的"。

卿凤翎一直觉得一个人的成功有运气的成分，有天时地利人和，中国不缺优秀的人，而他正好赶上了好时代，得到了党和国家的栽培，享受到了改革开放的红利。如今中国的发展成就举世瞩目，生态环境、科研条件、生活水平等各方面都发生了显著变化，越来越多的人才选择回国，他更加觉得自己属于人生很顺、运气很好的一代人，"我们这批人回国以后在职称评定等方面都很快。现在的年轻人，科研条件比我们那时好多了，但他们的竞争压力比我们还要大"。

为人之道：洁身自好，宁静致远

卿凤翎说自己是个"比较怪"的人，不太喜欢与外界接触，比较宅，把时间和精力都用在科研上，自我陶醉其中，在社会上并不活跃。同时也是个比较单纯的人，"我的心很安静，我也不想得到什么东西"。"我一直认为我这个人不要做坏事，要保持自己的好的生活方式，不做坏事，不对社会有害、对人家有害，能做到这几点就够了。"

在东华大学担任副校长期间，他分管人事、资产、财务、外事等事务，但是外面的事他都不参与，外面的老板他从来不见。人家找他，他也避嫌不接触，都是让其他工作人员去接待。每年有一二十亿元的资金要经手，他只把招标的规则定好，只签字，其他都不碰。"我完全按招标程序来办事，即使这个里面可能有猫腻，那也与我无关。"

卿凤翎说，他从来没想过要做官，糊里糊涂就做了副校长。但这个副校长做得很干净，"我没有非分搞过一分钱，没收过一份礼，没吃过一顿饭"。当时，他分管人事，有些老师从国外回来到东华大学入职，送各种各样的礼物表示感谢。他全部谢绝，唯一收下的是一盒巧克力，但也不是自己吃，而是随手分享给办公室的同事们。知道他的脾气后，其他人也就自觉不再送礼。

他很少应酬，不吸烟、不喝酒、不打牌，没去过 KTV。读书是他唯一的爱好，除了专业书籍，文学、哲学、历史等各方面书籍他都看，中文、英文的都有。"科学跟文学、艺术是相通的，本质的问题差不多，方法也是差不多的。"平常到了办公室，要写东西了，就把手机关掉、网络关掉，避免外界的影响。

因常年从事科研工作，不能分心，即使跟家里人，交流也不多。回家看望母亲总是悄悄地一个人回去，不喜欢找同学、找朋友聚会。"我怕人家烦我，我也不喜欢烦人家。母亲总是骂我回去的次数太少，待的时间太短。我回家看她也没事干，在那里不能看书，也不能做研究，顶多待个两三天就回来了。"

母亲不主动打电话，他也很少打电话回去。"有时哥哥骂我，说你怎么这么不通人情世故。我这方面是不太懂的。家里托我办个什么事情，我说我很烦，办不到。"作为副校长，本应该有一定的社会资源可用，但他不善于搞这种事情，家人知道他是这个性格，后来也就不打扰他了。

他坦言："我可能读书和做研究还可以，其他能力是比较差的。"他说，到现在几乎没有下过厨，不会做饭，没有买过菜。开车他也没有学，在美国、在国内，都是妻子做饭、开车。妻子也是新邵县人，大学英文系毕业，在做好自己工作的同时，主要任务就是照顾家庭。每天早上他穿上妻子安排的衣服，吃过饭就走。妻子退休后，他没陪她出去玩过。现在，妻子除了做家务，天天在家背唐诗宋词。

他每年招两到三个学生，谁来报考他的专业就招谁。"不挑学生，有教无类嘛。不管你成绩好不好，聪明不聪明，我觉得我都要教你。至于你成不成功那是你自己的事情，你自己的事情我不管。"每周给学生开组会讨论工作，他都是亲自指导，不假他人之手。

卿凤翎说，改革开放 40 多年来，他最佩服 3 种人，一是民营企业家，二是农民工，三是政府官员，他们为中国发展作出了巨大贡献。"这三股力量归到底，就是中国共产党的领导。"回到邵阳后，他看到城乡面貌已发生了巨大变化，特别是乡村，路灯、自来水都有了，马路建得很好，垃圾也被回收了，心里特别高兴。

湖南的基础教育是不错的，给他打下了坚实的基础，他希望家乡越来越好。"我的起点其实是比较低的，我觉得邵阳以后会出越来越多的科学家。"他庆幸自己遇上了国家发展、社会进步、人民生活水平不断提高的好时代，也感谢老一辈科学家对他的指导启迪和潜移默化的影响，面对日新月异的新气象，他更加坚定了对科研的无限热爱和不懈坚持。

相关链接

卿凤翎谈萤石

我从事有机氟化学研究近 40 年了。我觉得这个工作在整个有机氟化学领域里是一个里程碑式的工作。自然界几乎没有含氟的有机氟化物，含氟的高分子材料和有机氟化物都是人造的，但它在生命科学、日常生活和国防军工领域都发挥了十分重要的作用。

自然界氟的主要存在形式是无机氟化物，也就是萤石（主要成分为氟化钙）。所有的氟化物及氟材料都是以萤石为氟源，首先是萤石和硫酸进行反应产生氟化氢，再从氟化氢出发生产无机及有机氟化物。萤石与浓硫酸反应生成氟化氢是一个能量消耗的过程，而且氟化氢腐蚀性很强、有毒，特别是氟化氢在运输的过程中是非常危险的，必须采取特殊的安全保护措施来确保氟化氢不外泄。

所以这 250 年来，科学家们一直想直接通过萤石来合成有机氟化物，虽然探索了很长时间，但是两个问题很难解决，第一就是氟化钙在水和有机溶剂中的溶解性很差；第二个问题是氟与钙的结合十分强大，很难与其他物质反应。因此牛津大学的这个成果在有机氟化学领域里是一个很大的突破。

牛津大学 Véronique Gouverneur 教授是基于氟化钙能够与磷化合物的反应，但是这个反应很早就有了，早在 1932 年就有专利公开了氟化钙与磷化合物在高温下可以发生反应。我们国家扬州大学化学与化工学院的教授在 2019 年也有过相关研究并发表了论文，氟化钙与五氯化磷在高温下反应生成五氟化磷，接着与氟化锂进行反应得到六氟磷酸锂。

因此氟化钙跟磷化合物的反应很早就有了，但是温度都比较高，要达到 300℃ 以上才可以把氟离子释放出来。我认为正是这些研究给了 Véronique Gouverneur 教授启发，但是她没有使用高温，她现在采用的是比较温和的方法，将 1 摩尔氟化钙和 2.5 摩尔的磷酸二氢钾一起放在球磨机中研磨 9 个小时，研磨之后就得到了具有氟化活性的白色粉末氟盐，该盐可作为氟化试剂。所以说这个研究是很创新的。

院士寄语

你几十年坚持干一件事情，总是会成功的。我每天没有其他什么事情，周末、晚上都在干活、看书、想事情。一个人把一件事情天天这么干，工作总是要有点成绩的。

彭慧胜

敢想敢闯，他给纤维
变『魔术』

邵阳"科星"小传

彭慧胜，1976 年 7 月出生，湖南省邵阳县人。中国科学院院士，复旦大学高分子科学系主任、教授。

主要从事高分子纤维器件领域研究工作，创制了多尺度螺旋复合纤维，揭示了电荷在高曲率纤维表界面快速分离与传输的机制，提出了高分子纤维电子新方向和纤维电子器件的设计思想，赋予纤维发电、储能等全新功能。彭慧胜作为第一完成人，获得国家自然科学奖二等奖。

全面建设社会主义现代化国家，必须坚持科技为先，发挥科技创新的关键和中坚作用。习近平总书记指出："无论时代如何发展，我们都要激发守正创新、奋勇向前的民族智慧。勇于创新者进，善于创造者胜。"

勇于创新，就要敢想敢闯敢超越。在科研领域，目前，邵阳籍最年轻的中国科学院院士彭慧胜，心向祖国美好未来、勇于挑战世界之巅，是一位充满奇思妙想、浑身散发着火热能量的科技与教育工作者，他将邵阳人敢想敢闯的秉性发挥得淋漓尽致。

彭慧胜靠自己的智慧及锲而不舍的刻苦钻研，使纤维实现了光电转换、储能等功能。他研制的纤维电子器件，酷炫地开发了衣服在保暖、美丽以外的新功能：可以在户外进行太阳能充电，免去携带充电器的麻烦；可以变身显示屏，让人们抬抬手臂就能观看电子导航图；可以主动发光，让路上作业的交警、清洁工得到更好的保护；可以当老人身上的"保健医生"，实时传感身体健康数据、提供理疗服务，发出跌倒呼救信息……从邵阳一个普通的农村娃成长为中国科学院院士，彭慧胜的人生历程闪耀着科技创新、报效祖国的灿烂光芒，为邵阳人好学进取、吃苦耐劳、坚韧不拔、志在创新的品性作出了最好的诠释。

做父母最大的欣慰

1976 年，彭慧胜出生在邵阳县塘田市镇的一个农民家庭。父亲当过兵，母亲一直务农，他是长子，家里还有一个弟弟一个妹妹。当时的农村生活虽然艰苦，却给了他有益的滋养，培养了他善良热忱、正直担当的品行和受用终生的吃苦精神。

父亲憨厚正直，从小就教育他要热爱祖国、听党的话，要有男儿担当。"邵阳讲究男人要大气，要扛得起天下。父辈对祖国的热爱和担当精神，对我影响很大。比如，做事情要有大局观，要有集体主义精神，要爱党爱国。有人问我，在国外待遇那么优厚，为什么想要回国？对我来说，我是中国人，这个信念在心中是根深蒂固的，学有所成，当然要回自己的国家了，有什么好想的！回来就要为国家和家乡做点事情，我觉得这是顺理成章的。"

谈及母亲，彭慧胜深情地说："我受母亲的影响非常大。""母亲扛得下所有的事情，吃苦耐劳不抱怨，努力照顾好所有的人。"在彭慧胜眼中，母亲心地善良，经常帮助有困难的乡邻，不在乎别人感谢不感谢，有时被人欺负了也不计较。父亲从部队回来在企业工作，农忙时顾不上收割水稻，母亲便自己扛着又重又大的打谷机去稻田，从来不抱怨，也很少听她讲家里困难的事情，"所以，我从母亲身上也继承了这种品质，苦、累自己扛，并尽力去帮助别人"。

母亲追求上进，常鼓励彭慧胜不断做到更好，说自己虽然只读到小学四五年级，但总要努力考到第一名。母亲叮嘱他："你比我条件好，应该也要做到。"

儿时的彭慧胜牢记母亲的期望，不仅学习成绩优异，而且很懂事。上小学时，每天做完作业后，就下地帮母亲干活。每天早上干完农活才去上课，放学回来，还要帮家里扯猪草。当时，村子里缺水，彭慧胜清早就得去山塘舀水，去晚了水就没有了。因此，他总是去得最早。大人常用"鬼"吓唬小孩，出于对"鬼"的害怕，加上深山里又有各种声音传来，为了壮胆，他就在取水的时候大声唱歌。

在相对贫乏的物质生活中，幼小的彭慧胜已懂得了父母的艰辛与生活的不易，他立志要好好读书，改变命运。当时，父亲带回家的一些杂志，是他最为中意的精神食粮，爱不释手，一有空就阅读。有位同学的父亲在邮电局工作，他得以接触到更多的期刊。这些书籍他视为"宝贝"，他也从书里找到了人生该往何处去的答案。

高考时，父亲就坐在考场门口，他刚好靠窗，一眼就能看到。命运似乎和他开了个玩笑。他喜欢化学，还参加过化学奥林匹克竞赛，但偏偏最擅长的化学学科漏掉了后面的一整版考题没答。他很顺利地做完了前面的题目，等快交卷的时候，经老师提醒，他才发现这个疏漏，心里马上慌了，手也开始发抖。平常模拟考试都知道后面有大题，他也不知为什么会犯这样的错误。志愿是老师帮助填的，对这个寄予厚望的好苗子，填的都是国内最好的几所学校。最终，理想的学校落了空，老师们劝他复读。但彭慧胜觉得时间宝贵，家中又有弟弟妹妹需要父母负担，于是就入读了中国纺织大学（现东华大学）。

接受高考失利的现实，彭慧胜珍惜一切学习机会。当时，东华大学离上海图书馆很近，他基本上每个暑假都在上海图书馆看书。"看了很多书，对我现在做研究影响非常大。为什么我现在推崇学生要看书，因为我自己是非常大的受益者。"

做掌握自己命运的人

1999 年大学毕业后，彭慧胜在上海佳通超细化纤有限公司担任助理工程师。但他并没有沉浸于现实的忙碌之中，2000 年他考取了复旦大学高分子化学与物理专业研究生。3 年复旦时光，他几乎没有休息日，跟着导师做阴离子聚合实验，研究高分子自组装。"做自己喜欢的事情，一点都不觉得苦。"他常常早上 8 点进入实验室，折腾到半夜就睡在实验室，是系里最用功的学生之一。

2003 年，彭慧胜申请到全额奖学金，赴美国杜兰大学攻读化学工程与生物分子工程博士。3 年后，他顺利拿到博士学位。通常情况下，这一过程需要五年。在这期间，他遭遇了被称为"美国历史上最具灾难性的自然灾害"——"卡特里娜"飓风。

飓风来袭，城市被淹没。因学校停课，学业中断，奖学金也没有了。"我们生活非常艰难，四处逃难。人最害怕的是不确定性，你完全不知道未来会怎样，怎么去找到出路，所以在那个时候内心很挣扎，慢慢地才去思考接下来怎么办。"他和同学开车到了导师待过的新墨西哥大学。当时他有两个选择，一是去美国其他大学，麻省理工学院和宾夕法尼亚大学都同意接收他；二是等杜兰大学的消息。彭慧胜不想浪费时间，就当作"难民"被新墨西哥大学收留了。但在新墨西哥大学里，很难正常做实验。

彭慧胜不气馁，积极争取机会，主动参加组会讨论，大胆提出自己的见解。导师见他真心喜欢做研究，就有意给他更多的机会去实验室。虽然研究机会较少，是断断续续的，但他依然在那里完成了一篇论文的大部分工作。后来，他以此为例鼓励学生做什么都要主动，"人家愿意帮助你，无非两种：一种是我帮助你，你帮助我，互相帮助；另一种是你值得帮助，帮助你能让对方感到精神愉悦"。

在美国当了一年的"难民"，他说，"这是很难忘的回忆。苦难是一笔财富，后来碰到什么事情都不害怕了"。"那个时候最想家，但我从来没告诉父母，因为他们帮不了忙，干吗还让他们担心？"

2006年博士毕业后，彭慧胜去了美国能源部 Los Alamos 国家实验室。Los Alamos 国家实验室是全球顶尖的实验室之一，给了彭慧胜很丰厚的待遇，但他身在异乡，深知"科学家是有国界的"。"回到国内工作，也可以把研究做好。"抱着这样的信念，2008年10月，彭慧胜毅然决然回到母校复旦大学，担任先进材料实验室和高分子科学系教授。

做别人没做过的研究

"我喜欢做那种好玩的、别人没做过的研究，这个想法在我脑子里是根深蒂固的。"回到复旦大学以后，彭慧胜选择了一个他人很少涉足的研究方向——纤维电子器件。当时在柔性电池领域，研发薄膜电池的科学家有很多，但很少有人研究纤维电池。衣服上的纤维可否蓄电、发光？可否变成柔性显示器？这些看似"胆大妄为"的科幻设想，成为彭慧胜选定的攻关目标。

经过无数次的苦思冥想、反复摸索、碰壁迷茫、执着攻坚，他取得了研究领域的突破性进展。其中，新型纤维状能源器件 2016 年参加国家"十二五"科技创新成就展，2017 年入选"十二五"期间《国家自然科学基金资助项目优秀成果选编》；柔性织物状锂离子电池 2018 年获瑞士日内瓦国际发明展金奖；碳纳米管复合纤维锂离子电池 2020 年获国家自然科学奖二等奖；实现的高性能纤维锂离子电池规模化制备获评 2021 年度中国科学十大进展；柔性显示织物及其智能集成系统获评 2021 年中国光学十大进展。

复旦大学是做原创性重大研究突破的好地方。这里有自由的文化，有顶尖的科研制度和创造精神去支撑，非常有利于国际交流。学校的领导和同事们对彭慧胜的研究工作给予了大力支持，即使偶尔有些质疑的声音，也是帮他从另一个角度来反思和改进自己的研究工作。

经过艰苦的钻研探索，彭慧胜以通信作者的身份发表论文 300 多篇，出版了 2 部高分子纤维器件专著；获授权国内外发明专利 98 项，其中 47 项实现了转让转化。其研制的复合纤维、发光纤维和纤维锂电池都已走向产业化，还有一些充满奇思妙想的研究项目正在构思或推进中。

辛勤耕耘，春种秋收，各种荣誉纷至沓来：2009 年，彭慧胜入选教育部新世纪优秀人才；2010 年，获美国李氏基金会杰出成就奖、中国化学会青年化学奖，获评"上海领军人才"称号；2011 年，成为霍英东青年教师基金获得者；2012 年，获国家杰出青年基金奖，获评中央组织部"青年拔尖人才"；2013 年，获中美化学与化学生物学教授协会杰出教授奖、美国杜邦青年教授奖、中国青年科技奖；2014 年，被评为全国复合材料行业优秀科技工作者、上海十大杰出青年；2015 年，获评上海市优秀学术带头人，获中国复合材料学会青年科学家奖、中国化学会英国皇家化学会青年化学奖；2016 年，获上海市自然科学牡丹奖；2017 年，获评"科技部中青年科技创新领军人才""国家有突出贡献中青年专家""国家领军人才"，入选国家"百千万人才工程"；2018 年，被批准享受国务院政府特殊津贴；2019 年，获钱宝钧纤维材料奖；2022 年，被评为上海"最美科技工作者"，获德国跨界创新基金会科学突破奖、科学探索奖。2023 年 11 月，当选中国科学院院士。

为了不断激发创新思维，彭慧胜喜欢保持信息的多元化和适时地切换科研状态来思考问题。他说："等研究做到一定程度了，想去攀登珠穆朗玛峰，也许站在峰顶，视野开阔，我会突然冒出一个什么有趣的想法。"

科研无止境。目前，最得意的研究还没有做出来，但彭慧胜有个打算，要在有生之年做出像图灵机那样可以改变人类生活的重大原创成果。为此，他打算用 30 年左右的时间把它做好，准备干到 90 岁。

做学生喜爱的老师

"跟优秀的学生在一起工作，我觉得是一种享受。"彭慧胜是复旦大学研究生心目中的好导师，曾获得复旦大学十佳"三好"研究生导学团队、上海市"四有"好教师（教书育人楷模）等一系列荣誉。

他指导的 2 名博士生因为学位论文优秀获 IUPAC 国际青年化学家奖、4 名博士生获美国材料研究学会优秀研究生奖、1 名博士生获全球创新创业总决赛亚军、10 多名博士生获"中国大学生年度人物"和"中国大学生自强之星"等荣誉。他指导的毕业生中，有 24 人在南京大学、上海交通大学等高校和研究机构任教，获得国家重要人才项目。作为第一完成人，他获得了2022年国家级教学成果奖一等奖，还获得了2023年宝钢基金会优秀教师特等奖。

现在，他每年联系的学生有200多人。刚到复旦大学任教时，因为初来乍到，学生们对他不了解，所以面临招生难的尴尬。为此，他主动出击，从物理系要来学生名单，找那些他不要可能就进不了复旦大学的学生，一个个给他们打电话，满腔热情地自我推销。

他对学生们说："刚刚起步，可能没有很多资源，不像资深的教授们，但是，第一，我可以跟你一起做实验，手把手教你；第二，我可以跟你一起写论文，只要认真钻研，我们能出很好的研究成果……"有些学生心动了，为了打消他们的疑虑，他又非常诚恳地说，"你可以来现场，我们面对面，你看着我的眼睛，看我有没有对你说谎"。

解决了招生问题，还得解决经费。在经费一时不足的情况下，他就拿自己的工资给学生发生活费。当时他的工资拿到手7900元，交房租一个月就得3600元，于是"啃老本"，用在美国工作时的积蓄甚至找人借钱扛过去。为了解决经费问题，早期三五万元的项目他都要，所有的项目能申请的他都去申请。他说："尽量把困难留给自己，帮一下身边的学生，这样一方面锻炼自己，另一方面也提高了集体的凝聚力。你首先想着大家，大家就愿意和你一起努力工作。"

彭慧胜的研究方向，是别人不看好甚至不敢碰的"硬骨头"，既无路可循，也无人可问，前期的艰难可想而知。有些学生看到别的同学出论文了，难免会着急。为了不让学生们失望，保持对科学研究的兴趣和热情，他和学生们一起找方案，尽量在多个点上去尝试，寻求突破的方法。有点小进展，能够发论文了，学生们也就有了热情和信心。慢慢地，师生一起熬过了艰难期。

他经常跟学生说："一个人要成长，第一，要多看书，尤其要看伟大人物的书籍，看人家是怎么走过来的；第二，要多跟杰出的人物在一起。"多年来，他一直保持着每年至少读20本书的习惯，并为学生们开出一长串书单。学校组织的报告会，包括数学、哲学、管理等学科的报告，他都去听，并鼓励学生们听。他说："听不懂没关系，你就听他怎么做，研究他的理念、他的思考、他的精神，对自己总会有帮助。"

做研究要敢于创新突破，走别人没有走过的路，所以他挑学生，"第一看胆子大不大，第二看想象力，第三看团队精神"。在团队中，他非常重视合作，一直强调要互相信任，不要斤斤计较，要学会"吃小亏占大便宜"。"通过合作，不但把研究推向前，还可以互相学到很多东西，碰到困难的时候得到很多的帮助。"

彭慧胜做研究，不只是画延长线、水平线，而是力求从一个台阶跳一个台阶再跳一个台阶。同时也希望自己的思维能影响学生，让学生能够不断地超越自己去开展新的研究。

"做科学研究的人，最好也是一个很好的做教育的人。"彭慧胜不仅热爱教授这个职业，还喜欢做科普，希望通过科普告诉人们，"科学是有趣、好玩的事"。从幼儿园到大学，每一场报告他都精心准备，"我最小的听众大概是6岁，他说长大后要做化学家。这是我特别自豪的一场报告"。目前，他坚持给本科生上课，就是希望唤起他们的好奇心和想象力，为国家培养更多的杰出科学家。

🔍 **相关链接**

如果再读一次研究生

研究生阶段有多重要？*Science* 有一次专访，我特意借此来谈谈读研究生对于一个人有多么重要。大家非常公认的一条是：研究生阶段是决定你以后成就高低的一个分水岭。研究生做好了，可能会决定你以后做得非常好。西方有一句谚语：优秀是一种习惯。如果你研究生做得很出色，博士生做得也很好，你就会一直做得好。

怎么样开始从研究生就做得非常好呢？为什么研究生很重要呢？大家都知道，世界上一流的研究成果都是二十几岁那个年龄段完成的。大家都认为，二十几岁，风华正茂，创造性最强，到三十几岁就差一点。我特意找到某位著名神经学家的作品去考证了一下，并没有发现二十几岁的创造力最强。他认为，创造力之所以随着年龄而衰退，是因为年龄越大，接受的信息量越多，大量的信息会束缚你的创造力。这听起来似乎有些道理，但仔细想想似乎又不是这么一回事。你做任何事情都需要大量的信息，信息量少的话，恐怕也不利于做出创造性成果，看来年龄和创造力的关系并不明确。许多伟大的成功多是在二十几岁时完成的，所以，我认为：当你毕业后开始独立从事研究工作（一般到了教授这个阶段），你的大部分时间都会被项目、论文、填各种表格所占用，这样一来你就很难有足够的时间来思考你研究的课题。因此，在研究生阶段，你可以集中精力来做一件事情，仔细思考你研究的问题，不要让那么多的杂事来干扰你，你是可能做出重要的研究成果的。这是我报告的第一点。

第二点，那就是读研究生什么是最重要的。我认为，关键是独立思考能力。这个方面的例子非常多，大家可以看看爱因斯坦是怎么讲的，"不是把专业知识放在首位，独立思考和学会工作是更重要的"。华罗庚也有同样的论述，"科学的灵感不是凭空而来的"。我们做任何事情，都需要自己精心设计，如果总是跟在别人后面，你不可能有创造，也不会做得最好。

第三点，我想就自己读研究生的经历和大家谈谈我哪些做得还算可以的，哪些做得不好，给大家一些启发。第一，要努力。我读研究生是非常努力的，注意力高度集中，现在跃进楼的锁门的小董还在，你们可以向他考证。他每天晚上 11 点关门，最后一个人总是我。早上我不一定是去得最早的，但也是几个最早的之一，基本上星期六、星期天都是在读书。我在国外读博士也基本上是这样，我三个圣诞节，两个没有休息，还有一个走在路上被导师叫了回来。基本上圣诞节都在干活。一分耕耘，一分收获。第二，要大量地阅读文献，通过大量阅读了解研究背景，才能做得好。第三，要脸皮厚，积极寻求广泛的合作与交流。这方面的平台是需要加强的，我们老师在一起讨论，觉得苦恼的一件事情是好不容易请了专家来作报告，但去听的同学并不多。实际上请专家来作报告是不容易的，需要花费时间和经费，而且我们请的人都是经过考虑认为值得请的人。我在美国读博士的时候，记得非常清楚，一旦系里有报告的话，教授没有课的统统都去。前面两排，教授全部坐满，后面才是学生，每个人都会把这段时间腾出来听报告，听完报告后继续做实验。我觉得现在这方面的学习气氛不够浓，当然这有学科的问题，觉得有的报告跟自己的方向差得远。对于与自己方向差得远的一般的报告，大家可以不去听，但凡大师级的报告还是需要去听的，听别人思考问题的方法，你想人家能做到这个程度，肯定有他的独到之处，而且不同的学科或许可以给你带来启发，这方面有很多例子。第四，在和别人合作做研究的时候，不要斤斤计较，吃小亏可能占大便宜。因为任何事情总是难有绝对的公平，合作中总会有稍微吃亏的一方，重要的是我们应该考虑如何把事情做好。

……

第一，发展目标不明确，一会儿想去工业界，一会儿想去学术界。这样不行，因为你去不同的地方，发展的侧重点是不一样的，这样下来就会浪费你很多的时间和精力。研究方向总是换来换去，一会儿这个，一会儿那个，最后工作虽然做了很多，但是深度不够。

第二，发展不全面。我一直是非常重视做实验的，因为我们是实验科学，但是其他方面发展不够，比如写论文。现在回过头来看，写论文的重要性占一篇文章的至少50%，比做实验还重要。一个东西你要把它卖出去，写论文是非常重要的，在研究生阶段你应该有意识地培养自己的写作能力。还有作报告，这个太重要了……

第三，独立思考。我觉得自己在这一块是非常糟糕的，我的研究方向不明确是为什么呢？导师让做啥就做啥，工作做了很多，但是不深不透。主要是自己缺乏独立思考，自己没有往深处挖。

……

我讲的这四块，第一块是目标。做任何事情目标明确了，你才能做得好，就好像打靶子一样，你方向弄错了，就会越打越远，根本打不中目标。读研究生的目标是什么？

我引用国外教授的说法，这里画了一个圆，人类就是这么一个圆，内部代表已知，外部代表未知。小学的时候你学了一点点，到了中学又多了一点点，大学的时候，你又学了一点，然后你有了一个专业的方向，到了研究生，你要大量地阅读文献，你要在这个方向上往深处钻，你要接触到本专业最前沿的东西，这个是目前人类知道的极限。那么，你读研究生到底要干什么呢？你必须在这里选一个点，这个点需要跟导师商量，这就是你的研究方向，你需要在这个方向有所作为？有什么作为呢？在三年或五年里，你需要对这个点苦苦地思考，因为这个点导师也不知道。终于有一天你突破了这个点，突破这个点的大小和个人修养有关。这个时候，你把人类的知识向前推进了一步，这个时候你就毕业了。所以，研究生就是要突破这个点，突破这个点你就毕业了，这个点越大，你的研究就越成功。当然，读研究生有很多目标，但我觉得这是一个核心的点。研究生最重要的是做研究，导师只是在后面起一个保障作用，真正冲锋陷阵的应该是你，在你作毕业论文答辩的时候，应该比在座的所有人更清楚你的研究，因为这是你开拓的点。最后，人要有自知之明，要正确地定位自己。不要因为这个点而把整个图给忘了，实际上在人类知识的推进中，每个人作的贡献是非常有限的。

总结一下，研究生和本科生的本质区别是什么，本科生是学习知识，研究生是学习创造知识。那么，如何创造知识呢？一个是独立思考，一个要有开阔的视野，开阔视野很重要的一点是要多听学术报告，因为学术报告在那么短的时间内给你传递那么大的信息量，你要去看文章得看多少文章啊！特别是大师级的报告是非常开阔视野的，这种报告，我建议大家一定要去听。现在我们能请到这样大师级的人物来作报告，是因为国家的科研实力上来了，这种人物一般是很难请到的。最后一点是要有扎实的基础，一步一个脚印地来，不能投机取巧，做研究是最不可以投机取巧的。

第二块，我宏观上想讲一下研究思想和态度，毕竟大家属于不同的专业，不能谈太多专业的东西。研究就像一次长征，导师给你一个方向，这个方向导师也不一定吃得准，吃得准的让你去做那肯定是很一般的。越是吃不准的可能越是一个重要的方向，没有人做过。这就可能导致这个方向不一定是行得通的，所以你要灵活执行。这个时候你不能死板地按导师的要求按部就班地去做，你需要独立思考，思考了你才能知道这个方向能不能做，需不需要调整，有时甚至是大的调整，这是和长征第一个相似的地方。第二个相似的地方是，目标你需要调整，但一定要明确。你需要明确你要调整的结果是什么，为什么要调整。然后你要有必胜的信念，特别是做大的未知的方向肯定会遇到很多困难，如果你相信你这个东西是好的，那就要坚持下去。

……

要养成一个良好的习惯，这方面我自己非常糟糕，也吃了很多亏。我在复旦读硕士的时候，做了很多工作，还有一些是非常重要的工作。大家都知道写论文有一定的滞后性，由于实验记录本很糟糕，出国后再来看这些实验数据，想不起来这些数据是在什么样的条件下得到的，实验条件不好写导致不能发表文章，因为条件是不能乱写的。否则，别人重复不出来，那就是造假。当时我觉得这些实验条件我肯定是记得住的，当时也确实记得住，重复实验的时候也不需要看实验记录本，但是人的记忆总是有一定局限性的，过了一年后就有些搞不清楚了，这个时候你就不能发表文章了，损失就大了。所以，要养成一个好的实验习惯。我特意去找了一下做得好的实验记录。我认为，做实验科学，必须有两个实验本，一个是计划本，一个是记录本。计划本就是实验之前的一个计划，我明天要做什么，我一个星期之后要做什么，等等。然后，还要思考一下做这些实验需要多少时间，有哪些步骤，需要注意哪些事项，等等。这样的话，你做实验的思路会很清晰，这样一来可以提高效率，也可以增加实验的安全性。做实验没有计划，手忙脚乱很容易出安全事故。

……

🖊 院士寄语

一个人要成长，第一，要多看书，尤其要看伟大人物的书籍，看人家是怎么走过来的；第二，要多跟杰出的人物在一起。

后 记

习近平总书记指出："在中华民族伟大复兴的征程上，一代又一代科学家心系祖国和人民，不畏艰难，无私奉献，为科学技术进步、人民生活改善、中华民族发展作出了重大贡献。新时代更需要继承发扬以国家民族命运为己任的爱国主义精神，更需要继续发扬以爱国主义为底色的科学家精神。"

在习近平新时代中国特色社会主义思想指导下，我们正以新状态、新担当、新干劲、新作风全面建设现代化新邵阳，非常需要人才力量的强大支撑，非常需要民众素质的不断提升。作为人才工作的一项创新举措，中共邵阳市委人才工作领导小组办公室积极挖掘邵阳籍中国科学院院士、中国工程院院士的宝贵人文资源，编撰了《邵阳院士》一书，对于邵阳增强文化自信、汇聚人才资源、推动科技创新、提升发展动能，意义重大、影响深远。

对于该书的编写，邵阳籍两院院士们给予了大力支持，百忙之中接受采访、提供资料、提出建议。他们对家乡饱含深情，希望通过自己的故事和经验、智慧和成就，展现科技的瑰丽多彩，弘扬社会主义核心价值观，激励广大青少年健康成长。肖峰、贺旭艳、谢卫民、唐钊、尹梦婷等参与了本书的编写工作，邵阳市资江潮文化公益协会为本书出版给予了协助支持。在此一并表示衷心感谢！

"书中自有黄金屋，书中自有颜如玉。"本书是邵阳顶尖人才的人文贡献，希望社会各界珍视之、重用之，带动更多人领略感人肺腑的院士情怀、开阔眼界的前沿科技、启迪心灵的人生智慧、放飞梦想的凌云壮志，在邵阳大地产生崇尚科学、励志成才、干事创业的同频共振。希望我们作为院士的家乡人，能不负院士的期望，在实现中华民族伟大复兴的时代洪流中，激发人才创新创造活力，推动各项事业高质量发展，奋力谱写现代化新邵阳精彩篇章。

在本书编写过程中，我们引用了习近平总书记系列重要讲话，参考了院士的采访资料，但由于资料收集等局限，写作时间较紧，疏漏与不当之处多有，欢迎广大读者提出宝贵意见。本书吕振羽院士、刘敦桢院士、李钧院士的照片来源于网络，版权归原摄影者所有；魏荣爵院士的照片由南京大学教育发展基金会提供；李薰院士的照片由中国科学院金属研究所提供。在此一并表示感谢。

《邵阳院士》编写组

2023 年 11 月